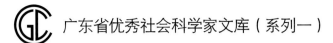
广东省优秀社会科学家文库（系列一）

莫雷自选集

莫 雷 ◎ 著

中山大学出版社

·广州·

版权所有　翻印必究

图书在版编目（CIP）数据

莫雷自选集/莫雷著. —广州：中山大学出版社，2015.11
[广东省优秀社会科学家文库（系列一）]
ISBN 978-7-306-05423-4

Ⅰ. ①莫…　Ⅱ. ①莫…　Ⅲ. ①教育心理学—文集　Ⅳ. ①G44-53

中国版本图书馆 CIP 数据核字（2015）第 205926 号

出 版 人：	徐　劲
策划编辑：	嵇春霞
责任编辑：	翁慧怡
封面设计：	曾　斌
版式设计：	曾　斌
责任校对：	陈　霞
责任技编：	何雅涛
出版发行：	中山大学出版社
电　　话：	编辑部 020-84111996，84113349，84111997，84110779
	发行部 020-84111998，84111981，84111160
地　　址：	广州市新港西路 135 号
邮　　编：	510275　　传　真：020-84036565
网　　址：	http://www.zsup.com.cn　　E-mail:zdcbs@mail.sysu.edu.cn
印 刷 者：	广州家联印刷有限公司
规　　格：	787mm×1092mm　1/16　21.25 印张　358 千字
版次印次：	2015 年 11 月第 1 版　2015 年 11 月第 1 次印刷
定　　价：	60.00 元

如发现本书因印装质量影响阅读，请与出版社发行部联系调换

莫 雷

莫雷，1951年生，广东高州人。现为华南师范大学心理学院教授、博士生导师，教育部人文社科重点研究基地心理应用研究中心主任，国家教学名师，国家重点学科学术带头人。任中国心理学会理事长，国务院学位委员会学科评议组召集人，教育部社科委员等重要职务。出版学术著作50余部；发表中、外论文共300余篇，其中以第一作者身份在国际公认自然科学顶尖刊物 *PNAS*（美国科学院院刊）发文2篇，并在 *SCAN*, *HBM*, *Cortex*, *JEPG* 等国际一流的 *SCI*, *SSCI* 权威刊物发文60余篇，在《心理学报》上发文82篇。其研究成果分别获第五届（2009年）和第七届（2015年）教育部中国高等学校科学研究优秀成果（人文社科）一等奖，第二届（2000年）全国教育科学研究成果一等奖（教育部），第一届（2005年）和第六届（2015年）广东省哲学社会科学优秀成果一等奖，第二届中国青年科技奖（中组部、人事部、中国科协），国家优秀教学成果二等奖，等等。

"广东省优秀社会科学家文库"（系列一）

主　任　慎海雄

副主任　蒋　斌　王　晓　李　萍

委　员　林有能　丁晋清　徐　劲

　　　　魏安雄　姜　波　嵇春霞

"广东省优秀社会科学家文库"（系列一）

出版说明

哲学社会科学是人们认识和改造世界、推动社会进步的强大思想武器，哲学社会科学的研究能力是文化软实力和综合国力的重要组成部分。广东改革开放30多年所取得的巨大成绩离不开广大哲学社会科学工作者的辛勤劳动和聪明才智，广东要实现"三个定位、两个率先"的目标更需要充分调动和发挥广大哲学社会科学工作者的积极性、主动性和创造性。省委、省政府高度重视哲学社会科学，始终把哲学社会科学作为推动经济社会发展的重要力量。省委明确提出，要打造"理论粤军"、建设学术强省，提升广东哲学社会科学的学术形象和影响力。2015年11月，中共中央政治局委员、广东省委书记胡春华在广东省社会科学界联合会、广东省社会科学院调研时强调："要努力占领哲学社会科学研究的学术高地，扎扎实实抓学术、做学问，坚持独立思考、求真务实、开拓创新，提升研究质量，形成高水平的科研成果、优势学科、学术权威、领军人物和研究团队。"这次出版的"广东省优秀社会科学家文库"，就是广东打造"理论粤军"、建设学术强省的一项重要工程，是广东社科界领军人物代表性成果的集中展现。

这次入选"广东省优秀社会科学家文库"的作者，均为广东省首届优秀社会科学家。2011年3月，中共广东省委宣传部和广东省社会科学界联合会启动"广东省首届优秀社会科学家"

评选活动。经过严格的评审，于当年7月评选出广东省首届优秀社会科学家16人。他们分别是（以姓氏笔画为序）：李锦全（中山大学）、陈金龙（华南师范大学）、陈鸿宇（中共广东省委党校）、张磊（广东省社会科学院）、罗必良（华南农业大学）、饶芃子（暨南大学）、姜伯勤（中山大学）、桂诗春（广东外语外贸大学）、莫雷（华南师范大学）、夏书章（中山大学）、黄天骥（中山大学）、黄淑娉（中山大学）、梁桂全（广东省社会科学院）、蓝海林（华南理工大学）、詹伯慧（暨南大学）、蔡鸿生（中山大学）。这些优秀社会科学家，在评选当年最年长的已92岁、最年轻的只有48岁，可谓三代同堂、师生同榜。他们是我省哲学社会科学工作者的杰出代表，是体现广东文化软实力的学术标杆。为进一步宣传、推介我省优秀社会科学家，充分发挥他们的示范引领作用，推动我省哲学社会科学繁荣发展，根据省委宣传部打造"理论粤军"系列工程的工作安排，我们决定编选16位优秀社会科学家的自选集，这便是出版"广东省优秀社会科学家文库"的缘起。

  本文库自选集编选的原则是：（1）尽量收集作者最具代表性的学术论文和调研报告，专著中的章节尽量少收。（2）书前有作者的"学术自传"或者"个人小传"，叙述学术经历，分享治学经验；书末附"作者主要著述目录"或者"作者主要著述索引"。（3）为尊重历史，所收文章原则上不做修改，尽量保持原貌。（4）每本自选集控制在30万字左右。我们希望，本文库能够让读者比较方便地进入这些岭南大家的思想世界，领略其学术精华，了解其治学方法，感受其思想魅力。

  16位优秀社会科学家中，有的年事已高，有的身体欠佳，有的工作繁忙，但他们对编选工作都非常重视。大部分专家亲自编选，亲自校对；有些即使不能亲自编选的，也对全书做最后的审订。他们认真严谨、精益求精的精神和学风，令人肃然起敬。

在编辑出版过程中，除了16位优秀社会科学家外，我们还得到中山大学、华南理工大学、暨南大学、华南师范大学、华南农业大学、广东外语外贸大学、广东省社会科学院、中共广东省委党校等有关单位的大力支持，在此一并致以衷心的感谢。

广东省优秀社会科学家每三年评选一次。"广东省优秀社会科学家文库"将按照"统一封面、统一版式、统一标准"的要求，陆续推出每一届优秀社会科学家的自选集，把这些珍贵的思想精华结集出版，使广东哲学社会科学学术之薪火燃烧得更旺、烛照得更远。我们希望，本文库的出版能为打造"理论粤军"、建设学术强省做出积极的贡献。

"广东省优秀社会科学家文库"编委会
2015年11月

目录

名家·名师·名帅（代自传）／1

第一部分　学习心理研究

个体思维发生理论述评／3

论学习理论／12

关于短时记忆编码方式的实验研究／25

初中三年级学生语文阅读能力结构的因素分析研究／37

中小学生语文阅读能力结构的发展特点／51

表面概貌对原理运用的影响的实验研究／64

不同概化的问题原型对问题归类和解决的影响／83

第二部分　文本阅读研究

不同年级学生自然阅读过程信息加工活动特点研究／103

文本阅读过程中信息的协调性整合／112

目标焦点监控下目标信息的建构与整合／130

熟悉主题说明文阅读推理加工的认知神经机制／150

文本阅读双加工理论与实验证据／170

第三部分　类别与推理研究

规则策略和样例策略在归类过程中的运用／201

类别特征的相似性与竞争性对归类的影响／217

类别成员跨维度特征关系对类别学习的影响／232

类别学习中两种学习模式的比较研究：分类学习与推理学习 / 249
类别不确定下的特征推理是基于类别还是基于特征联结 / 266
儿童在归纳推理中的多样性效应 / 287

附录　莫雷主要著述目录 / 310

名家·名师·名师（代自传）①

莫雷，1951年1月出生，广东省高州市人，1988年在华南师范大学获发展与教育心理学博士学位，是华南师范大学培养的第一位博士，1993年越级破格晋升教授后，历任心理学系系主任、校长助理、教育科学学院院长、华南师范大学副校长，现任华南师范大学学术委员会主任、心理学一级学科博士生导师组组长、国家重点学科发展与教育心理学的学术带头人、教育部人文社科重点研究基地华南师范大学心理应用研究中心主任。

莫雷在学术界担任各种重要职务，担任中国心理学会理事长、国务院学位委员会学科评议组召集人、教育部社科委员、国家级教学名师、教育部中小学课程教材专家委员会委员、教育部中小学心理健康教育专家指导委员会副主任、国家自然科学基金项目评审专家、教育部人文社科项目评审专家、人事部博士后流动站评审委员、全国教育科学规划项目评审专家等。

莫雷的主要研究领域是语言心理与学习认知过程。近10年来，他主持并完成30多项国家级、省部级重点科研课题，包括主持"国家哲学社会科学重大项目""教育部哲学社会科学重大项目招标课题""教育部重大委托课题"等重大项目，主持国家自然科学基金项目10项，近5年个人项目经费达1000多万。在科研成果方面，莫雷出版了学术著作50多

---

① 本文原名为"名家·名师·名师（代自传）——记第三届高等学校教学名师奖获得者、华南师范大学教授莫雷"。

部，发表研究论文 300 多篇，其中作为第一作者在国际公认的自然科学顶级学术刊物 PNAS（《美国科学院院刊》）上发表论文 2 篇，并在 SCAN, *Human Brain Mapping*, *Cortex*, *Journal of Experimental Psychology: General* 等高影响因子的 SCI, SSCI 国际心理学权威刊物上发表论文 60 多篇，在国内权威的心理学刊物《心理学报》上发表论文 80 多篇。获得第五届中国高校人文社会科学优秀成果一等奖（教育部，2009），第二届全国教育科学优秀成果一等奖（教育部，1999），第三届全国教育科学优秀成果一等奖（教育部，2006），广东省首届哲学社会科学优秀成果一等奖（广东省人民政府，2005），广东省第五届哲学社会科学优秀成果一等奖（广东省人民政府，2015），五项省部级优秀科研成果一等奖，第二届中国青年科技奖（中组部、人事部、中国科协，1990），首届广东省优秀社会科学家荣誉称号（广东省人民政府，2011）。

在人才培养方面，莫雷指导的两名博士生的博士论文分别在 2002 年与 2011 年获批全国百篇优秀博士论文（2002 年王穗苹的博士论文《语篇阅读过程背景信息通达研究》，2011 年王瑞明的博士论文《文本阅读过程协调性整合研究》），两名博士生分别在 2007 年、2009 年获得广东省优秀博士论文奖。莫雷是国家精品课程"教育心理学"的负责人、国家级教学团队"教育心理学"团队带头人、国家级实验教学示范中心负责人，他于 2004 年、2008 年、2012 年连续三届获得广东省优秀教学成果一等奖，并于 2014 年获国家级优秀教学成果二等奖。由于教学成绩突出，莫雷曾获第二届霍英东教育基金高校青年教师奖、首届曾宪梓教育基金全国高等师范院校优秀教师奖，2007 年获批国家级教学名师。

一抹斜阳映在满地紫荆的华南师范大学的校道上，莫雷和他的学生徜徉其中。这一段是莫雷每天往返教学区与居所的必经之路，是莫雷实行"散步教学法"，与学生交流思辨、触碰灵感的启发之路。他和他身边的一群学生，在夕阳下的散步背影是华南师范大学的魅力一景。

博士毕业后，莫雷一直在华南师范大学任教，在科学探索道路上，他孜孜不倦、上下求索；在教书育人的领域，他倾注心血培养了一批又一批的优秀人才。光阴荏苒，一晃 20 年过去了，莫雷在从教的道路上留下了坚实的足迹。

一、治学

莫雷的治学之道——"只认可头脑中的逻辑,不畏惧任何权威","宁要清清楚楚的错,也不要糊里糊涂的对"。

20多年前,莫雷还在华南师范大学攻读硕士学位。深夜,他伏案冥思,手边搁着一些国内学者对皮亚杰理论的评论文章与著作。对皮亚杰理论的分析研究是20世纪80年代初、中期学术界最热门的话题。瀚若烟海的文章,他已经看了好些天了,但是怎么也想不明白专家对皮亚杰理论的解读。于是,他找出皮亚杰的原著认真研读,细细思量、慢慢咀嚼过后,感觉到不少学者实际上并没有真正理解皮亚杰的理论观点。凭着初生之犊不畏虎的勇气,莫雷将自己对皮亚杰观点的理解撰成《个体思维发生理论述评》一文,发表在《哲学研究》上,该文发表后产生了重大影响,被誉为当时"国内关于皮亚杰的三大观点之一"。

莫雷将敢于怀疑、勇于批判的精神作为他的科研原动力,善于敏锐地从以往的研究中发现问题,寻求独树一帜的解决方法。他对心理学家康拉特关于短时记忆是声音编码的经典研究提出质疑,用新的实验证实了康拉特权威结论的片面性,提出了短时记忆随情境而变换编码方式的新结论。这项研究在国家级权威刊物《心理学报》1986年第2期上发表,引起心理学界很大的反响,被作为重要文献收进心理学国际文库,研究结论被国内权威心理学教科书作为重要成果引用。从此,莫雷开始在心理学界崭露头角。

莫雷提出,必须将探讨的问题想透,哪怕是权威的观点,也不应盲从,一旦这些观点被自己的思考所否掉,就要敢于怀疑其正确性,按照自己的思路进行新的探讨,即使经过一番努力发现是自己错了,这也是有价值的,因为,这对权威观点的正确性的认识会更加深刻;但是,一旦自己的想法正确,就有可能得出创造性的成果。莫雷的名言是"宁要清清楚楚的错,也不要糊里糊涂的对",秉承这一治学之道,莫雷在科研之路不畏权威,勇于创新,执着前行,持续不断地取得突破。

他在20世纪90年代关于中小学生阅读能力的研究,经中国心理学会的审议,认为其"创造性地提出活动-因素分析法,对能力结构进行深入系统的研究,取得了突破性的成果……不仅在学术上处于全国领先地位,而且对教学实践也有重要的指导作用。国内外专家给予高度的评价与赞赏"。他作为唯一人选由中国心理学会推荐获得第二届中国青年科技奖（中组部、人事部、中国科协），并获得第二届全国教育科学优秀成果一等奖（教育部）。

他关于文本阅读信息加工过程的研究，运用认知实验心理学与认知神经科学的方法与技术探讨了文本阅读信息加工过程与模式，进行了一系列创造性的实验，整合了西方提出的"最低限度假设理论""建构主义理论"与"基于记忆的文本加工理论"，形成了有原创性的文本阅读过程双机制加工理论，具有重要的学术价值，获得广东省首届哲学社会科学优秀成果一等奖、第三届全国教育科学优秀成果一等奖（教育部）、第五届全国高校科学研究（人文社科）优秀成果一等奖等多项省部级一等奖。

他关于问题解决与迁移的研究，提出并验证了问题解决过程长时迁移的结构类比观点，首次对国际心理学关于长时迁移的机制问题做出了解答，这个系列的研究成果发表在心理学界公认的国际顶级权威刊物 *Journal of Experimental Psychology: General*，*Journal of Experimental Psychology: Learning, Memory and Cognition* 上，在国内外有重要的影响。其中 2004 年在 *Journal of Experimental Psychology: General* 上所发表的一篇论文，2006 年就被写进了五部国际权威的教科书中，据国际权威机构统计材料，目前该论文下载率进入了该期刊论文排名前 50 名。

他关于验证"语言影响认知"的沃尔夫假说的一系列研究，首次揭示了语言对知觉因果性的影响是通过"改造"知觉的机能实现的，对国际学术界验证"沃尔夫假说"这个热点领域的研究做出了两个重大推进：第一，将语言影响知觉的研究从相关研究推进到因果研究；第二，将语言是否会影响知觉的研究推进到语言如何影响知觉的研究，这具有重要的意义。这一系列研究在国际顶级综合性学术刊物 *PNAS* 上发表三篇论文，引起学术界高度关注。

从事专业研究以来，莫雷主持了数十项国家级、省部级重点科研课题，其中包括我国人文社科最高级别的"国家社会科学基金重大项目""教育部哲学社会科学重大项目攻关课题"，获批经费 2000 多万；出版了学术著作 50 多部，发表研究论文 300 多篇，其中在国际权威刊物上发表 60 多篇，在国内心理学最权威的学术刊物《心理学报》上发表 80 多篇，获得 5 项省部级优秀成果一等奖。这一系列成果，奠定了他在学术界名家的地位。

二、从教

莫雷从教之道是"让学生学会学习,让学生学会超越"。学会学习,就是让学生深刻理解学科体系,学会如何把握学科体系;学会超越,就是使学生超越书本,学以致用,超越前人,敢于创新。

2002年,华南师范大学迎来建校70周年,莫雷的学生重聚母校,十几届的数百名毕业生相聚一堂,当讨论起在校期间印象最深刻、对其职业生涯影响最大的事情时,众口一词就是莫雷老师的"倒立金字塔"的教学。他们说,虽然过了这么多年,但是一直还记得莫老师的"倒立金字塔教学",这是大学课堂上给他们印象最深刻的。

莫雷不仅在课堂上以渊博的知识、流畅的思维、风趣幽默的谈吐、和蔼可亲的面容,给学生留下了深刻印象,而且他在教学中创造性地运用学习心理的专业知识,形成了独具一格、有效培养学生学会如何把握知识体系、学会如何学习的教学方法。首推就是他创立的"倒立金字塔"之教学方法,按照这种教法,每门课程的教学,首先讲解教材的"目录",即讲解该课程的核心体系,将学科最核心的知识内容放在最底层,构成倒立金字塔的塔尖;逐层展开,构成系统,形成倒立的金字塔,构成整个学科的知识体系。通过这种教学方法,学生在学习之初,就建立了整个课程的基本框架,随着教学的深入,这个框架不断得到强化与丰富,学生不仅清晰地建立了课程的整体知识结构,尤其重要的是学会了如何把握学科体系,学会了学习。

"大学中能够聆听到莫老师的课真是幸运!"这是他的本科生、硕士生以及博士生的由衷之言。

莫雷在课堂上是一位出类拔萃的教师,还是教学改革出色的带头人。21世纪的心理学专业,面临着培养目标的重大转变,由原先培养中等师范学校的心理学教师转为培养中小学心理健康教育的教师。按照原先的教学模式培养的心理学专业毕业生已经不再适应时代的要求,必须进行教学改革,培养出适应当前新的需要的心理学专业应用型人才。在莫雷的直接策划与带领下,华南师范大学心理学专业开展了深刻的改革:重新规划了教学内容,改革了教学方法和教学模式,建立了应用型人才的考核和评价体系,形成了一套心理学应用人才培养的整体模式。经过改革,学生整体素质得到了提高,掌握了扎实的专业应用技能,适应了用人单位的需要,赢得了较高的社会评价。人才培养效益好,社会对心理学人才的需求不断扩大,心理学专业的招生人数逐年递增,该校心理学专业成为广东省名牌专业。这项重要的教学改革成果,获得第五届广东省高等教育优秀成果一等奖,并辐射到国内其他省市高校,如湖南师范大学、福建师范大学、海南师范大学等心理学专业,影响甚广。

指导学生进行科学研究,培养学生创新能力,这更是莫雷的神来之笔。他在指导学生进行科研的要求是:"立足前沿,挑战权威,努力创新。"

首先是立足前沿。莫雷与本科生、研究生组成课题组,提出了"以科研带学习,以学习促科研"的培养模式,让学生按照研究需要不断跟踪国际前沿性的研究,阅读当前最新的重要研究文献,了解该领域整个研究状况,把握研究前沿及形成前沿性的研究问题。为了保证对研究前沿的跟踪,课题组采用两种措施跟踪国际研究前沿:第一是区域联防,即监控国际心理学几种最权威的刊物,对该刊物上所有新发表的有关研究,都有人立即报告并进行课题组讨论;第二是盯人防守,对若干个该领域最重要的心理学家采用盯人跟踪,他们新的研究成果与动向一出现,也立即报告并进行讨论。这样,保持了对本研究方向的前沿的把握。

其次是挑战权威。把握国际心理学最新的前沿性科研成果,不仅是为了"知道",更重要的是为了"挑战",这是莫雷一贯的思路。他的课题组每周召开的课题会可以叫作"质疑会"或"碰撞会"。每次课题会,由学生报告近期的最新研究,然后组织对这项最新研究进行质疑或拓展,形成新的研究思路与方案。思想火花的碰撞,对权威研究的挑战,构成了课题会的主旋律;问题的发现,研究方案的形成,成为课题会的成果。莫雷的学生说,这样的课题使他们的逻辑思维和研究能力得到了极大的锻炼,"敢于提问题,善于发现问题",灵感不断涌现,经常会产生创造性的成果。课题会由于质量高、效果显著,吸引了大量的听众,包括许多其他学校的师生。

最后是努力创新。正是由于名师指导,学生们立足国际心理学研究的前沿进行创新,莫门弟子,精英辈出。在他培养的学生中,有两人撰写的两篇博士论文入选全国百篇优秀博士论文,另有两人的两篇博士生论文被选为广东省优秀博士论文;部分本科生的毕业论文发表在《心理科学》《心理学报》等国家级权威刊物以及国际 $SSCI$ 权威刊物上。

三、做人

莫雷是华南师大心理学科的学术带头人，他不仅以高深的学术造诣、广阔的学术视野，指导着学科建设与发展，而且通过其独特的人格魅力，团结学科成员，培养团队合作精神，增强凝聚力。

莫雷从自己的切身经历深深地体会到，作为学科带头人，学会做人，处理好与学术团体成员的关系，是形成学科团队凝聚力的关键。莫雷做人的准则是"敬人，容人，为人"。这一做人准则不仅使他成为难得的学科带头人，更体现了一代学术大家恭谦宽容、克己为人的风度。

敬人，就是懂得尊重别人。对待师辈，莫雷总是谦恭有礼，时刻保持自己的学生形象，认真听取他们的意见，对于并不恰当且不准备采纳的建议，他总是耐心解释，求得老师们的理解；对待同辈，莫雷始终以诚待人，从他的言行中看不到一丝优越感，从不苛求别人的认可，相反却总是主动对他人的成果表示赞许；对待学生，莫雷一直平等对待，尊重他们的学术见解，从不把自己的观点强加于人，鼓励学生与自己争论，以此启发学生的思维。实践证明，正如物理学所讲的作用力与反作用力一样，给别人的尊重越多，从别人那里获得的尊重也越多。大家互相尊重，整个团体就拧成了一股绳。

容人，首先是容许别人成名，乃至容许别人超过自己。莫雷认为，作为学术带头人，要有容许众马齐驱甚至后来居上的气度，他在职称的评定、导师的聘任等方面一直是支持团队骨干尽快上，他主持制定的学科学术评定条例中就包含自己这个学术带头人可能被别人取代的硬条件。其次，容人就是能宽容别人，容忍别人的缺点或个性的毛病，包括别人对自己的冒犯。常言说："水至清则无鱼，人至察则无徒。"对于不是原则性的问题，莫雷总是采取宽容的态度，从不苛求，他的让步往往换来了更广阔的发展空间。

为人，就是注意为别人着想。团队成员都有自己个人的利益与追求，团队的学科骨干，他们需要在国内确立自己的学术地位；作为团队的年轻教师，他们需要多出成果，早日获得职称。莫雷时时注意考虑别人的利益，设身处地为别人着想，他承担着学科日常管理与科研中大量琐碎烦杂的事务，而对于各种荣誉却往往主动让给其他成员。最难能可贵的是，当他需要年轻教师协助科研时，首先考虑的是怎么样与他们共享成果，为他们争取或创造有利于他们发展的条件。

多年来,莫雷一直注意奉行"敬人、容人、为人"的准则来处理学科团队的人际关系,使整个学科部门始终保持了一种同心协力、团结奋斗的团队精神,凝聚成强大动力,实现跳跃式的发展。他担任学科带头人以来,该校的心理学科 2000 年获批一级学科博士授权点,2001 年获批教育部人文社科重点研究基地,2002 年获批国家级学科,2003 年获批博士后流动站,华南师范大学心理学科跃居全国前列。

莫雷的人生哲学是"尽人事以观天命"。他说:"当我们无法预料自己的潜力,无法预料自己适逢何种时势,概言之,无法预料是否有可能成功的情况下,我们还是要沿着自己追求的方向做出不懈的努力,即'尽人事'。这样,哪怕是时机稍纵,我们也能在机遇中得到升华;纵然时机一直没有降临,我们的奋斗一直没有成功,但是我们还是充实的,因为我们毕竟有过自己的追求并为之作了奋斗。'尽人事以观天命',这或许是许许多多成功者事业成功之所在;这或许也是许许多多未成功者做人成功之所在。"

莫雷的自律名言是"有假期、有周末、有寒暑假,就会无所作为"。

潜心治学,淡泊名利,自强不息,这就是莫雷教师生涯的真实写照。

莫雷自选集

第一部分

学习心理研究

个体思维发生理论述评

个体思维的起源问题，一直是争论不休的重大课题。从总的理论倾向来看，大致可以分为三大派：唯心主义的天赋论、机械唯物论的经验论及活动内化起源论。

天赋论认为，人有天生的心理能力，人的思维方式是先天的或按先天的预定程序逐步展开而形成的。早在18世纪初，德国的哲学家莱布尼兹就认为，感觉只能提供特殊的、个别的真理，一切具有普遍必然性的知识只能从理性中产生，而这种理性则只能来自天赋的内在原则。当代格式塔心理学派也认为，思维的过程是人脑对情境的不断重新组织的过程。人脑这种组织能力是神经系统先天的机能。奥地利儿童心理学家彪勒则断言，儿童心理的发生、发展过程（包括思维的发生、发展过程）乃儿童的内部素质向着自己的目的有节奏的运动过程，外界环境在这里只起着促进或延缓这个过程的作用而不能改变它。类似彪勒的观点的还有德国儿童心理学家施太伦等。上述这些理论，尽管具体说法不一，但其实质都是将个体思维操作的产生归因于先天或遗传，否认后天经验、实践的决定作用。

机械唯物论的经验论虽然肯定了个体的思维操作来自后天，由客观决定，但却无法科学地说明对客体的知觉是怎样引申出思维模式的。当外界的信息输入时，人脑对它们所进行的分析综合、抽象概括之类的操作方式又是如何产生的呢？为了解答这个问题，这个派别多数人倾向于将思维过程简单化为联结的形成，从而能将思维方式的形成直接归因于客体或情境的性质特点，远如早期的一些联想主义者哈特莱等，就是将一切心理过程包括思维都看成是联想，而联想的形成则是由客体的特点如接近性、类似性等直接决定。当代不少行为主义心理学家也是将思维方式仅看成是刺激与反应之间形成联系，因而同样可以用刺激情境、强化等来解释个体思维的发生、发展。然而，随着心理科学的发展，人们越来越深入地认识到思维过程是一系列复杂的操作活动，因此，上述这种对思维过程的理解及对个体思维发生的解释已日显拙劣。也有的经验论者并不否认思维操作的复杂性，但他们只是一般地肯定个体这种复杂的思维方式来自后天经验，但却回避了具体分析它如何来自后天经验。

由上可见，唯心主义与机械唯物主义的思维起源说都不能科学地解答个体思维发生的问题；有可能突破这个难题的，只能是活动内化起源论，这派理论主要有曼德勒的学说、皮亚杰的学说及列昂捷夫的学说。

现代心理学家曼德勒提出"符号类似物"的思维理论，认为机体在外部行为的过程中，内部会产生一种对外部行为的复现表象或符号类似物，以后这种符号类似物可以离开外部行为而单独提前出现，从而使机体能通过此来指导、控制行为。所谓符号类似物就是思维。

曼德勒明确地认为思维操作产生于机体内部对外部动作的复写、模写，认为内部思维操作的结构与外部动作的结构同型，这无疑是具有一定的理论意义的。它一反传统心理学将人的心理尤其是思维视为神秘莫测的暗箱的观点，抹掉了蒙在思维之上的神秘的灵光，将它与外部的动作联系起来，为揭示个体思维发生之谜提供了有益的启示。但曼德勒的理论还是比较朴素、粗糙的。首先，从个体思维操作的形成来看，我们也认为思维操作起源于外部活动的内化，与外部活动有相同的结构。但这种内化是一个复杂的过程，并非如曼德勒所想象的，只需在外部动作进行时通过头脑对它进行模写即可实现。并且，内化指的是外部活动的方式转化为操作内部活动的方式，而不是指某项具体的外部活动转为可以在内部进行。其次，从思维的性质来看，曼德勒将思维看成是对过去外部动作的模写在新的情境中提前出现，以指导、控制新情境的行为，这无疑是混淆了思维与记忆的界限，抹杀了思维的创造性与概括性，在一定程度上歪曲了思维的本质。因此，从总的看来，曼德勒的思维理论并没有真正揭示外部活动对个体思维发生的意义，充其量只是含有某些合理的猜测而已。

最令人注目的个体思维发生学说是皮亚杰的发生认识论。他认为，个体思维的发生过程，就是儿童在不断成熟的基础上，在主客体相互作用的过程中获得个体经验与社会经验，从而使图式不断地协调、建构的过程。这个过程首先从外部的感知动作开始，个体形成外部动作的图式，然后外部动作图式逐步内化成为相应的思维操作图式，而这些内化了的图式进一步协调、发展，使个体经历前运算、具体运算，最后达到形式运算阶段。

皮亚杰的发生认识论的根本点就是将儿童思维发生过程类比为数理系统的演进程序。他提出，根据鲍尔巴基派数学家的观点，现代数学的一切分支或形式，都是由三个基本结构（即母结构）分化及组合而形成，这三个母结构是代数结构、序列结构与拓扑结构。从这三个母结构出发，就可以演化出现代数学的一切形式。皮亚杰通过实验证据指出："我们发现在这三类数理结构和儿童运算思维中的三种结构之间存在着一种十分直接的关系。"① 在儿童最初的运算图式中便有这三种类似的基本结构，而它们则是来自外部活动的内化。根据皮亚杰的观点，个体出生以后，在先天遗传图式的基础上，与环境相互作用，不断对环境作用进行同化、顺应，实现动态平衡，简单的图式相互协调而成为越来越复杂的图式。到了感知运动阶段的后期，出现了具有内包关系、序列关系和一一对应关系的智慧动作图式。然后，随着符号功能的出现，这三种动作图式内化而成为三种最基本的思维图式。这样，正如代数结构、序列结构与拓扑结构可以演化出整个现代数学的各种结构一样，儿童这三个基本结构是其思维的逻辑形式的起点或基础，个体可以由这三个基本图式不断协调整合而建构起越来越高级的思维方式。在他的晚期代表作《发生认识论》一文中，上述观点进一步明确化与系统化。他指出："在感知－运动智力中，有内包逻辑、序列逻辑和相应逻辑，而我认为，这些逻辑就是逻辑数理结构的基础。……但它们已是后来运算的开端。"②

皮亚杰以数理逻辑为工具将儿童思维发展的各阶段结构化。首先是感知－运动阶段，后期出现了内包关系、序列关系与一一对应关系这三类智慧动作图式。然后，在前运算阶段，这三类外部动作图式内化，成为思维的基本图式。在这三个基本图式的基础上不断地协调建构，出现越来越复杂的图式，但这个阶段的图式都是半逻辑的，只具有 $y=f(x)$ 的单向函数关系，无可逆性与守恒。到了具体运算阶段，由于图式的协调发展，儿童开始具有两种可逆操作，即互反性与逆反性，从而形成守恒概念。由于出现了可逆、守恒，儿童的思维操作开始具有运算的性质。但在这个阶段，两种可逆性的进行还是孤立的，不能将它们之间的复杂关系在一个系统内综合起来，因此只能进行"群集"运算。而随着图式在主客体相互作用过程中继续协调建构，两种可逆性可以结合起来构成四变换群，与此相应出现了运算的组合系统即所谓"格"的结构，个体达到形式运算阶段，个体思维的发生过程至此基本完成。

---

① （瑞士）皮亚杰：《发生认识论》（上），傅统先译，载《教育研究》1979年第3期。
② （瑞士）皮亚杰：《发生认识论》（下），傅统先译，载《教育研究》1979年第5期。

皮亚杰的发生认识论引起了巨大的反响，对它的评议分歧很大。我国心理学界有人认为，他的理论基本上是唯心的。理由主要有二：

（1）在认识的来源上，皮亚杰强调主客体的相互作用，特别是主体的动作活动，不谈客体的决定作用。

（2）皮亚杰认为最初的图式来自遗传，图式的发展决定于它的自己运动，与康德的先验图式相似。

我们认为，这两点理由是不足为据的。不可否认，皮亚杰的学说中有不少唯心主义的言论，但在认识论上判断一个理论的归属，关键是看它如何解答认识的源泉、认识的本质和认识的途径问题。凡主张物质世界不以人的认识而存在，是认识的源泉，认识是对客观事物的反映，就是唯物论的认识论；凡断言认识是头脑主观自生或神灵启示的产物，则属唯心主义。皮亚杰的理论是如何解答上述问题的呢？正如心理学界有的同志所指出那样，首先，他指出："客体是不依赖于我们而存在的。"① 同时，皮亚杰也承认认识是来自于客体，不过他强调主体要在作用于客体的过程中才能获得这种认识。当然，皮亚杰也认为数理逻辑经验来源于主体的动作而不是来源于外界物体本身，但不能据此认为他否认客观事物是认识的源泉。因为，辩证唯物论从来不否认主体的感性活动乃至思维活动可以作为认识的对象及客体。皮亚杰提出数理逻辑经验不是通过动作从感性事物归纳出来，而是对主体活动的抽象所得，这对于解决长期以来争论不休的关于数理逻辑的起源、本质问题倒是有重要的启发意义的。

皮亚杰固然认为原始的图式是先天的，但他所说的原始图式并不等于认识或心理，而只是一些抓握、吮吸等与生俱来的动作，与康德认为人先天具有范畴的认识图式的观点有本质的区别。实际上，皮亚杰提出的先天的原始图式在后天的主客体相互作用的过程中丰富发展的观点，跟我们关于在无条件反射的基础上建立条件反射的看法的基本精神是一致的。

综上所述，将皮亚杰的理论归入唯心之列是不公正的。他的思维发生说是建立在基本上唯物而又有一定的辩证因素的活动理论的基础上。他经数十年的探索，通过大量的实验，提出了系统的、严密的理论体系，为探讨个体的思维发生作出了极其重要的贡献。如皮亚杰用数理逻辑作为刻画思维发展的工具，将思维发展的各阶段的操作结构化，这正如朱智贤同志

---

① （瑞士）皮亚杰：《发生认识论原理》，王宪钿等译，商务印书馆1981年版，第19页。

指出:"思维心理学将近一百年的历史,到现阶段为止,可以说大部分是处于描述阶段,一部分处于说明阶段,而真正从机制或结构上进行探索,则可以说是从皮亚杰的儿童思维研究开始。"然而,皮亚杰不懂得人的社会实践性,不懂得人的活动包括思维操作的社会历史性,这个方法论上的根本性缺陷必然影响他对个体思维发生的具体论述的科学性。因此,不可能真正理解社会、环境、语言在个体思维发生中的决定性的作用。人们普遍认为他不重视教育、语言等,其思想根源正是在此。

苏联心理学家列昂捷夫也提出了思维发生理论,他力图坚持辩证唯物论和历史唯物论的基本观点,用实践活动去说明个体思维的起源。他的基本看法可概括如下:

列昂捷夫认为,思维活动起源于外部活动的内化,操作外界物质对象的外部形式的过程转变为在心理水平上进行的过程,就是思维的发生、形成过程。这与皮亚杰的观点有一致之处,但两者又有重要的区别。首先,列昂捷夫明确地强调外部活动的客观制约性,认为主体的外部活动决定于其所接触的对象的特点。其次,最为重要的是,他强调外部活动的实践性、社会性,强调人的思维操作的社会历史性,这导致了对内化过程作出不同的解释。列昂捷夫指出,人的本质是实践,在实践过程中尤其是劳动实践过程中,主体的本质、能力外化或客体化为劳动产品等;这样,人类积累的经验、形成的能力便可以以客体化的存在代代相传。每一代个体与这些成就发生关系,"对它们实现符合于已在它们之中客体化的人类的活动",从而内化为自己的思维方式,实现"作为人的社会历史发展之产物的那些特性与能力"。正是由于此,"掌握过程的主要环节与主要条件的后果,就是形成那些构成其真实基础的和周围人永远应为儿童组成的动作,因为儿童自己是不可能形成它们的"①。列昂捷夫明确提出:"人的心理过程(人的'高级心理机能')获得了一种结构,这种结构以社会-历史地形成的方式和方法作为自己的必要环节,而这些方式和方法是在跟周围的人们进行协作和交往的过程中传递给他的。但是传递实现这种或那种过程的方式与方法,只有通过外部形式(动作或外部语言的形式)才有可能。换句话说,人所特有的高级的心理过程,只有在人与人的相互作用

---

① (苏)列昂捷夫:《苏联心理科学》,孙晔等译,科学出版社1962年版,第22、13、23页。

中才能产生,也就是作为人们心理之间的过程,而只是以后才开始由个体独立地去实现;这时,其中某些过程便进一步失去其原有的外部形式,转化为个人心理之内的过程。"① 概而言之,就列昂捷夫看来,人的高级思维过程的结构是社会历史的形成物,它不可能由个体自我建构而获得,而只能来自人类社会历史形成的实践性活动的内化。个体只有在社会传递下进行实践性的外部活动,才能不断地内化为高级的思维操作。因此,儿童在感知运动阶段的外部动作图式内化为简单的思维操作后,其思维的进一步发展,仍然是一个不断内化的过程。很明显,皮亚杰由于不懂得思维的社会性,因而陷于一次内化论,将思维的形成过程看作只需经由最初的外部动作的一次内化,此后便转为内部图式的协调建构。而列昂捷夫则强调了思维的社会性,因此必然要主张不断内化论,将个体思维的发生看作是一个在社会传递下不断由外部实践性活动内化的社会建构过程。列昂捷夫显然是高出一等。

目前,我国心理学界有人认为,列昂捷夫的内化说有一个难以克服的理论困难,因为,这个理论如果要成立,基本前提就是要将外部活动与内部活动简单地划分开来。但人的外部活动总会包含着一定的内部的心理成分;"那自然也就谈不到内部活动(心理)由外部活动内化产生了。因为,外部活动中本来就已存在有内部的、心理的因素"②。我们认为这个批评不够妥当。首先,外部活动不需要也不可能与内部调节活动简单地划分开来;我们称之为外部活动,是因为它以可见的物质形式呈现于外,而不是纯粹地属于外。正如实践活动要在认识的指导下进行,但它仍可称为"感性活动"一样。任何外部活动都包含着内部调节作用这个事实,并不意味着内化说陷于困境;相反,正是由于外部活动这种主客观统一的特点,使它成为串联主客体、沟通内外因的桥梁,从而成为理解个体思维发生的钥匙。列昂捷夫指出外部活动固然要有内部活动的调节,但不能认为外部活动只是单方面地依存于控制着它的心理映象、目的的表象,或者它的思想图式。也就是说,在心理操作的形成过程中,外部活动的模式并不是完全由原先的内部图式控制下展开的。个体在原来图式最初的内导作用

---

① (苏)列昂捷夫:《活动 意识 个性》,李沂等译,上海译文出版社1980年版,第63~64页。

② 李沂:《从活动到交往》,载《心理学报》1982年第1期。

下，与活动的对象实际接触，从而受到对象的属性的制约，对象的属性通过环状结构的返回联系"侵入"主体内部，变动着原来的内导作用而形成高于原来图式的外部活动模式，这个模式内化则成为新的更高级的内部操作图式。就这个新图式而言，当然可以说是由于外部活动的内化而形成。这不仅可以说明心理操作从较低一级的形式向较高一级的形式的发展，而且也完全能在发生学意义上说明人的心理的发端。因为，个体刚问世时，其初始的外部动作固然要受内部调节，但这个时候的内导作用还不是心理上的，而只是与生俱来的抓握、吸吮等原始图式，即生理上的。个体在这种内导作用下，通过与客体的实际接触而将自己纳入对象的现实中，形成新的动作模式，并把这种现实改变为主观性的形式，这样便产生最初的心理意义上的内导控制或操作。可见，列昂捷夫的内化说并没有在内外关系的问题上陷于绝境，而倒应说是在山重水复中辟出探讨个体思维发生的新途。

我们认为，列昂捷夫的活动内化理论注意了以辩证唯物论和历史唯物论的基本原理为指导，强调了思维的社会性，这使他开阔了眼界，纠正了皮亚杰的理论的主要缺陷，将内化的思想贯彻到底，进一步开拓了用实践来说明个体思维发生的基本途径。我们应高度重视列昂捷夫的活动内化起源说的方法论意义。

诚然，列昂捷夫的理论还有许多不足。首先，正如我国心理学界指出的，列昂捷夫的"外部活动"这个范畴比较含糊，它包括哪些形式、与实践的关系如何等重要问题，都没有得到明确的说明，这样，造成了理论的含糊混乱并难以明确具体地讨论外部活动的内化过程。我们认为，个体的整个活动即主客体相互作用的过程，可以分为三类：第一类是外部实物操作活动，这类活动基本上属于广义的实践活动（除个体出世初所自发进行的生物学水平的操作活动外）。第二类是外部符号操作活动，即指个体与他人之间通过外部符号（主要是外部语言）的形式所进行的活动，它实质上是对符号化的对象进行操作。第三类是内部符号活动，即个体的心理活动，主要是思维活动。它是个体自我在内部进行的（同样以符号的形式）对符号化的对象的操作。所谓外部活动，指的是前两类活动（即外部实物操作活动与外部符号操作活动）；内部符号活动的方式则是这两类外部活动方式的内化。在这两类外部活动中，外部实物操作活动是基础；外部符号操作活动派生于外部实物操作活动，在开始阶段，它只是外部实物操作活动内化为内部符号活动过程中的一个环节；只有随着儿童心理发展进一步成熟，它才相对地独立出来构成另一条内化路线。在实际生活中，这两类外部活动常常交织在一起，它们的划分只有相对的意义。这样，个体整个活动系统是以实践活动为基础而形成的，其思维的发生，从根本上来看可以说是由实践活动内化而实现。这种看法看来能比较好地用马克思主义实践观点结合心理学研究领域的实际情况以揭示个体思维发生的过程，而不能简单地停留在哲学的一般说明上。

其次，关于个体思维方式形成的内外因问题。列昂捷夫认为，鲁宾斯坦在不理解主体活动的情况下，用"外因通过内因起作用的"公式来说明心理活动的起源，则仍跳不出二项分析图的直接性假设。这个看法是对的。因为，按鲁宾斯坦的观点解释心理操作的形成，那么这个过程也不过是：客体的作用→通过主体的内部状态起作用→反应（外部动作等），这样，仍然是把外部活动看成是单方面受制于内部过程，而只要这一点不突破，则始终无法科学地说明心理活动或思维活动的产生和发展。但列昂捷夫在引入主体活动后，却没有注意如何将唯物辩证法这个内外因关系的基本原理贯彻到自己的思维发生理论中去。李沂同志指出："在列昂捷夫的理论中，论述内部心理活动是由外部活动以内化机制产生时，基本上不考虑主体的内部因素在这种产生中的影响、制约作用。"[①] 这个批评是中肯的。苏联另一位心理学家加里培林根据列昂捷夫的基本思想进行了实验研究，提出了智力技能形成的五阶段说，试图具体地揭示外部活动内化为思维方式的过程及规律。无可置疑，加里培林的学说是有重要意义的。但它的主要缺陷之一就是由于受到列昂捷夫不重视内因的思想的影响，因此，忽视了在内化过程中主体内部因素的作用，离开了主体的内部过程来讨论外部活动的内化，这样，它的五阶段似乎仅仅体现了外部活动向内部的机械的输入，而未能真正揭示这个过程的实质。实际上，个体只有在身心发展的一定基础上，才能接受社会传递而进行一定的外部活动并实现内化。尤其重要的是，任何新的活动方式由外部转为内部的过程，必然经过与主体内部原有图式发生关系并实现协调、整合。加里培林认为新的活动方式只需通过几个步骤便可以孤立地实现从外到内，这是不正确的。对此，皮亚杰及其学派的有关观点如图式的矛盾、协调整合等是颇有道理的。并

---

① 李沂：《A. H. 列昂捷夫的活动理论》，载《心理学报》1979 年第 2 期。

且，在我们有关的实验研究中也证明了在内化过程中新的活动方式与原有图式的矛盾、整合的重要意义。

从总的来看，列昂捷夫对个体思维发生的看法只停留在一般性的理论分析之上，这些分析还是很不完善的。同时，列昂捷夫对于与他的基本看法有关的一系列重要的具体问题，如内化的性质、个体思维发展过程中思维方式的演进程序等，都没有作进一步的研究。在具体地探讨个体思维发生的进程方面，他是不能跟皮亚杰相比的。

以上，我们对个体思维发生的几种主要理论进行了简要的评介。从这里可得如下几点启示：个体思维操作的形成，是一个由外部活动不断内化的过程。外部活动包括外部实物操作活动（基本属于广义的实践活动）与外部符号操作活动，而前者又是后者的基础。因此，从根本上说，实践是个体思维发生的本源。个体在身心发展的一定基础上，由社会传递下在外部对客体（或符号化的客体）进行新的操作活动，在解决主客体矛盾的过程中，这种新的外部活动方式与主体原有的图式实现协调、整合，从而内化建构起新的思维方式。个体思维发生的整个过程是一个内外因相互作用，由量变到质变的发展过程。

论学习理论

学习，从心理学的角度来看，是指有机体在后天生活中获得个体经验的过程。有机体的心理形成、变化与发展的过程，本质就是学习过程。对学习本质的了解，是心理学研究的最核心问题。因此，对学习的研究，一直是心理学界投入最多、花费精力最大、涉及面最广的重大课题。数十年来，关于学习理论的提出与争论一直是心理学界的主题之一，以桑代克、华生、斯金纳等为代表的联结学习理论，以格式塔、托尔曼、布鲁纳等为代表的各派认知学习理论相互论争，构成了数十年心理学发展的主旋律。自五六十年代以来，一方面是由于论争的双方都无法涵盖对方，因而出现了企图融合两大派的折中主义学习理论，如加涅、推尔福特等人的理论；另一方面是由于人们对这种似乎是毫无结果的论争渐不感兴趣，而后来对学习理论的研究更多地指向具体的对学生学习过程的特点与规律的探讨，因而对学习理论的研究与论争渐趋平缓。但是，这并不意味着学习实质这个问题已经得到解决，实际上，折中主义的学习理论只是简单地将两大派合并起来，并不能真正解决两派的论争从而科学地对学习的问题作出解释。可以说，关于学习的探讨至今还没有达成共识。然而，由于近二三十年来心理学界对学习的具体问题的大量研究，尤其是认知派的研究，使人们对各种具体学习的局部过程与机制的理解逐渐深入，因而有可能对学习的总体问题的解答有新的进展。本文正是力图在国外新的研究成果的基础上重新探讨学习问题。

学习理论要解决的基本问题是学习的实质问题，即有机体是如何获得个体经验的，这个获得过程的实质如何。对于这个有关学习的实质问题，众说纷纭，是各派学习理论分歧的焦点。对各派学习理论的分析，主要是看其是如何解答这个关键的问题，并且又是如何看待对立派的观点的。

我们认为，个体的学习从性质来看，可以分为两类或两个层次，第一类型学习是指个体获得经验的学习；第二类型的学习则是指个体获得学习机制的学习，后者涉及的是个体如何获得其赖以进行学习的机能的问题，它较之第一种学习更具本源性。我们把第一种学习称为一般的学习，而把第二种学习称为"元学习"。相应地，各种关于学习实质的观点和理论也可以分为讨论一般经验的获得的学习理论与讨论学习机制的获得的学习理论，前者可称为"学习理论"，后者则称为"元学习理论"。前者是假定个体已具备了相应的学习机制的前提下讨论其获得经验的实质，而后者则是讨论个体这种学习机制是如何获得的问题，这两个问题显然有很大的不同。诚然，有的学习理论既涉及一般的学习，也涉及元学习问题，即使如此，对其观点作具体分析，也可以分为关于学习的见解与关于元学习的见解。应该指出，以往不少人在讨论学习理论时，往往将这两类学习理论或观点混为一谈，纠缠在一起，因而使本来就千头万绪的学习理论问题更令人难以捉摸，无法清晰地把握。

为了明确地对各种学习理论进行中肯的分析比较，我们准备分别对这两类学习理论进行讨论，并阐述笔者的一些基本观点。

一、关于获得学习机制的元学习理论

元学习理论主要是讨论个体的学习机制的形成问题，或者说是讨论个体的心理机能尤其是高级心理机能的形成问题，是哲学认识论、心理学及逻辑学都迫切需要解决的重大问题。从哲学的角度来看，这是主观与客观之间关系的重要方面，许多哲学家正是认为无法揭示人的这种认识机能的形成，因而不得不借助于天赋观念，从而陷入唯心主义。例如19世纪的哲学家笛卡儿，认为人的低级心理机能可以用来自后天经验的反射来解释，然而，高级的心理机能的形成则无法从经验中得到说明，只能认为是天赋，因而陷于二元论。康德提出的先验论也是认为，人具有许多无法用经验来解释说明的范畴，如时空范畴、因果范畴等。他所谓的范畴，实质上是指人类认识客观事物的内在机制。机械唯物论则力图说明人的这种心理机能或学习机制是来自后天经验，但却无法科学地解释后天的经验是如何能使主体形成高级的心理机能的，诸如分析综合、抽象概括、推理等一系列信息加工活动是如何来自后天的经验的。但为了维护其经验论的立场，这个派别倾向于将人的复杂的信息加工活动或复杂的心理机能简化为由此及彼的联系。早期的一批联想主义者如哈特莱、穆勒等人就认为，人的心理活动是联想，作为联想活动的机制是很容易从人的大脑的生理机能中得到解释的。当代的行为主义心理学家也将人的各种复杂的心理活动或

机能归结为刺激反应的联系，而这种条件反射形成的机能是神经系统的机能。[1-2]

然而，也有许多哲学家、心理学家认为，人的一系列复杂的心理活动或机能是无法简化为联想或条件反射活动的。他们认识到，人的心理活动是一系列复杂的操作活动，而这些复杂的操作活动是无法从对客体的知觉中引申出来的。但是，他们由于寻找不到人的心理机能的经验起源，便把它归结于先天。例如，格式塔心理学家认为，人脑对情境的组织机能乃神经系统的原始机能；奥地利心理学家彪勒也认为，儿童心理机能的形成、发展过程，乃儿童的内部素质向着自己的目的有节奏地运动的过程。[3]

唯心论的天赋论与机械唯物论的经验论都不能科学地解答人的学习机制的形成问题，而活动内化理论观点对解答人的学习机制形成问题有重要的启示。曼德勒提出"符号类似物"理论，把人的心理机能的形成看作是对外部活动的复写、模写，这就包含着某些合理的因素。[4]皮亚杰则明确地将内部心理操作看成是外部活动的内化。他认为，个体的内部心理机能首先是从外部的感觉运动开始，个体出生后，在先天的遗传图式的基础上，与环境相互作用，不断地对环境作用进行同化、顺应，实现动态平衡，简单的图式相互作用、协调而成为越来越复杂的图式，到了感知运动阶段的后期，出现了具有内包关系、序列关系与一一对应关系的智慧动作图式。然后，随着符号功能的出现，这三种动作图式内化而成为三种最基本的内部运算图式。这三个基本结构是儿童整个运算的基础。个体不断地通过同化、顺应，三个基本结构不断协调整合而建构起越来越高级的心理运算图式。皮亚杰对人获得客体经验的过程也作了阐述并且将它与获得学习机制的过程联系起来。皮亚杰认为，个体接触新的客体或认识对象时，首先是用原有的图式去同化它，如果同化成功，图式则丰富了，这个过程是经验的学习过程；反之，如果原有的图式不能同化对象，个体就要调整改变原来的图式，成新的图式，使之能同化当前的对象，这个过程称为顺应，实际上，这个顺应过程就是形成新的学习机制或运算方式的过程。但个体如何实现这种顺应，如何调整改变原有图式，即个体如何形成新的学习机能，皮亚杰对此未作明确的阐述，只是大致地用协调、建构来描述。[5-6]我们认为，皮亚杰关于个体心理机能形成的观点是有重要意义的，他将人的心理机能与外部活动联系起来，将心理机能形成看成是外部活动的内化，摆脱了机械唯物论的困境，为解决个体心理机能的形成提供了重要的启示，是十分有价值的。但是，皮亚杰不懂得人的社会历史性，不懂得人的高级机能的社会历史性，因而陷于一次内化论，将人的心理机能的形成过程看作只需经由最初的外部动作的一次内化，此后便转为内部的图式协调建构，因而还未能真正科学地揭示人的高级心理机能的获得过程。

值得人们注意的是苏联维、列、鲁派关于人的高级心理机能形成的活动理论，他们认为，人类个体心理机能的形成，与动物一样，都是个体实现种的成就，但两者的实现过程有本质的不同。动物对种的成就的继承是通过遗传而实现的。因为，每一动物个体在适应环境中所形成的特殊的行为经验，无法通过物化为外部对象而保存下来世代相传成为种的特性。而人的本质是实践，在实践过程尤其是劳动的过程中，人的本质、能力外化或客体化为劳动产品，这些产品以静态的形式凝聚着人的能力与经验，这样，人类积累的经验、形成的能力便可以以客体化的存在代代相传，构成了"种的经验"，因而，人类掌握种的经验的过程便出现了一种全新的形式。这些物化的人类社会历史经验对于个体而言只是一种外部存在的社会机能，个体要将这种外部的社会机能转为自己内部的心理机能，就必须在社会传递下与这些客体化的社会机能相互作用，"对它们实现符合于已在它们之中的人类活动"[7]，从而内化为自己的心理活动方式或心理机能，实现"作为人的社会历史发展之产物的那些特性与能力"[8]。概而言之，就维、列、鲁派看来，人的高级心理机能是社会历史的形成物，它不可能由个体自我建构而获得，个体只有在社会传递下进行实践性的外部活动，才能不断地内化为心理活动方式。因此，儿童在感知运动阶段的外部动作图式内化为简单的内部心理操作后，其心理机能的进一步获得，仍然是一个不断内化的过程。可见，皮亚杰由于不懂得人的心理机能的社会性，因而陷于一次内化论，将人的心理机能的形成过程看作只需经由最初的外部动作的一次内化，此后便转为内部图式的协调建构；而苏联一些心理学家则强调了人的心理的社会性，因而必然要主张不断内化论，将个体心理机能的形成看作是一个在社会传递下不断内化的社会建构过程。

我们认为，苏联心理学家的理论注意了以辩证唯物论与历史唯物论为指导，强调了人的心理机能的社会性，从而能克服皮亚杰内化理论的主要缺陷，将内化思想贯彻到底，开拓了用实践来说明个体心理机能形成的途径，是有重大意义的。然而，苏联心理学家所提的"外部活动"范畴比较含糊，它包括哪些形式，它与实践的关系如何等重要问题，都没有得到明确的说明，这样，易造成理论上的含糊混乱，并且难以明确具体地讨论外部活动的内化过程。我们认为，个体的整个活动即主客体相互作用过程可以分为三类：第一是外部实物操作活动，这类活动基本上属于广义的实践活动；第二是外部符号活动，即指个体与他人之间通过外部符号（主要是语言）的形式所进行的活动，它实质上是指对符号化的对象所进行的操作；第三是内部符号活动，即个体的心理活动，主要是思维活动，它是个体在内部进行的对符号化的对象的操作。所谓外部活动，指的是前两类活动。内部符号活动（即心理活动）的方式，则是这两类外部活动方式的内化。在这两类外部活动中，外部实物操作活动是基础，外部符号活动派生于外部实物活动，在开始阶段，它只是外部实物活动内化为内部符号活动过程中的一个环节；只有随着儿童心理发展进一步成熟，它才相对地独立出来构成另一条内化路线。在实际生活中，这两类外部活动常常交织在一起，它们的划分只有相对的意义。同时，苏联心理学家的活动内化理论，不注意内化过程中内部因素的作用，离开了主体的内部过程来讨论外部活动的内化，似乎只是外部活动向内部的机械输入，因而，未能真正揭示这个过程的实质。实际上，个体只有在身心发展的一定基础上，才能接受社会传递而进行一定的外部活动并实现内化。尤其重要的是，任何新的活动方式由外部转为内部的过程，必然经过与主体内部原有图式发生关系并实现协调、整合。对此，皮亚杰派的有关观点如图式的矛盾、协调、整合等是颇有道理的。

以上，我们对国外主要的元学习理论进行了简要的评价，综上分析，我们认为，个体心理机能（或学习机能）的形成，是一个由外部活动不断内化的过程。外部活动包括外部实物活动与外部符号操作活动，而前者又是后者的基础。因此，从根本上说，实践是个体心理机能发生的本源。个体在身心发展的基础上，由社会传递下在外部对客体或符号化的客体进行新的操作活动，在解决主客体矛盾的过程中，这种新的外部活动方式与主体原有的图式实现协调、整合，从而内化为新的心理活动方式。这就是个体的心理机能的获得过程，即个体学习机制的习得过程。

二、关于获得客体经验的学习理论

实际上，心理学领域中影响重大并长期进行激烈论争的是获得客体经验的学习理论。以桑代克、华生、斯金纳为代表的联结派学习理论,以格式塔、托尔曼、布鲁纳为代表的认知派学习理论,以及以加涅等为代表的折中主义学习理论等,尽管有时对学习机制的获得问题(即元学习问题)也发表一些看法,但总的来看,其讨论的主要是个体获得经验的过程与实质的问题,因此,它们总体上是属于一般的学习理论。

联结派与认知派对于个体如何获得经验的过程的见解是截然不同的。桑代克、华生、斯金纳等联结派的学习理论最基本的共同点是,都认为个体获得经验的过程是形成刺激与反应的联系的过程。桑代克根据逃出樊笼的猫的实验的结果提出,有机体通过尝试错误偶获成功而逐渐形成刺激与反应的联系,从而获得经验,这就是学习的实质。他同时提出了影响这种联系形成的三大定律。华生也认为学习是形成刺激与反应的联系,但这种联系的形成是由于条件刺激与无条件刺激在时间上结合,使前者对后者产生替代作用从而能引起原先只能由后者才能引起的反应,这样便形成刺激与反应的联系,实现了学习。人们将这种联系的形成称为经典性条件反射。华生的学习理论实质上是认为,个体获得经验的过程是建立起条件刺激与反应之间的联系的过程。斯金纳也根据自己的实验结果提出,有机体由于反应的结果而提高了特定情境中某种行为的概率,形成了在特定情境下按特殊方式行动的一种趋势,即形成了情境与反应的联系,因而在该情境中会倾向于作出某种行为,这就是有机体的学习。这种由于行动的结果而使情境与反应之间形成联系的过程称为操作性条件反射。有机体的学习固然有时是经典性条件反射,但更主要是操作性条件反射。斯金纳的学习理论实质上是认为,个体获得经验的过程主要是操作性条件反射建立的过程。显而易见,桑代克的试误说只是斯金纳的操作性条件形成的一个特例。总之,整个联结派的学习理论的核心就是认为,有机体是通过经典性条件反射或者操作性条件反射的形成而获得经验的,在这个过程中,刺激之间或刺激与反应之间的时空的接近是学习之必须。

联结派学习理论遭到来自两个方面的批评。一方面是来自本规范内的批评。这类批评基本上还是持"学习是形成联结"这个基本立场,但对联结形成的过程与条件的看法不完全赞成经典性条件反射或操作性条件反射的观点。例如,有人提出,有时有机体在没有反应的情况下也可以学习,可以形成一定的条件反射;也有人提出,只需要通过观察也可以形成条件反射式的联结;还有人提出,在无强化的情况下有机体也会实现学习等。[9]这类批评并不是想从根本上推翻联结派学习理论，只不过是对其关于联结形成的某些观点有异议而已。

　　对联结派的批评另一方面来自对立面，即来自认知派学习理论。学习的认知理论的代表是格式塔心理学家、托尔曼、布鲁纳等，作为学习理论的一大派别，它的基本观点是，认为学习过程不是简单地在强化条件下形成刺激与反应的联结，而是由有机体积极主动地形成新的完形或认知结构。格式塔心理学家通过猿猴解决问题的研究结果提出，当有机体已具备有关某情境的经验时，其头脑便会出现相应的完形，据此与环境维持平衡。而当情境发生变动时，有机体缺乏相应的经验，其完形便会出现缺口。此时，有机体便会不断重新组织，弥补缺口，形成新的完形。新的完形体现了新情境各方面各部分的联系和关系。这个通过自组织作用而弥补缺口建立完形的过程，就是学习。托尔曼认为，有机体的学习并非形成简单、机械的联结，而是学习达到目的的符号及其意义，形成"认知地图"。布鲁纳则认为，学习是学习者积极主动地获得事物的意义和意象，从而形成新的认知结构的过程。由此可见，认知派的学习理论的基本观点是，认为有机体获得经验的过程是通过自身积极主动地进行操作，形成新的认知结构的过程。

　　应该肯定，认知派学习理论强调学习是一种积极主动的内部加工过程，这是有其重要意义的。首先，日常大量的事实与研究结果表明，有机体的复杂的学习尤其是人的复杂的学习，要经过学习者内部复杂的加工活动，而不是简单地通过神经系统在头脑里由此及彼地形成联结。例如，人们已通过大量的研究证明，无论采用哪一种强化手段，学前儿童都不能对守恒问题作出正确的回答，因为这类知识的学习，不是通过经典性条件反射或操作性条件反射来实现的，显然要经过复杂的内部加工，而当个体不具备进行这种加工活动的机制时，这个经验则无法被接受。其次，人们也意识到，有机体所进行的复杂的学习的结果是形成认知结构而不是建立一个由此及彼的简单的联系，例如，托尔曼用小白鼠做的位置学习的实验结果就充分证明了这一点。由此可见，认知派学习理论对学习的实质的基本观点是有重要意义的。然而，许多心理学家都认为，认知派学习理论把一切学习都理解为经过复杂的加工而形成完形或认知结构，包括巴甫洛夫的研究中狗形成了听到铃声便分泌唾液的反应这样一种最简单的学习，也看成是经过加工形成认知结构，是学会了"铃声将伴随着食物"[10]这样一种认知加工模式。显然，这样来解释简单学习十分牵强。反之，如果用学习的联结说来解释这些学习则显得较为合理。可见，学习的认知说也有其片面性。正是由于联结派学习理论与认知派学习理论都有局限性，任何一派都无法涵盖学习的全貌，因此，西方部分心理学家提出了折中主义的学习理论，他们将学习分为包括简单的联结学习与复杂的认知学习的若干层级，力图将两大派调和起来以说明学习的全貌。例如，索里与推尔福特就把学习分成五类：经典性的条件作用或简单联想学习、工具性的条件作用和尝试错误学习、模仿性学习、顿悟性学习与含有推理的学习。在这个分类中，前两类属于联结学习，后三类属于认知学习。另一位学习心理学家加涅则将学习分为八类，它们是：信号学习、刺激-反应学习、连锁学习、言语联想、辨别学习、概念学习、规则学习、问题解决。加涅认为，前五类是联结学习，而后三类则属于认知学习。后来，他又将这八类学习再修改为六类：连锁学习、辨别学习、具体概念学习、抽象概念学习、规则学习、高级规则学习，同样，第一类是联结学习，其他五类则是认知学习。[11]概而言之，折中主义的学习理论看到了两大派的合理因素与局限，力图融合两大派而提出一个更为合理的理论来解释学习，这是有意义的。然而，这种学习理论只是简单地将两派关于学习的观点组合起来，并未能真正揭示学习的机制及其内在联系，因而也不能令人信服地对学习的实质作出解释。

　　现代认知心理学派根据自己的研究结果对学习问题提出了许多重要的、富有启发意义的见解。例如，安德森等人就认为，人的知识可以分为两类，一类是陈述性知识，另一类是程序性知识。陈述性知识是指关于事实的知识，如"中国的首都是北京"等；而程序性知识则是指关于进行某项操作活动的知识，如进行加法运算等。相应地，学习也可以分为陈述性知识学习与操作性知识学习，这两类学习的心理过程是不同的。陈述性知识学习过程是在工作记忆中把几个激活了的节点联结起来形成新的命题的过程。例如，一个过去不知道"中国的首都是北京"的人，当他听到这句话时，首先激活了头脑中长时记忆的"中国""北京""首都"几个节点（假定他头脑中已存在着这几个节点），把它们提取到工作记忆中去，然后这几个节点联系起来形成一个新的命题，再存放回长时记忆的命题网络相应的位置中去，该个体便获得了这个新的经验或新的命题。这就是陈述性知识的学习。程序性知识学习过程则不相同，在这种学习中，个体要学习的是某项操作的一系列步骤，并能按程序完成整个操作。这类学习又可以分为两种，一种是模式识别，另一种是行动序列。模式识别的学习是学会按一定的规则（或步骤）去辨别或识别某种对象，如学会判别平行四边形等；行动序列的学习是学会完成某活动的一系列步骤，如学会进行三位数除多位数的运算步骤，能正确地按步骤完成三位数为除数的各种算式。[12]认知派上述关于知识的学习的见解，尤其是关于陈述性知识学习的机制的见解，对于我们在一个更高的层次去分析与解决学习的根本问题有重要的启示。此外，其关于知识表征的见解，关于记忆与学习的机制的见解，关于迁移的见解，关于问题解决过程的见解，等等，对学习理论的深入探讨都是非常有意义的。

由于两大派学习理论的论争及激起的一系列的实验研究，由于折中主义学习理论的启示，也由于现代认知心理学派的新的研究成果的促进，使我们现在有可能对学习的实质作出比较全面、科学的分析，提出一个更为科学的学习理论，这个理论称为"学习的双机制理论"。

学习双机制理论认为，人有两类学习机制，一类是联结性学习机制，另一类是运算性学习机制。联结性学习机制是指个体将同时出现在工作记忆的若干客体（包括符号或反应行为）的激活点联系起来而获得经验的那种机能或机构；运算性学习机制指有机体进行复杂的认知操作（即运算）而获得经验的那种机能或机构。个体运用不同的学习机制去获得经验，则形成不同类型的学习。因而，有机体的学习也相应地分为联结性学习与运算性学习。所谓联结性学习，是指个体通过将同时出现在工作记忆中的若干客体联系起来而获得经验的学习，例如巴甫洛夫的研究中的狗获得铃声是进食的信号的经验等等；所谓运算性学习，是指个体通过复杂的认知操作而获得经验的学习，例如学习"三角形内角和等于180°"这个命题，需要通过复杂的认知操作（推理活动）而获得。

我们认为，进行运算性学习，其基本条件是个体必须具备相应的运算或认知活动方式，例如，要学习"玩具"这个概念（即进行概念学习），个体必须能进行一定程度的分析、综合、抽象、概括等操作，并且，他对该概念的掌握水平，取决于他所具备的这些操作方式的水平。如果个体不具备这些操作，那么，当他要学习"玩具"概念时，就有两种可能性：第一种可能是他用联结学习的方式来接受这个概念，如仅仅将"玩具"这个词与某个布娃娃联系起来，实质上并没有真正形成"玩具"的概念；

另一种可能是他在社会传递下，通过外部活动的内化而调整原有的认知结构，一方面形成新的认知操作方式，同时在这个过程中掌握了"玩具"这个概念，这种情况就近似皮亚杰所提出的"顺应"。关于个体这种认知活动方式的形成问题即个体学习机能的获得问题，在前面关于学习理论的讨论中已作了详细的阐述，这里不再重复。

较高等的动物也具备一定的运算性学习的机能，但只是较低级的，并且也不是它们主要的学习机制。运算性学习主要是人获得经验的学习方式，体现了人的学习的主要特点。而联结性学习则是人与动物所共有的更为普遍的学习方式，有机体将同时在工作记忆（或者机能上类似人的工作记忆的神经系统有关部分）中出现的若干客体或符号的激活点联结起来从而获得经验的过程，都是联结性学习。"联结性学习"这个概念是我们在吸收了西方认知派对陈述性知识的获得的学习机制的观点，并深刻地分析了联结派心理学家提出的各种学习现象而提出的，它能更深刻地反映这类学习的本质，对这派心理学家所提出的各种学习现象作出更为科学的解释。联想心理学家提出的联想学习，桑代克提出的试误学习，巴甫洛夫的经典性条件反射，斯金纳的操作性条件反射，班杜拉的观察学习，还有托尔曼通过实验提出的潜伏学习的现象，等等，实质上都是在不同条件下的联结性学习的具体表现，都可以用联结性学习的机制去解释。可以认为，认知心理学家提出的陈述性知识的学习也是一种联结学习，因为，如其所说，这种学习的过程主要就是将同时出现在工作记忆的各个节点联系起来形成命题。因此，尽管以往这些节点的形成可能是运算性学习（形成概念），但就当前这些节点形成关于事实"是什么"的新命题的过程而言，则主要是依赖于联结机制而实现的。同时，我们认为，有机体将同时出现在神经系统有关部分的若干对象联结起来的机能是与生俱来的，也就是说，有机体的联结学习机能是先天的。但这并不意味着个体一出生就可以进行所有的联结学习，联结学习的先决条件是辨别，即能辨别出需要形成联结的各个对象（元素），在巴甫洛夫的研究中，狗要形成铃声与肉粉的联系，首先要辨别出铃声。从这个意义来说，辨别是联结学习的前提或基础。加涅的学习层级分类中将辨别学习排在信号学习与刺激－反应学习之后是不恰当的。新生儿之所以不能形成条件反射，可能不是因为其不具备将两个客体联结起来的能力，而是因为其还不能将不同的刺激区别开来。较为复杂的联结学习如陈述性知识命题的学习，更需要以学习者过去已形成该命题的各个节点（即形成构成该命题的各个概念）为前提。

个体进行的是何种学习，既取决于学习内容的性质，又取决于个体采用哪一种学习机制去获得这些内容。有的经验的获得只能运用联结性学习的机制，亦即只能采用联结性学习的方式，例如巴甫洛夫的研究中的狗获得铃声是进食的信号的经验，斯金纳的研究中的小白鼠获得压杠杆便可以获得肉丸的经验，还有无意义音节的学习、对偶学习，等等。有的经验的获得既有可能运用运算性学习的机制，也有可能运用联结性学习的机制，例如学习"三角形内角和等于180°"这个命题，个体既可以通过复杂的认知操作（推理活动）而获得这个命题，也可以仅仅在工作记忆中将"三角形""内角"等节点（假定个体过去已形成了这些节点）联结起来形成新命题而接受下来。如果是后一种情况，那么，尽管个体过去在形成"三角形"等节点时（或者说是掌握"三角形"等概念时）可能是运算性学习，但他现在在学习"三角形内角和等于180°"这个命题时还是联结性学习。在这里要强调的是，联结性学习不等于机械学习，联结性学习既可以是机械的，也可以是有意的。以这个命题的学习为例，当个体过去经验中尚未形成这些节点时，那么，他纵然是按照各节点的顺序把它们连成命题，但也只是一种机械学习，因为他并没有获得这个命题的意义。而在已形成这些节点的前提下用联结性学习的方式学习这个命题时，他则是理解了这个命题并把它放在自己已有的命题网络中去，可以说是在一定程度上把握了该命题的意义。诚然，用联结性学习方式去学习这个命题，充其量只能理解该命题所表达的意义，这种对意义的把握程度远不如运算性学习，用一句通俗的话来说就是知其然不知其所以然，只有通过运算性学习的方式去学习这个命题，才能不仅懂得该命题讲的是什么，而且懂得其为什么会这样讲。而只有达到后一种境界，才是完整的意义学习。因此，我们认为，运算性学习是意义学习，而联结性学习既可能是有意义的也可能是机械的，主要取决于学习者在过去经验中是否把握了所要联结起来的这几个元素。

我们认为，联结性学习与运算性学习是辩证的统一，它们是相互结合、相互渗透，不可截然分割的。实际的学习活动尽管还是可以根据其基本机制大致地归为联结性学习或运算性学习之类，但完全纯粹的联结性学习或运算性学习是没有的。最简单的联结性学习中也包含有模式辨别这个认知加工的环节，而复杂的运算性学习，其进行过程中往往会掺杂着许多联结性学习，不断要运用过去联结性学习所获得的经验。例如，学习"玩具"这个概念的过程，个体可能会多次将"玩具"这个词与若干具体的玩具如某个布娃娃、某个小气球等形成联结，也就是经过了多次的联结性学习，在这个基础上他进行了概括（即认知活动），形成了"玩具"这个概念。可见，形成"玩具"概念的运算性学习过程中，也掺杂着许多局部的联结性学习。尽管如此，联结性学习与运算性学习毕竟是两类不同性质的学习，它们的实现机制有重要的区别，因此，这两种学习的掌握过程、保持过程及迁移过程可能都会有不同的规律，以往有关的许多研究常常得出不一致的结论，甚至得出相反的结果，可能就是它们考察的是不同性质的学习。我们所作的一些研究已初步证实了这个结论。

综上而言，人类个体获得客体经验有两种机制，一种是联结性学习机制，另一种是运算性学习机制；前者是人类与动物所共有的学习机能，而后者是人类特有的（某些高等动物最多只有一些低级的运算学习），充分体现出人的学习的特点。联结性学习的机能主要是先天的，而运算性学习机能则是后天形成的，因此，我们前面讨论的元学习，主要就是指个体获得运算性学习机能的学习过程。

以上，我们对人的学习的基本类型、实质及有关的学习理论进行了全面的总结。总的来看，人的学习从其性质来看可以分为两个层次或两个类型，一种是获得学习机能的元学习，个体学习机能的获得，是通过在社会传递下由外部活动的内化而实现的；另一种是获得客体经验的学习，个体是通过两类学习机制（联结机制与运算机制）来实现的。在现实的学习中，元学习过程与学习过程是有机地统一在各种具体的学习活动之中，是不可分离的。有的学习活动是个体在已经具备了相应的学习机制的情况下，运用这种机制去获得需要掌握的知识经验，此时，个体应开展相应的认知操作活动而获得该知识，这样，他在获得知识经验的同时又锻炼了相应的学习机制，使相应的认知活动方式的敏捷性、准确性、灵活性都得到增强。在这种情况下的学习，大致相当于人们所说的"同化"。有的学习活动则是个体尚未具备相应的学习机制的情况下要获得某种知识经验，此时，个体要在社会传递下以外部的形式进行获得该知识经验所必需的操作活动，在这个过程中，他一方面获得该知识经验，另一方面也将外部进行的操作方式内化为自己内部的认知活动方式，从而形成新学习机能。这种情况的学习，大致相当于人们所说的"顺应"。显然，在顺应过程中，元学习是矛盾的主要方面，而在同化过程中，学习则是矛盾的主要方面。然而，无论是同化过程还是顺应过程，都是获得学习机能的元学习过程与获得客体经验的学习过程的统一。这就是人类学习的实质。

参考文献

［1］高觉敷. 西方近代心理学史［M］. 北京：人民教育出版社，1982.

［2］朱智贤，林崇德. 儿童心理学史［M］. 北京：北京师范大学出版社，1988.

［3］莫雷. 个体思维发生理论述评［J］. 哲学研究，1986（2）.

［4］（瑞士）皮亚杰. 发生认识论原理［M］. 胡士襄，译. 北京：商务出版社，1981.

［5］（苏）列昂捷夫. 苏联心理科学［M］. 孙晔，等译. 北京：科学出版社，1962.

［6］（苏）列昂捷夫. 活动　意识　个性［M］. 李沂，等译. 北京：科学出版社，1985.

［7-8］陈汝懋. 现代西方的学习理论简述［J］. 华南师范大学学报，1982（2）.

［9］（美）J. M. 索里，C. W. 推尔福特. 教育心理学［M］. 高觉敷，等译. 北京：人民教育出版社，1982.

［10］E. D. Gagne. The cognitive psychology of school learning［M］. Printed in U. S. A.，1985：69-136.

［11］莫雷，等. 不同学习任务迁移特点的研究［J］. 华南师范大学学报，1995（2）.

［12］莫雷，等. 不同学习机制下阅读保持特点的研究［J］. 华南师范大学学报，1994（3）.

关于短时记忆编码方式的实验研究

一、问题的提出与实验目的

短时记忆主要是声音编码，这在心理学界已为多数人所公认，其基本论据是采自 Conrard 的实验[1-2]，但实际上 Conrard 的实验可能只是设置了一个有利于声音编码而不利于其他方式编码（如意义编码等）的情境[3]。如果在另一些更适合意义编码或形状编码的条件下，被试是否会改用意义编码或形状编码呢？Conrard 的实验无法排除这个可能性。因此，有必要对短时记忆的编码问题作进一步的实验研究。

本实验准备以汉字为材料进行，因为汉字作为一种象形文字，可能在总体上会有利于形状编码，从而能与 Conrard 的实验相比较，并且由于汉字内部也可以区分出相对有利于形状、意义、声音编码的情境，因此可以通过对汉字的短时记忆编码方式的实验研究，来探讨短时记忆是以声音编码为主，还是多种编码方式并存而根据不同的情境灵活地变换着编码方式。

二、实验的对象、方法与程序

被试：对某中学高中二年级学生进行短时记忆初试，按三种成绩等级随机选出 72 人，其中成绩上等者（正确率 75% 以上）18 人；中等者（正确率 50%～75%）36 人；较差者（正确率 30%～50%）18 人，然后按等组分为三个组，每组 24 人。

实验材料：初试材料由作为标准刺激的 21 个常用汉字及作为再认刺激的 42 个汉字组成（除原来标准刺激的 21 个字外，还混入了 21 个无关的字）。

正式实验的材料包括三种类型汉字。类型一的标准刺激是 21 个意义较具体常用，但字形较复杂（8 划以上）的汉字；类型二的标准刺激是 21 个意义较不常用，但字形较简单（8 划以下）的汉字；类型三是 21 个意义较不常用且字形较复杂的汉字。每类型材料除 21 个标准刺激外，还包括三组再认刺激，每组 42 个。第一组包括原来的 21 个标准刺激字（信号），并插入 21 个与信号配对的近义字作为噪音；第二组插入 21 个近形字作为噪音；第三组插入 21 个近（同）音字作为噪音。

每类型材料分三批呈现，将各类型材料的标准刺激随机分为三部分，每部分的标准刺激（7 个）及相应的再认刺激（14 个）的次序也随机排列（实验材料详见附录：正式实验材料）。

实验的程序与方法：用速视器呈现刺激，用节拍器控制呈现间的间隔，每单元标准刺激（7 个）同时出现，时间为 3 秒；间隔 2 秒后即逐个呈现再认刺激（共 14 个），呈现时间各为 1 秒，间隔为 1 秒，每单元材料之间休息 1 分钟。

实验以小组为单位进行，首先发给每个被试 1 张记录卷，并向被试说明具体的做法。指导语是："我马上要同时呈现 6～8 个字，只让你们看 3 秒钟，你们要尽快将它们全部记住。然后我再逐个地让你们看一些字，并同时报出它们的顺序号码。这些字中有的是原来出现过的，有些则不是，但原来你们看过的字都会在里面。你们要尽快地作判断，如果是原来出现过的，就在答卷相应的号码上打一个勾，如不是呈现过的就不必管它。注意，一定要快，因为每个字呈现的时间很短，容不得你慢慢思考。"

对三组被试所用的标准刺激都相同，但再认刺激不一样，向第一组被试呈现每一类型的三单元标准刺激时，给他们的再认材料分别是：意义噪音+信号（简称 a），形状噪音+信号（简称 b），声音噪音+信号（简称 c）；给第二组被试的是 b，c，a；给第三组被试的是 c，a，b。

三类型材料呈现的顺序可排为三种：①1，2，3；②2，3，1；③3，2，1。将各组被试随机分为三个小组（每小组 8 人），各按一种顺序进行。

正式实验前的初试以班为单位进行，用幻灯机呈现材料，方式与正式实验相同。

三、结果与分析

（一）三种不同的噪音对各类型材料的再认的干扰情况

根据信号检测理论，当信号与噪音的强度差异确定时，被试的辨别能力不同,则 d' 的值也就不同,d' 的值表示被试的辨别能力的高低。反之,当被试的辨别能力是定值时,信号与噪音的差异不同,则 d' 的值也不同。此时,通过 d' 的值的比较便可以推断出信号与噪音的差异程度。同时,根据信号检测理论的基本原理,噪音与信号越接近,共产生的干扰就越大。本实验根据人脑短时记忆系统对外界信息进行编码的三种可能的方式来设计三类噪音;这样,与信号最接近的噪音类型,显然就是信息在人脑中的编码类型。因此,本实验主要是通过在各种噪音背景下 d' 的值来推论哪一种噪音与信号最接近,从而推断短时记忆的编码方式。

表 1 是在三种噪音背景下,被试对各类型材料的再认成绩(d' 的平均值)与检验。

表 1 的结果表明,在不同的条件下,被试再认的 d' 值是不同的。

表1　不同的噪音条件下各类型材料的再认成绩(d' 的平均值)比较

	噪音1	噪音2	噪音3	统计检验
类型1	1.2509 ± 0.497	1.031 ± 0.381	1.7025 ± 0.537	$t_1 = 1.7207$ $t_2 = 4.4323^{***}$ $t_3 = 2.7386^{**}$
类型2	1.8865 ± 0.593	0.8538 ± 0.509	1.601 ± 0.483	$t_1 = 6.4746^{***}$ $t_2 = 5.2142^{***}$ $t_3 = 1.8278$
类型3	1.779 ± 0.66	1.2638 ± 0.513	1.5973 ± 0.574	$t_1 = 3.0199^{**}$ $t_2 = 2.1223^{*}$ $t_3 = 1.0177$
统计检验	$t_1 = 4.0253^{**}$ $t_2 = 0.5936^{*}$ $t_3 = 3.1323^{**}$	$t_1 = 1.3654$ $t_2 = 2.7797^{**}$ $t_3 = 1.7847$	$t_1 = 0.6219$ $t_2 = 0.02$ $t_3 = 0.6867$	

注:t_1 为横行噪音1与噪音2之间(或纵列类型1与类型2之间)的检验。t_2 为横行噪音2与噪音3之间(或纵列类型2与类型3之间)的检验。t_3 为横行噪音1与噪音3之间(或纵列类型1与类型3之间)的检验。

"*"表示 $p < 0.05$;"**"表示 $p < 0.01$;"***"表示 $p < 0.001$。

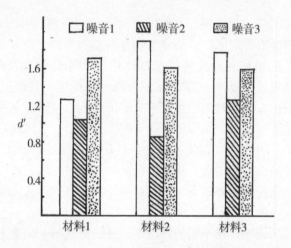

图1 三类型材料在不同的噪音背景下的再认情况比较

(1) 从表1各横行的数据及据此所作的长条图（图1）中可以看到，同一类型材料在不同的噪音背景下的再认效果，有较大的差异。各类材料都是在形状噪音的干扰下 d' 值最小，差异绝大多数都达到显著水平，可见，形状噪音对各类型材料的再认干扰最大。但对不同的材料来说，各种噪音干扰的相对程度并不相同，在第二类型、第三类型的材料中，被试在形状干扰下的 d' 值显著低于其他两种噪音下的 d' 值，而在材料2中差异更为显著（$p < 0.001$），意义噪音与声音噪音的 d' 值无显著差异，但在第一类材料中，形状噪音下的 d' 值与意义噪音的 d' 值差异不显著，而两者都显著地低于在声音噪音条件下的 d' 值。图1比较直观地表现出上述趋势。

(2) 据表1各纵列的数据及按此所作的长条图（图2）可以看到，在同一噪音背景下，不同材料的再认效果也出现各种情况。

首先，在噪音3（声音噪音）的背景中，三类材料再认的 d' 值差异不明显，此表明声音噪音的干扰作用不因材料的变化而变化。而在噪音2（形状噪音）的背景下，第二类型材料的再认 d' 值最小，显著低于第三类材料。在噪音1（意义噪音）的背景下，第一类材料的再认 d' 值显著地低于其他两类材料。由于在噪音3的背景下，三类型材料的再认成绩大致相等，而在噪音1、噪音2的背景中，d' 的最低值各出现在不同类的材料，因此，可以推断，在噪音1、噪音2的条件下不同类型材料再认 d' 值的差异，主要是由于同一噪音的干扰作用可能因情境（材料）的变化而变化。

噪音 1 在第一类材料的情境中的干扰作用大大地提高了，噪音 2 在对材料 2 的再认过程也产生了最大的干扰作用。

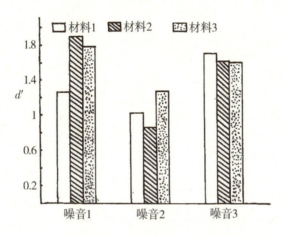

图 2　三种噪音背景中不同材料的再认情况比较

综合上面两方面的分析，我们可以认为，在本实验条件下，形状噪音对三类型材料都起最大的干扰作用，但如果在比较适宜于其他编码方式的情境中，也表现出形状噪音干扰作用的减弱以及其他编码方式（如意义编码）的干扰有某些增强的趋势。

（二）各类型材料在三种不同的噪音背景中的击中率与错误率的比较

表 2 列出了被试在不同条件下再认的击中率与错报率的数据及统计检验。

从表 2 可以发现一个值得注意的现象，即各类材料在不同的噪音背景中的击中率基本相同，差异不显著，但错报率却有很大的差异。联系对照表 1，在表 1 中被试在哪两种条件下再认的 d' 值差异显著，在表 2 中这两种条件下的错报率差异也达显著性水平。这表明，被试在不同情境中再认的 d' 值的差异主要是由于错报率引起的，再认成绩（d' 值）高的原因不在于击中的次数多，而在于误击的次数少。出现这种情况的主要原因可能是，由于本实验保持了标准刺激呈现方式及被试的记忆能力的恒定，而改变了再认时的条件。这样，由于标准刺激每次呈现给被试的条件完全相同，

表 2 三种噪音条件下不同识记材料的击中率与错报率的比较

	击中				错报			
	噪音 1	噪音 2	噪音 3	统计检验	噪音 1	噪音 2	噪音 3	统计检验
类型 1	15.17 (±2.46)	14.75 (±2.56)	15.75 (±1.75)	$t_1=0.580$ $t_2=1.580$ $t_3=0.941$	5.92 (±2.56)	7.08 (±3.01)	3.92 (±2.84)	$t_1=1.417$ $t_2=3.741^{***}$ $t_3=2.522^*$
类型 2	15.64 (±3.65)	14.54 (±2.67)	15 (±3.02)	$t_1=0.997$ $t_2=0.559$ $t_3=0.476$	2.96 (±1.73)	8 (±2.49)	4 (±2.69)	$t_1=8.143^{***}$ $t_2=5.346^{***}$ $t_3=1.593$
类型 3	16.08 (±2.95)	14.63 (±3.03)	15.21 (±2.86)	$t_1=1.680$ $t_2=0.682$ $t_3=1.037$	3.83 (±2.24)	5.38 (±2)	3.58 (±2.39)	$t_1=2.529^*$ $t_2=2.83^*$ $t_3=0.374$
统计检验	$t_1=1.013$ $t_2=0.647$ $t_3=1.161$	$t_1=0.278$ $t_2=0.109$ $t_3=0.148$	$t_1=1.053$ $t_2=0.247$ $t_3=0.789$		$t_1=4.582^{***}$ $t_2=1.506$ $t_3=2.951^{**}$	$t_1=1.154$ $t_2=4.019^{***}$ $t_3=2.304^*$	$t_1=0.1$ $t_2=0.572$ $t_3=0.449$	

因此被试每次保持在头脑中的信息量也应大致相同；但又由于各次再认时所混入的噪音与信号的接近程度不同，如果噪音与信号越接近，被试在按照自己头脑中经编码而保存着的信息再认出相应的信号的同时，也越有可能将接近的噪音也当作信号加以再认。因此便出现了在不同的噪音条件下大致相同的击中率与差异较大的错报率。根据上述分析，表2的结果一方面进一步揭示了在不同情境中再认 d' 值的差异产生的主要原因；另一方面，根据错报率所显示的情况，也可以从另一个角度反映了前面（根据表1 d' 值）所提出的关于各种噪音干扰作用的变化趋势及由此作出的推断。

四、讨论

本实验以汉字为材料探讨了短时记忆以声音编码为主的结论是否有普遍性这个问题。因为，Conrard 的实验是以英文字母作记忆材料，字母是以拼读为主要职能，缺乏意义，虽然也有一定的形状，但对于被试来说，读者应该是它的最突出特征。因此，Conrard 的实验可能只提供了一个有利于声音编码的情境。后来，有的实验固然也证实了在短时记忆中形状编码与意义编码也存在，但并未能揭示在什么情况下会出现后两种编码，它们与声音编码的关系如何等等，因此未能有力地对 Conrard 的实验结论提出质疑[4-5]。概言之，短时记忆的编码问题仍需要作进一步的研究。根据本实验的结果，我们可以初步认为，短时记忆编码方式可能是随着情境不同而不断改变的一种策略，传统认为它以声音编码为主的观点看来是缺乏普遍意义的。主要根据有两方面：

第一，根据本实验的结果，从总的来看，各类型汉字的再认都是形状噪音产生的干扰作用最大，这从各类汉字在不同噪音背景下再认的 d' 值或错报率中都反映出来。据此可以推论，在本实验条件下，汉字的短时记忆主要采取了形状编码。这显然与 Conrard 的实验结论不同。如果这两个实验在设计及推论上都是经得起推敲的话，那么我们可以认为，在汉字情境中的短时记忆编码与在英文字母情境中的短时记忆编码有不同的方式，在短时间内记忆以拼读为主要职能的字母可能是比较倾向于使用声音编码，但汉字是一种象形文字，对于以书面形式呈现的汉字而言，形状可能是它的较强的特征，因此在这种情况下被试比较倾向于用形状编码。根据被试在实验后的反省，也在一定程度上证实了这个推断。绝大多数被试都认为，自己往往会对近形字难以分清，他们说，尽管在识记标准刺激时自己都是一边看一边默念，但似乎后来在再认时多数是根据字形进行辨认。当然，被试的内省不一定都可靠，但也不失为一个重要的参考。综上所言，根据本实验的结果及与有关的实验相比较，可以表明短时记忆的编码方式随着情境不同而不同。

第二，从汉字记忆内部来看，实验结果表明，尽管从总体上汉字记忆是以形状编码为主，但不同类型的汉字（即汉字内部的不同情境）的短时记忆编码方式也有某些变动，这也可以在一定程度上反映了短时记忆随情境不同而相应改变编码策略的趋势。本实验设计了三类汉字，第一类型汉字字形较复杂，字义较常用，设想是相对有利于意义编码而不利于形状编码；第二类型汉字是字形较简单，但字义较不常用的字，按设想是相对更有利于形状编码而不利于意义编码；第三类汉字则形状较复杂且字义较不常用，按设想这类字无论用意义编码或形状编码都相对不适宜，因此较有利于声音编码。按照实验的基本设想，如果短时记忆的编码方式是随情境而变换，那么，在上述不同类型的汉字的短时记忆中也可以有所体现，实验结果在一定程度上符合这个设想，它表明，在不同类型的汉字的再认中，各种噪音的相对干扰程度是有变动的（尽管从总体来看是形状噪音干扰最大），也就是说，在汉字内部的不同情境中，短时记忆的编码方式也会有变动。意义噪音对第二、第三类材料的再认的干扰作用均显著地低于形状噪音而与声音噪音相近，但是在记忆第一类相对有利于意义编码的材料时，它的干扰作用突增。从纵向来看，意义噪音对第一类汉字再认的干扰作用显著高于对第二、第三类汉字的干扰作用；从横向来看，在第一类汉字的再认中，意义噪音的干扰作用增至与形状噪音大致相当而显著超于声音噪音，不少被试在实验后都明确地提到，在识记时，由于内容多，时间短，简直好像一闪而过，很多字根本来不及反应它们的意义，而只凭大约的形状记下来；但有的字却似乎能一下就把握它们的意义并保存下来，例如"偷""盲""贫"等。上述根据都表明，在适宜于意义编码的汉字记忆情境中（即材料1中），被试意义编码的分量有了显著的增长，尽管这种增长还不足以压倒形状编码，但毕竟表现了编码方式随情境而变换的趋势。

在各类型汉字的短时记忆中，形状编码总的来看都占优势，但这种优势也只是在较适宜于形状编码的情境中（即第二类汉字）才最为明显地表现出来，而在其他情境尤其是第一类汉字中，它的优势也有所减弱，这些变动同样在一定程度上反映出上述趋势。

在第三类材料即预计为有利于声音编码的材料中，没有发现声音编码方式有明显加强的证据（尽管从数字来看声音噪音在第三类型的汉字的再认中干扰最大，但差异都不显著）。这是由于汉字的短时记忆基本上不采用声音编码还是由于情境的设计还不足以使被试转入用声音编码方式（如字形还不够复杂、字义还不够抽象等），这有待于进一步研究。然而，尽管如此，我们还是可以认为，从总的来看，在汉字内部的短时记忆编码方式仍然在一定程度上表现出随情境不同而相应地改变的趋势。

根据上述两方面理由，我们认为，关于短时记忆的编码方式随情境变换的设想已初步得到证实，可以提出来以作进一步的探讨。

当然，短时记忆的编码问题牵涉的因素很多，相当复杂，本实验只是一个初步的研究，还有一系列重要问题有待解决。例如，本实验的结果虽然表明了不同类型汉字的短时记忆编码方式有所变动，但无法确定这种变动是由于其中一部分被试当情境变换时整个地变换成新的编码方式所引起，还是由于所有的被试当情境变换时都部分地改变原来的编码方式而产生。这个问题同时牵涉到人们在同一次短时记忆中能否可以同时使用一种以上的编码方式等更为复杂的问题。在本实验的条件下，对上述问题都无法有明确的解答，还须深入进行实验研究。

五、小结

根据本实验结果，汉字的短时记忆编码以形状编码为主，而不同类型汉字的短时记忆编码方式有所变动。这表明了短时记忆的编码方式是随情境而相应变化的。

参考文献

[1] 克雷奇，克拉奇菲尔德，利维森，等. 心理学纲要 [M]. 周先庚，等译. 北京：文化教育出版社，1980：292－294.

[2] 赫葆源，张厚粲，陈舒永，等. 实验心理学 [M]. 北京：北京大学出版社，1985：767－780.

[3] Conrad R. Acoustic confusions in immediate memory [J]. British Journal of Psychology, 1964, 55: 75-84.

[4] Roberta L. Klatzky. Human memory structures and processest [M]. United States of America Press, 1983.

[5] Sperling G., Speelman R. G. Acoustic similarity and a model [M]. In D. A. Norman. Models of Human Memory. New York: Academic Press, 1970.

附录：正式实验材料

类型1

1. 标准刺激：①屋②种③图④盲⑤惊⑥贫⑦偷

（1）意义噪音：①房②瞎③植④种⑤穷⑥屋⑦窃⑧盲⑨偷⑩图⑪贫⑫惊⑬恐⑭画。

（2）形状噪音：①层②育③和④种⑤贪⑥屋⑦愉⑧盲⑨偷⑩图⑪贫⑫惊⑬恐⑭图。

（3）声音噪音：①鸟②茫③重④种⑤瓶⑥屋⑦投⑧盲⑨偷⑩图⑪贫⑫惊⑬恐⑭涂。

2. 标准刺激：①洞②胜③追④煤⑤看⑥喝⑦爱

（1）意义噪音：①洞②望③恋④饮⑤煤⑥爱⑦赶⑧喝⑨看⑩赢⑪炭⑫胜⑬追⑭孔。

（2）形状噪音：①洞②着③受④喝⑤煤⑥爱⑦造⑧喝⑨看⑩性⑪谋⑫胜⑬追⑭涸。

（3）声音噪音：①洞②刊③碍④呵⑤煤⑥爱⑦锥⑧喝⑨看⑩剩⑪霉⑫胜⑬追⑭冻。

3. 标准刺激：①船②矮③盆④寒⑤暗⑥读⑦雀

（1）音义噪音：①念②矮③冷④船⑤读⑥盆⑦轮⑧碗⑨低⑩暗⑪雀⑫鸟⑬黑。

（2）形状噪音：①卖②矮③塞④船⑤读⑥盆⑦般⑧岔⑨矫⑩暗⑪雀⑫推⑬暗。

（3）声音噪音：①独②矮③韩④船⑤读⑥盆⑦传⑧澎⑨蔼⑩暗⑪雀⑫缺⑬按。

类型 2

1. 标准刺激：①斥②污③反④迁⑤寺⑥屈⑦闭

（1）音义噪音：①寺②歹③脏④庙⑤搬⑥骂⑦迁⑧屈⑨关⑩污⑪坏⑫闭⑬斥⑭弯。

（2）形状噪音：①寺②歹③亏④夺⑤过⑥斥⑦迁⑧屈⑨闲⑩污⑪夕⑫闭⑬斥⑭屈。

（3）声音噪音：①寺②歹③屋④字⑤签⑥翅⑦迁⑧屈⑨必⑩污⑪逮⑫闭⑬斥⑭区。

2. 标准刺激：①纠②观③赤④付⑤币⑥杂⑦劣

（1）意义噪音：①给②劣③矫④杂⑤钱⑥赤⑦差⑧观⑨看⑩纠⑪币⑫付⑬乱⑭红。

（2）形状噪音：①讨②劣③纤④杂⑤市⑥赤⑦务⑧观⑨砚⑩纠⑪币⑫付⑬杂⑭亦。

（3）声音噪音：①负②劣③究④杂⑤臂⑥赤⑦列⑧观⑨官⑩纠⑪币⑫付⑬扎⑭尺。

3. 标准刺激：①丘②佳③予④休⑤归⑥弃⑦尽

（1）意义噪音：①佳②归③给④完⑤丘⑥舍⑦回⑧停⑨休⑩坡⑪予⑫尽⑬弃⑭好。

（2）形状噪音：①佳②归③矛④昼⑤丘⑥奔⑦扫⑧体⑨休⑩兵⑪予⑫尽⑬弃⑭住。

（3）声音噪音：①佳②归③以④进⑤丘⑥气⑦龟⑧修⑨休⑩秋⑪予⑫尽⑬弃⑭加。

类型 3

1. 标准刺激：①盗②畏③赴④集⑤屠⑥旋⑦耻

（1）意义噪音：①赴②旋③贼④聚⑤盗⑥屠⑦去⑧怕⑨集⑩宰⑪羞⑫耻⑬畏⑭转。

（2）形状噪音：①赴②旋③盐④焦⑤盗⑥屠⑦赳⑧界⑨集⑩屑⑪联⑫耻⑬畏⑭施。

（3）声音噪音：①赴②旋③道④极⑤盗⑥屠⑦富⑧味⑨集⑩图⑪齿⑫耻⑬畏⑭悬。

2. 标准刺激：①象②待③俏④居⑤置⑥售⑦海

（1）意义噪音：①置②美③似④俏⑤居⑥放⑦卖⑧待⑨象⑩教⑪售

⑫等⑬住⑭诲。

（2）形状噪音：①置②倘③家④俏⑤居⑥署⑦唇⑧待⑨象⑩侮⑪售⑫持⑬届⑭诲。

（3）声音噪音：①置②窍③向④俏⑤居⑥致⑦爱⑧待⑨象⑩毁⑪售⑫带⑬驹⑭诲。

3. 标准刺激：①隐②鸣③临④巢⑤悟⑥函⑦跟

（1）意义噪音：①鸣②窝③临④叫⑤函⑥到⑦信⑧懂⑨悟⑩躲⑪巢⑫随⑬隐⑭跟。

（2）形状噪音：①鸣②果③临④鸭⑤函⑥归⑦幽⑧语⑨悟⑩急⑪巢⑫艰⑬隐⑭跟。

（3）声音噪音：①鸣②曹③临④明⑤函⑥林⑦含⑧物⑨悟⑩引⑪巢⑫耕⑬隐⑭跟。

附注：本实验材料划分汉字字义是否常用的依据是教师的评定，首先将250个笔划多少不等的汉字（并每个附上字义，如赤→红）让20名中学语文教师从中挑出其认为意义较常用的字（80个），这样，综合他们的评定，将原来250个字分成意义较常用（80个）与意义较不常用（170个）两部分，然后按第二个指标（即笔画），则可选出上面三类型汉字。

初试的材料略。

初中三年级学生语文阅读能力结构的因素分析研究

对阅读能力构成的研究，一直是心理学界最为注重、投入精力最多的课题之一。西方对能力结构包括阅读能力结构的研究主要是运用因素分析的方法。我们认为，用这种传统的因素分析法来分析能力结构，尚有诸多缺陷。首先，其变量的设计缺乏客观性；其次，因素分析数学方法可以有多种选择而使分析结果出现多样性；最后，对分析出来的因素的心理实质的解释仍陷于主观随意性。[1]正是由于这种研究方法的局限性，西方对阅读能力结构的分析出现大相径庭的结果，至今尚未有令人注目的进展。[2]我们在一篇文章中探讨了对传统的因素分析法进行改进的问题，提出了新的"活动-因素分析法"[3]，本文准备用这种"活动-因素分析法"对初中三年级学生的语文阅读能力结构进行分析，以求促进阅读能力结构研究的进展。

根据"活动-因素分析法"的基本要求，要分析某领域的能力结构，首先应根据该领域的现实活动设计成就测验，使之能代表该领域的活动，以此作为因素分析的变量。这步工作我们已经完成，编制了能代表初中三年级语文阅读领域活动的成就测验。[4]本研究主要完成以下两步工作：第一，分析出初三级学生语文阅读能力结构的主要因素；第二，对分析出来的各因素进行科学的鉴别，揭示其心理实质。

一、语文阅读能力结构因素的分析

（一）研究目的

本文准备按"活动-因素分析法"的具体做法，用斜交旋转的因素分析技术分析出初中三年级学生语文阅读能力结构的主要因素。

因素分析有多种不同的数学方法，围绕分析能力结构应使用哪一种方法的问题，一直争论不休，主要的分歧来自美国传统的斜交旋转与英国传统的正交旋转的对峙。"活动-因素分析法"认为，根据能力结构的基本特点,用斜交旋转方法才是恰当的。因为,一般地看,"在自然界中引起事物变化的各种内在因素之间总是存在着某种错综复杂的相互联系,因而正交因子往往只是较少见的特例,而斜交因子则是自然界的普遍规律。四十年代以来的大量实际工作证实了这一论断"[5]。特殊地看,心理学界普遍认为,各种心理过程在实际进行中往往是相互渗透相互交织的,因此,作为影响制约着活动的进行、现实地对活动发生作用的能力结构诸因素,是不可能完全独立,界限分明的。心理学家陈立也指出:"事实上,也没有完全独立的集团因素,集团因素之间还是有或大或小的正相关。"[6]因此,为了使因素分析的结果真正符合能力结构的自然模式,用斜交旋转方法是较合理的。

(二) 方法

1. 被试

用分层取样的方法选取广州市初三级学生286人,被试来自上、中、下三种水平的学校,样本中各种水平学校的学生人数比例与广州市三种水平的学校初三级学生人数的实际比例大致相符。

2. 做法

用初三级语文阅读成就测验(共23个分测验)对被试进行测试,整理测试结果,得出资料矩阵 $P_{(23 \times 286)}$。然后按照"活动-因素分析法"的要求用斜交旋转的方法对资料矩阵 P 进行处理,分析出语文阅读能力结构的主要因素。处理通过大型计算机进行,步骤如下:

输入原始数据 X_{ij}(即资料矩阵的数据)

↓

变量标准化 $Z_{ij} = \dfrac{X_{ij} - X_j}{6_{ij}}$

↓

形成相关矩阵 $r_{ij} = \sum\limits_{j=1}^{V} Z_{ij} Z_{ki} / V, R = [r_{ik}]$

↓

用主因子法抽取公因素,得出初始因素矩阵

↓

对初始因素矩阵进行斜交旋转,得出旋转因素矩阵

(三) 结果与分析

根据资料矩阵 $P_{(23 \times 286)}$，求出相应的相关矩阵 $R_{(23 \times 23)}$。从相关矩阵来看，分测验之间都有不同程度的正相关，这表明完成这些分测验有共同的能力因素。这些能力因素是产生相关关系的内在原因。

用主因子法从相关矩阵 R 抽取公因素。首先用雅可比法求出相关矩阵的特征值，然后按照使公因素在变量总变差中累计贡献率大于75%的要求，确定从相关矩阵中所提取的公因素的数量（即与之对应的特征值的数量）。据此要求，从相关矩阵 R 中所抽取的公因素为8个。然后计算与选定的特征值对应的特征向量，并根据特征向量计算因子系数（$a_{ij} = a_{ij}\sqrt{\lambda_j}$），最后得出因素负荷矩阵。（表略）

用四次幂最小法对初始因素负荷矩阵进行斜交变换，得出相应的旋转因素负荷矩阵，见表1。

从表1可见，8个公因素的方差是17.339，占总方差的75.39%，显然，它们能解释变量的大部分变差，因此可以认为它们是初中三年级学生语文阅读能力结构的主要因素。

上面我们完成了对初三年级学生语文阅读能力结构组成因素的分析，但所揭示出来的因素只停留在严格的数学意义上。下步研究则准备对这些因素的心理实质进行鉴别，从心理学意义上对它们作出解释。

表1 初中三年级语文阅读23个分测验的旋转因素负荷矩阵

分测验	因素1	因素2	因素3	因素4	因素5	因素6	因素7	因素8	h²
1. 词义的理解	0.812	-0.049	0.062	0.132	0.114	0.099	0.163	0.124	0.748
2. 词义的辨析	0.767	0.337	-0.023	0.094	0.120	-0.036	0.161	0.118	0.767
3. 词法的理解	0.467	0.137	0.634	-0.023	0.165	0.137	0.182	0.222	0.767
4. 句子含义的理解	0.824	0.268	-0.096	0.109	0.143	0.033	0.185	0.110	0.840
5. 句子结构的理解	0.172	0.033	0.725	0.171	0.182	0.142	0.154	-0.089	0.670
6. 句子关系的理解	0.345	-0.127	0.692	0.192	0.071	0.029	0.186	0.146	0.713
7. 句子技巧的理解	0.204	0.237	0.723	0.149	0.149	0.181	0.014	0.370	0.835
8. 错句病句的鉴别	0.476	0.280	0.161	-0.015	0.119	0.582	0.005	-0.100	0.694
9. 课文局部内容的保持	0.156	0.191	0.172	0.815	0.056	0.104	0.079	0.138	0.794
10. 课文整体内容的保持	0.165	-0.119	0.063	0.783	0.241	0.133	-0.076	0.175	0.771
11. 文言文断句	0.467	0.574	0.039	0.126	0.199	0.044	0.140	0.195	0.664
12. 文言文词的理解	0.719	0.328	-0.113	0.097	0.152	0.114	0.134	0.153	0.724
13. 文言文句子的理解	0.606	0.483	0.281	0.123	0.118	-0.015	0.179	-0.022	0.741
14. 文章中词义的理解	0.587	0.464	-0.151	0.035	0.159	0.192	0.219	-0.126	0.6813

续表 1

分测验	因素负荷								h²
	因素 1	因素 2	因素 3	因素 4	因素 5	因素 6	因素 7	因素 8	
15. 文章中句子的理解	0.452	0.627	0.043	0.156	0.206	0.079	-0.087	0.138	0.699
16. 文章局部内容字面性理解	0.384	0.705	0.179	0.212	0.224	-0.106	0.041	0.179	0.817
17. 文章局部内容推论性理解	0.276	0.756	0.128	0.045	0.234	0.124	0.161	0.135	0.780
18. 文章整体内容的理解	0.044	0.263	0.187	0.282	0.778	0.164	-0.109	-0.078	0.821
19. 文章篇章结构、写作方法的理解	0.112	0.731	0.427	0.062	0.243	0.109	-0.010	0.082	0.811
20. 对文章的评价	0.077	0.146	-0.020	0.013	0.316	0.768	0.174	0.150	0.770
21. 阅读获得的新知识的运用	0.042	0.245	0.136	0.133	0.251	0.193	0.026	0.723	0.722
22. 快速阅读理解	0.319	0.447	0.041	0.124	0.156	0.175	0.684	-0.006	0.841
23. 快速阅读保持	0.025	0.513	0.132	0.326	0.094	0.153	0.483	-0.118	0.667
Σ^2	4.610	3.904	2.420	1.743	1.320	1.230	1.086	1.036	17.339
$\frac{\Sigma^2}{23} \times 100$	20.050	16.970	10.520	7.580	5.740	5.350	4.720	4.500	75.390

二、语文阅读能力结构各因素的鉴别

（一）研究目的

本步研究准备按"活动－因素分析法"的具体做法，用活动鉴别法与鉴别性测验插入法对上步研究所分析出来的因素的心理实质进行鉴别。

传统的因素分析研究在分析出能力结构各因素后，由研究者根据自己对在某因素有较高负荷的分测验的心理过程的主观看法去解释该因素，揭示其心理实质，这是很不可靠的。因为，用以进行因素分析的分测验（变量）的心理意义一般不明显，因而研究者的主观推断会带有较大的随意性，不同的人对同一测验的心理过程的看法常会相距甚远，由此必然导致对因素解释的任意性。

"活动－因素分析法"认为，能力是在个体的活动中起调节制约作用的，具体地对个体完成各种分测验的过程作定性的分析研究，便可以揭示调节这些活动的内隐的心理特质。因此，可以将对各因素有高负荷的分测验的内容分别编制成相应的个别作业，让学生个别完成，然后对这个完成过程作定性分析，揭示其心理机制，从而据此对因素作出解释。这是本研究对因素的心理实质进行鉴别的基本做法，称为活动鉴别法。

另外，作为补充方法，还可以用鉴别性测验插入法对因素进行鉴别。由于用以进行因素分析的分测验是与所研究领域的现实活动相对应的成就测验，因此它们的心理意义往往是不明显的，使我们难以直接依据对某因素有高负荷的分测验去解释该因素。为此，我们在分析出因素后，可以先假设某因素的心理意义，然后设计一个测量这个假定的特质的测验，这个测验的心理意义当然比较明显，称为鉴别性测验。用这个鉴别性测验对原来的被试进行测试，并将测试结果加进原来的变量（成就测验）中一起再进行因素分析，如果该鉴别性测验确实在该因素中有较高负荷，那么我们便可以根据这个鉴别性测验的心理意义来解释该因素。这样，每次插入一个鉴别性测验，就可以逐个将因素鉴别出来。这是"活动－因素分析法"中对因素进行解释的补充方法，称为鉴别性测验插入法。

本研究用活动鉴别法与鉴别性测验插入法对因素进行鉴别，力求使因素的解释建立在较为客观、较为科学的基础上。

（一）方法

首先将表1的因素分为三类。第一类是适合用活动鉴别法进行鉴别的因素。对于某因素而言，如果其负荷较高的分测验完成过程的操作活动比较清晰，被试有可能出声完成操作，或在完成测验后能比较清楚地自我报告出进行过程，那么该因素就适宜用活动鉴别法来鉴别。属于这类型因素有4个：因素2、因素3、因素5与因素7。第二类是适合用鉴别性测验插入法进行鉴别的因素。如果某因素负荷较高的分测验完成过程的操作活动不够清晰，用活动鉴别法比较困难，则可用鉴别性测验插入法。属于这类型的因素只有1个，即因素1。第三类则是可以直接鉴别其心理实质的因素。某因素如果其负荷高的分测验的心理意义比较明显或以往的研究已对这些分测验的心理意义作了明确的解释，那么便可以据此直接鉴别出该因素的心理实质。属于这类型的因素有3个：因素4、因素6与因素8。

将因素分类后，再分别用活动鉴别法与鉴别性测验插入法对一类、二类因素作出鉴别，并对第三类因素直接鉴别，从而对上步研究分析出的语文阅读能力结构的主要因素的心理实质作出解释。

两种鉴别方法的具体做法如下：

1. 活动鉴别法

被试：选取初三级学生15人，语文阅读水平上、中、下各5人。

材料：对因素2、因素3、因素5、因素7各编一套个别测试作业。各测试作业均按对相应的因素由高及较高的分测验的基本内容编成。例如，因素2在分测验16、分测验17、分测验19中有高负荷，在分测验11、分测验15、分测验23中也有较高负荷（按一般规定，负荷在0.7以上为高，0.5～0.69为较高，0.35～0.49为中等，0.25～0.34为较低，0.25以下为低），根据这6个分测验的内容编制因素2的个别测试材料，每个分测验的内容各占3～5题，题型与原先的分测验一样，难度中等。其余三个因素的个别测试作业的编制也是如此。

做法：首先对被试进行出声完成作业的训练，使他们能出声地操作。然后分别用上面四套测试材料对被试进行个别测试，统一要求他们出声完成作业或完成作业后口头报告有关过程。在这个过程中主试可以适当插话，以便更好地了解被试的内部过程。被试有关语言被详细记录，以作分析。

2. 鉴别性测验插入法

被试：需要原先第一步参加语文阅读成就测试的286名学生作被试。

材料：假设因素1的心理意义，设计能测出所假定的心理特质的一套测验材料，以此作为鉴别性测验。

做法：以团体测试的形式对被试施行鉴别性测验，然后将该测验作为一个变量加入原来的变量（即语文阅读成就测验的23个分测验）中再作因素分析，看这个鉴别性测验是否在因素1中有高负荷。

（三）结果与分析

1. 第一类型因素的鉴别（活动鉴别法鉴别）

因素2：该因素在分测验16、分测验17、分测验19中有高负荷，在分测验11、分测验15、分测验23中也有较高负荷，这些分测验都属于考察文章阅读的有关方面。对被试完成作业的出声表述进行分析，结果表明，他们在完成该测试中各分测验内容的作业时，都表现出一种对所读的文章进行组织联贯的心理过程。优等生在阅读中能有条理地、较清晰准确地对文章进行组织，形成一个整体的联贯的框架，以此为基础来处理或解答各个分测验内容的问题。因此，优等生五人都正确地解答该测试所有的问题。中等生基本上也能将全文组织成一个较完整的印象，据此解答各个分测验内容的问题。但与优等生相比，他们所形成的文章的框架在层次性、条理性及准确性方面要差些，因而有时会导致解题失误。五名中等生能正确解答该测试大部分题目。差等生情况有显著的不同，他们虽然也能对所阅读的文章作某些组织，但却难以将全文组织成较为完整的框架，而只能形成一些局部的、片断的印象，并以此为基础解答问题，因而往往导致解题的错误。差等生对大部分问题都不能正确解答。

由此可见，对因素2有高或较高负荷的分测验的完成，都经历着对所阅读的文章进行组织加工，使之在主体内部形成文章的框架的过程，这个组织加工的质量对完成这些分测验的题目的质量有重要的影响，因此可以鉴定因素2是组织联贯能力。

因素3：该因素在分测验3、分测验5、分测验6、分测验7中有高或较高负荷，它们都涉及对语言的形式的把握。对被试完成个别测试的出声表述进行分析，结果表明，制约这个过程主要是一种对语言形式的辨别能力。所有的被试都基本懂得从形式上分析语言的规则（即语法规则），都大致掌握了一般的语言形式模式。他们都是按照这个模式去辨别判断当前具体语言材料的形式，但程度不同的学生对语言形式的敏感性不同。优等生能直接地"透过"材料的具体内容而看出它的形式。中等生则常常不能一下子摆脱具体内容的影响，往往要经反复的尝试才能辨别出语言材料的形式，有时会发生错误。而差等生则表现出对语言形式不敏感，尽管他们也基本懂得一般的模式，但难以据此辨别出具体材料的形式，易受比较注目的内容因素的影响，因此很少能正确解答问题。

据上分析，对因素8有高负荷的分测验的进行，都经历按一般的语言形式模式去识别具体的语言材料的形式的加工过程，能否正确地辨别材料的形式，是能否顺利完成这些分测验的关键。因此，因素3可以鉴定为模式辨别能力。

因素5：该因素在分测验18有高负荷，这个分测验主要考察对文章的主题、段意等方面的理解。对被试完成个别测试材料的出声表述的分析表明，这个过程主要是对具体材料的观点或主要内容的概括过程。优等生能全面地从所要概括的材料的整体出发，抓住其实质性的、核心的东西。而中等生则有一定的差距，他们有时只顾及到部分材料而以偏概全，有时会流于表面而抓不到实质，因此易犯错误，但总的来看还是能正确解答一半以上的题目。差等生一般不能全面考虑所概括的材料，只倾向于考虑某些突出的或与个人兴趣经验有关的部分，并且常常直接搬用文章的原话作为中心或段意的概括，难以把握材料的实质，因此，差等生解答测试题目的正确率很低。根据分析结果，可以认为因素5是对语言材料的概括能力。

因素7：该因素在分测验22"快速阅读理解"中有较高负荷，在分测验23"快速阅读保持"中也有中等负荷，这两个分测验都与阅读的速度有关。

该因素的鉴别与前三个有所不同。首先要求被试个别完成测试材料，即快速阅读两篇文章并完成有关问题，结束后立即要求他们报告自己在快速情况下是怎样阅读文章并解答问题的。据被试的自我报告，快速阅读时，他们都不像往常那样逐字逐句看清楚，而是"跳读"，有时一句话只看清几个字，有时整句话也不一定看到。但优等生反映，在这种情况下他们似乎也能大致懂得读过的材料的基本内容，因此解答大部分问题时都心中有数。而差等生则抱怨在阅读时"字儿从眼前闪过，但进不了脑"，不知道读了些什么，至多只有个别片断的印象，因此解答问题时感到茫无头绪，还得又读原文，但时间已经不够了。据此，我们初步确定，优等生较之差等生可能更少需要来自材料的信息便可以懂得材料的大致内容。为了证实这一点，我们又设计了由两篇文章组成的测试材料，第一篇每隔三个字便删掉一个字，第二篇每隔三个词便删掉一个词，所删的字词空格均保留，让不同程度的学生按正常速度阅读并解答有关文章内容的问题，结果表明不同程度的学生正答率差异显著。由此可见，影响、制约着快速阅读的因素，是一种充分地利用概念推动（即根据过去经验以及已输入的材料信息结合而构成的对文章的内容的预期、推断的推动），最低限度地需要来自材料的信息（即较少依靠材料推动），而形成对阅读材料的大致印象的能力，它近似语文教学界所说的"语感"。因此，可以将因素7鉴定为"语感能力"。

2. 第二类型因素的鉴别（鉴别性测验插入法鉴别）

该类型的因素只有因素1。因素1在分测验1、分测验2、分测验4、分测验12、分测验14中有高或较高负荷，这些分测验都与词句的理解有关。根据过去的研究[7-9]，对词句的理解涉及一般的语言加工解码能力，这种能力影响、调节着在工作记忆中将新信息与长时记忆的信息联系起来，从而对新信息进行解码的过程。前人有关研究指明，阅读广度测验能比较有效地测量这种语言解码能力。通过对在因素1中有高或较高负荷的分测验的初步分析，我们假定该因素是前人研究中所提出的一般的语言解码能力，然后按照前人的方法设计了阅读广度测验作为鉴别性测验，以此对学生进行测试，然后将测试结果放到原来的变量中再进行因素分析，结果见表2。

表2 鉴别性测验的因素负荷

负荷 测验名称	因素1	因素2	因素3	因素4	因素5	因素6	因素7	因素8
阅读广度测验	0.810	0.127	0.084	0.175	-0.211	0.231	0.016	0.207

从表2可见，阅读广度测验确实在因素1中有高负荷，由此可以证实原来的假定，将因素1定为语言的解码能力。

3. 第三类型因素的鉴别

属于这类可以直接鉴别其心理意义的因素是因素4、因素6与因素8。

因素 4 在分测验 9、分测验 10 中有高负荷，这两个分测验都涉及阅读信息的保持问题，其心理过程比较明显，都是对输入的信息进行过滤，然后筛选出重要信息保存下来。国外有关研究对这个过程作了明确的揭示[10-12]，它们比较一致地指出，阅读能力强者与弱者对文章的次要内容的保持并无显著差异，但对文章的重要信息的保持则差距甚远。因此，我们可以认为，因素 4 是阅读的筛选贮存能力。

因素 6 在分测验 20 中有高负荷，该分测验主要考察对文章的评价，它的心理意义比较明显，是按照一定的准则或标准对材料的各个方面作出评判。对该因素有较高负荷的另一个分测验（分测验 8"错句病句的鉴别"）也涉及对句子的正确性作出鉴定的过程，因此可以认为因素 6 是评价能力。

因素 8 只在分测验 21"阅读所获得的新知识的应用"中有高负荷，该分测验主要考察学生阅读文章后能否将从中获得的观点原理、科学规律、写作手法等运用到新情境中去，这显然是一个迁移过程。前人对阅读方面这种迁移能力也作了不少研究。因此，可以鉴定因素 6 是阅读迁移能力。

上面，我们完成了对表 1 的初三级学生语文阅读能力结构各因素的鉴别。根据鉴别结果，我们将表 1 的因素负荷矩阵作了调整，将对同一因素有高或较高负荷的分测验排在一起，中等因素负荷的值用"×"号表示，较低或低因素负荷值略为零。调整后的因素负荷矩阵见表 3。

表 3 初中三年级学生语文阅读能力调整因素负荷矩阵

因素负荷 分 测 验	因素 1 语言解码 能力	因素 2 组织联贯 能力	因素 3 模式辨别 能力	因素 4 筛选贮存 能力	因素 5 概括能力	因素 6 评价能力	因素 7 语感能力	因素 8 迁移能力	h^2
1. 词义的理解	0.812	0	0	0	0	0	0	0	0.748
2. 词义的辨析	0.767	0	0	0	0	0	0	0	0.767
4. 句子含义的理解	0.824	0	0	0	0	0	0	0	0.840
12. 文言文词的理解	0.719	0	0	0	0	0	0	0	0.724
13. 文言文句子的理解	0.606	×	0	0	0	0	0	0	0.741
14. 文言文词义的理解	0.587	×	0	0	0	0	0	0	0.683
11. 文言文断句	×	0.574	0	0	0	0	0	0	0.664
15. 文章中句子的理解	×	0.627	0	0	0	0	0	0	0.699
16. 文章局部内容的字面性理解	×	0.705	0	0	0	0	0	0	0.817
17. 文章局部内容的推论性理解	0	0.756	0	0	0	0	0	0	0.780
19. 文章篇章结构、写作方法的理解	0	0.731	×	0	0	0	0	0	0.811
8. 词法的理解	×	0	0.634	0	0	0	0	0	0.767

续表3

分 测 验 \ 因素负荷	因素1 语言解码能力	因素2 组织联贯能力	因素3 模式辨别能力	因素4 筛选贮存能力	因素5 概括能力	因素6 评价能力	因素7 语感能力	因素8 迁移能力	h^2
5. 句子结构的理解	0	0	0.725	0	0	0	0	0	0.670
6. 句子关系的理解	0	0	0.692	0	0	0	0	0	0.713
7. 句子技巧的理解	0	0	0.723	0	0	0	0	×	0.835
9. 课文局部内容的保持	0	0	0	0.815	0	0	0	0	0.794
10. 课文整体内容的保持	0	0	0	0.783	0	0	0	0	0.771
18. 文章整体内容的理解	0	0	0	0	0.778	0	0	0	0.821
8. 错句病句的鉴别	×	0	0	0	0	0.582	0	0	0.694
20. 对文章的评价	0	0	0	0	0	0.768	0	0	0.770
22. 快速阅读理解	0	0	0	0	0	0	0.684	0	0.841
23. 快速阅读保持	0	0.513	0	0	0	0	0.483	0	0.667
21. 阅读获得的新知识的运用	0	0	0	0	0	0	0	0.723	0.722
Σ^2	4.610	3.904	2.420	1.743	1.320	1.230	1.086	1.036	17.339
$\dfrac{\Sigma^2}{23}\times 100$	20.050	16.970	10.520	7.580	5.740	5.350	4.720	4.500	75.390

三、总结

本研究采用"活动-因素分析法"对初三级学生语文阅读能力结构进行分析,结果表明,该结构主要由8个因素组成,它们分别是:语言解码能力、组织联贯能力、模式辨别能力、筛选贮存能力、概括能力、评价能力、语感能力与阅读迁移能力。

参考文献

[1] 莫雷. 能力结构研究的基本方法与方法论问题 [J]. 心理学报,1988 (3).

[2] Cecil et al. The hand book of school psychology [M]. U. S. A., 1984: 400-445.

[3] 莫雷. 论能力结构研究的基本方法的变革 [J]. 心理科学通讯,1989 (2).

[4] 莫雷. 语文阅读水平测量 [M]. 广州:中山大学出版社,1987.

[5] 於崇文. 多元统计在地质方面的应用 [M]. 北京:地质出版社,1982.

[6] 陈立. 我对检测的看法 [J]. 心理科学通讯,1982 (8).

[7] Michael et al. Working memory and individual differences in comprehension and memory of text [J]. Journal of Educational Psychology, 1983 (75): 314-318.

[8] Daneman et al. Individual difference in working memory and reading [J]. Journal of Verbal Learning and Verbal Behaviour, 1980 (19): 430-466.

[9] Carpenter et al. Integrative processes in comprehension. Laberge (Eds). Basic processes in reading; perception and comprehension [M]. Hillsdale, N. J. Erlbaum, 1977.

[10] Smiley. Recall of thematically relevant material by adolescent good and poor readers as a function of written versus oral presentation [J]. Journal of Educational Psychology, 1977 (69): 381-389.

[11] Mayer. Children's comprehension and memory for expository materials [J]. Journal of Educational Psychology, 1980 (72): 368-375.

[12] Nancy et al. Signaling techniques that increase the understandability of expository prose [J]. Journal of Educational Psychology, 1983 (75): 402-412.

中小学生语文阅读能力结构的发展特点

一、问题与研究目的

能力结构的构成是否受年龄变量影响的问题,一直为心理学界所重视。西方心理学家的研究多数支持分化理论。这个理论最先由 Garrett 于 1946 年提出,他对 9 岁、12 岁与 15 岁三个年龄组的儿童分别进行了 10 个关于记忆力、言语能力与计数能力方面的测验,根据研究结果提出,能力结构随年龄的增长会不断发生分化,总的趋势是由较综合的、笼统的能力因素逐渐分解为较多的、较单纯的能力因素。[1]后来许多研究都支持了 Garrett 的观点,尤其以 Osborne 与 Jackson 的研究(1964)最有说服力。他们采用韦氏儿童智力量表中的分测验编成全套测验,对刚入学的 6 岁儿童进行测验,并对测验结果进行因素分析,发现了 8 个因素。仅一年后,还是用同样的测验对同样这些儿童进行测试,因素分析的结果却得出了 10 种因素,这表明能力结构确实随年龄而分化。[2]尽管多数研究结果支持分化理论,但也有部分人提出异议。他们认为,这些研究之所以会得出能力结构随年龄增长而分化的结果,可能是由于它们对不同年龄组所使用的成套测验人为地造成的,测验编制者或许对年龄大的个体的能力范围掌握得较为全面,而认为幼年儿童的能力是较少区分的。这样,他们编制的测验对年龄较大者比较小者更为适用,因此,"幼年儿童的较少分化,可能是存在于测验者的心目中和工具中,而不是存在于儿童的智慧能力中"[2]。这种批评确实值得注意,因为因素分析的结果直接受变量的数量与内容的影响,如果无法解决测验编制的客观性问题,则难以真实地揭示能力结构的发展趋势,其结果很难排除歧义。

本文准备在解决测验设计的客观依据的基础上,对小学六年级、初中三年级、高中三年级三个年龄切面的语文阅读能力结构进行分析,揭示该能力结构的发展动态与模式。

二、研究方法

过去，我们已对小学六年级、初中三年级与高中三年级学生的语文阅读能力结构进行了因素分析研究[3-5]，我们以各年龄组的学生语文阅读领域的实际活动为参照来确定分测验的设计，使各年龄组的成套测验与其实际的语文阅读活动相一致，解决了测验设计的客观性问题。本研究就是根据过去研究所揭示的这三个年龄切面的语文阅读能力结构的构成模式进行分析，以揭示语文阅读能力结构的发展趋势。拟进行下面两步分析：

（1）比较三个年龄的语文阅读分测验的相关矩阵，分析各年龄的分测验之间的相关的变化趋势。

（2）比较三个年龄的因素模型，从量与质两方面分析各年龄语文阅读能力结构的变动情况与发展趋势。

三、结果与分析

（一）三个年级语文阅读分测验间相关的变动情况

根据过去研究所得出的小学六年级、初中三年级与高中三年级三个年级语文阅读成就测验的相关矩阵，我们分别统计各年级的分测验的平均相关值及达到两种显著性水平的 r 所占的比例，结果见表1。

表1　三个年级语文阅读分测验交互相关的变动情况

年　　级	平均相关值	大于0.254的 r 的数量（%）	大于0.321的 r 的数量（%）
小学六年级	0.349	56	43
初中三年级	0.323	52	36
高中三年级	0.294	44	30
平　　均	0.322	51	36

注：当 $N=100$ 时，$p\,0.05 > 0.254$，$p\,0.01 > 0.321$。

对表1中三个年级分测验间相关平均值进行检验，差异非常显著，用

(N—K) 检验法对年级间两两进行检验，差异均达显著性水平。再对三个年级达到显著性水平的 r 的数量进行 χ^2 检验，差异也非常显著。可见，无论从分测验的相关平均值还是从达到显著性水平的 r 的数量来看，都反映了分测验间相关程度随年龄递增而逐步减弱的趋势。这与 Garrett 的研究结果是一致的。[5]

（二）三个年级的语文阅读能力因素负荷矩阵的分析比较

我们根据过去研究所得出的小学六年级、初中三年级与高中三年级的语文阅读能力因素负荷矩阵的数据进行综合，制成表2。根据表2所示，我们可以对不同年级学生语文阅读能力结构构成的变化趋势从量与质两方面进行分析。

表2 三个年级学生语文阅读

序号	小学六年级			初中三年级
	分测值	负荷较高的因素	负荷	分测验
1	词义的理解	语言解码能力	0.796	词义的理解
2	词义的辨析	语言解码能力	0.801	词义的辨析
3	词法的理解	语言解码能力	0.717	词法的理解
4	句子含义的理解	语言解码能力	0.823	句子含义的理解
5	句子结构的理解	模式辨别能力	0.789	句子结构的理解
6	句子关系的理解	模式辨别能力	0.748	句子关系的理解
7	错句病句的鉴别	语言解码能力	0.666	句子技巧的理解
8	课文局部内容的保持	筛选贮存能力	0.817	错句病句的鉴别
9	课文整体内容的保持	筛选贮存能力	0.836	课文局部内容的保持
10	文言文词句的理解	语言解码能力	0.669	课文整体内容的保持
11	文章中词义的理解	语言解码能力	0.775	文言文断句
12	文章中句子的理解	语言解码能力	0.699	文言文词的理解
13	文章局部内容的字面性理解	语言解码能力	0.610	文言文句子的理解
		/	/	
		组织联贯能力	0.579	

续表 2

序号	小学六年级			初中三年级
	分测值	负荷较高的因素	负荷	分测验
14	文章局部内容的推论性理解	组织联贯能力	0.674	文章中词义的理解
		/	/	
		语言解码能力	0.557	
15	文章整体内容的理解	组织联贯能力	0.803	文章中句子的理解
16	文章篇章结构、写作方法的理解	组织联贯能力	0.751	文章局部内容的字面性理解
17	对文章的评价	组织联贯能力	0.748	文章局部内容的推论性理解
18	阅读获得的新知识的运用	阅读迁移能力	0.691	文章整体内容的理解
19	快速阅读理解	语感能力	0.679	文章篇章结构、写作方法的理解
20	快速阅读保持	组织联贯能力	0.539	对文章的评价
21	/	/	/	阅读获得的新知识的运用
22	/	/	/	快速阅读理解
23	/	/	/	快速阅读保持

第一，从量的方面来看，表 2 的数据表明，语文阅读能力结构的因素的数量随年龄（年级）的递增而增加。同样是解释 75% 以上的总方差，小学六年级只需要 6 个公因素，初中三年级需要 8 个因素，而高中三年级则需要 10 个公因素。可见，不同年龄的学生进行语文阅读活动的能力的构成因素数量是不等的，年龄越大的学生，其语文阅读能力结构的因素数量就越多，这种趋势与 Garrett 及 Osborne 等人的研究结论基本相符。从表 2 的结果来看，这三个年级的分测验（变量）的数量大致相同（仅小学六年级比初三、高三少 3 个），但各年级阅读能力结构的因素的数量相比较却有较大幅度的递增（1∶1.33∶1.67）。由此可见，语文阅读能力结

构的组成因素这种递增不能归因于分测验的增加,而是客观上存在着因素数量随年龄而递增的一种趋势。

表3 阅读能力因素负荷简表

初中三年级		分测验	高中三年级	
负荷较高的因素	负荷		负荷较高的因素	负荷
语言解码能力	0.812	词义的理解	词义理解能力	0.728
语言解码能力	0.767	词义的辨析	词义理解能力	0.623
模式辨别能力	0.634	词法的理解	模式辨别能力	0.567
语言解码能力	0.824	句子含义的理解	语言解码能力	0.787
模式辨别能力	0.725	句子结构的理解	模式辨别能力	0.772
模式辨别能力	0.692	句子关系的理解	语言解码能力	0.576
			/	/
			模式辨别能力	0.531
模式辨别能力	0.732	句子技巧的理解	模式辨别能力	0.726
评价能力	0.582	错句病句的鉴别	语言解码能力	0.596
			/	/
			评价能力	0.450
筛选贮存能力	0.815	文章局部内容的保持	筛选贮存能力	0.762
筛选贮存能力	0.783	课文整体内容的保持	筛选贮存能力	0.832
组织联贯能力	0.574	文言文断句	语义情境推断能力	0.580
语言解码能力	0.719	文言文词的理解	语义情境推断能力	0.687
语言解码能力	0.606	文言文句子的理解	语义情境推断能力	0.714
语言解码能力	0.587	文章中词义的理解	语义情境推断能力	0.642
组织联贯能力	0.627	文章中句子的理解	语言解码能力	0.609
			/	/
			语义情境推断能力	0.540
组织联贯能力	0.705	文章局部内容的字面性理解	组织联贯能力	0.762

续表3

初中三年级		高中三年级		
负荷较高的因素	负荷	分测验	负荷较高的因素	负荷
组织联贯能力	0.756	文章局部内容的推论性理解	组织联贯能力	0.685
概括能力	0.778	文章整体内容的理解	概括能力	0.806
组织联贯能力	0.731	文章篇章结构、写作方法的理解	组织联贯能力	0.810
评价能力	0.768	对文章的评价	评价能力	0.726
阅读迁移能力	0.723	阅读获得的新知识的运用	阅读迁移能力	0.712
语感能力	0.684	快速阅读理解	语感能力	0.747
组织联贯能力	0.513	快速阅读保持	组织联贯能力	0.571

表3进一步列出了3个年级语文阅读能力结构的因素变动情况。从表3可见，语文阅读能力结构的数量之所以增加，是因为最初由某个公因素所解释的若干分测验，到后来需要两个或更多的因素才能解释，这样便表现为由原来的1个公因素变成2个或更多的公因素。小学六年级语文阅读能力结构共有6个主要因素，这些因素在初三、高三阶段仍然存在，只是随年龄的增加从原来某些因素中不断分化出新的因素，从而形成了因素数量随年龄增多的趋势。小学六年级阶段的6个因素中，模式辨别能力、筛选贮存能力、语感能力与阅读迁移能力均未见有明显的分化，而语言理解能力、组织联贯能力则随年龄的增加不断分出新的因素。小学六年级阶段由这两个因素所解释的变量（分测验），到初三阶段则要4个因素才能解释，而到高三阶段则要6个因素才能解释。

第二，从质的方面看，不同年龄的语文阅读能力结构中各种因素的相对地位是有变化的，总的趋势表现为性质上更为复杂的因素的重要性逐渐增加。我们对表2中3个年级语文阅读能力结构中诸因素所解释的总方差的百分率作了归一处理，得出各因素在整个结构中的相对地位，结果见表4。

表4 语文阅读能力结构的因素分化状况

小学六年级能力因素	初中三年级能力因素	高中三年级能力因素
因素1：语言理解能力	因素1：语言理解能力 因素2：语言理解能力	因素2：组织联贯能力 因素5：词的解码能力 因素3：语义情境推断能力
因素2：组织联贯能力	因素5：概括能 因素6：评价能力	因素1：组织联贯能力 因素7：概括能力 因素9：评价能力
因素8：模式辨别能力	因素3：模式辨别能力	因素4：模式辨别能力
因素4：筛选贮存能力	因素4：筛选贮存能力	因素6：筛选贮存能力
因素5：语感能力	因素7：语感能力	因素8：语感能力
因素6：迁移能力	因素8：迁移能力	因素10：迁移能力

表5 年级语文阅读能力结构的因素的相对地位

因素比重		小学六年级	初中三年级	高中三年级
因素1	名称比重	语言解码能力 0.375	语言解码能力 0.267	组织联贯能力 0.153
因素2	名称比重	组织联贯能力 0.249	组织联贯能力 0.225	语言解码能力 0.144
因素3	名称比重	模式辨别能力 0.128	模式辨别能力 0.139	语义情境推断能力 0.139
因素4	名称比重	筛选贮存能力 0.119	筛选贮存能力 0.100	模式辨别能力 0.115
因素5	名称比重	语感能力 0.069	阅读概括能力 0.076	词义理解能力 0.098
因素6	名称比重	阅读迁移能力 0.060	评价能力 0.071	筛选贮存能力 0.092
因素7	名称比重	—	语感能力 0.063	阅读概括能力 0.078

续表5

因素比重		小学六年级	初中三年级	高中三年级
因素8	名称比重	—	阅读迁移能力 0.060	语感能力 0.073
因素9	名称比重	—	—	评价能力 0.058
因素10	名称比重	—	—	阅读迁移能力 0.051

从表5可见，在小学六年级的语文阅读能力结构中，语言解码能力处于十分重要的地位，所占的比重（即所能解释的总方差的分量）远超过其他因素。到了初中三年级，语言解码能力虽然仍居首位，但它在整个结构中的相对重要性已大为降低，其所占的比重只是略高于第二位的组组联贯能力。并且，初三阶段新分出来的概括能力、评价能力与原有的组织联贯能力，均属对文章整体把握方面的能力，可见这类能力所占的分量已逐步占据了主要地位。及至高三阶段，组织联贯能力已跃居首位，新分出来的语义情境推断能力（也属对文章整体把握方面的能力）处于第三位，这样，对文章整体把握方面的能力因素在整个能力结构中已占了绝对优势，这类因素所制约的变量越来越多，影响面越来越广，所占的分量越来越大，逐渐成为导致学生语文阅读差异的主要变因。前面表2所列的结果，也十分明确地反映了这个趋势。从表2可见，在小学六年级阶段，对文章的词、句的理解，对文言文词句的理解等分测验主要受语言解码能力的制约，而到初三、高三阶段，则逐步转为主要受组织联贯能力、语义情境推断能力等制约。

一般认为，语言解码能力是一种较为基础的因素，而组织联贯能力、概括能力、评价能力及语义情境推断能力等对文章整体把握的能力，是较为复杂的、层次较高的因素。因此，语文阅读能力结构中上述这种因素的相对地位的变化，实际上反映了性质上更为复杂、层次较高的因素的重要性越来越强的趋势。

研究结果表明，语文阅读能力结构是随年龄增长而不断变化的，这个变化既表现在因素的数量逐步增加，又表现在结构中因素的地位变动，更复杂更高级的因素的作用趋于增强。

四、讨论

能力结构的因素为什么会随着年龄增长而不断增加？对此人们有不同的解释。苏联心理学界较多人持活动丰富化的观点，他们认为，就个体所从事的某个范畴的活动而言，随着年龄的增长，该范畴的活动可能会不断扩大，新的内容（子活动）不断增加；也可能是该范畴的某些子活动发生分解，分成更多的子活动。无论是哪种情况，都具体表现为该范畴中相对独立的子活动的数量增多，即活动不断丰富化，这样，必然促使该活动的能力结构的新的因素形成或派生，从而表现为能力结构因素的数量不断增加。

我们认为，活动丰富化的解释有其合理性。一般来说，在进行因素分析时，对同一领域的活动而言，其子活动较多（亦即变量较多）时往往会比子活动较少时（亦即变量较少）需要更多的因素来解释，这是符合活动丰富化的设想的。但是，许多能力结构因素的分析研究是在变量相同的情况下，亦即子活动并没有增加的情况下，仍然得出能力结构的组成因素随着年龄而增加的趋势，这是活动丰富化观点无法解释的。因此，西方心理学家更倾向于用能力因素的分化或分解来解释这种趋势。他们认为，随着儿童年龄的增长，原先比较笼统的、综合的能力因素逐步分解成较多的、较为单纯的因素，这样便表现出能力结构的因素随年龄而增多。西方心理界这种解释，是有一定实验依据、言之成理的。

然而，从本研究的情况来看，我们认为，中小学生语文阅读能力结构的构成因素随年龄而递增，主要不是由于活动丰富化。因为，我国中小学的语文阅读教学是按照螺旋式来安排教学内容的，因此，从小学六年级到初三、高三，语文阅读领域的子活动并无明显的增加，本研究中3个年级作为因素分析的变量基本相同。同时，根据对本研究的结果的分析，我们也可以确定，中小学生语文阅读能力结构的因素数量的增加，亦不符合西方心理学界所提出的那种分解模式。从前面表5中可见，因素的数量随年龄而增加，是由于原先由某个因素所制约的若干变量（分测验）改为由多个因素制约所致，但尽管新的因素不断出现，原先那个因素依然存在，只不过是其制约范围（即影响的变量的数量）缩小而已，而不是由综合的、笼统的因素分解成为若干较单纯的因素，并且，在内涵上也难以看出原先因素与后来新增的因素有何包含或交叉关系。我们初步推断，中小学生语文阅读能力结构构成因素随年龄而递增，可能是通过一种"接替"的模式而实现的。所谓的"接替"模式，可概述如下：某领域活动的若干子活动在起初阶段受到某一能力因素的制约，但这个能力因素对这些子活动的制约作用是不相同的，其中一些子活动可能会自始至终都受该因素的影响，该因素是它们的恒定的影响因素；而对于其余的子活动而言，它们的顺利进行，只不过是要以该因素发展到一定程度作为先决条件或前提。这样，在初始阶段个体这种能力因素还未发展到这种程度时，这些子活动的进行质量主要取决于该能力因素的发展水平。然而，随着个体年龄的增长，该能力因素逐步发展到了足以满足这些子活动进行的程度，自此，这些子活动的进行水平不再依赖于该能力因素的进一步提高，而其他的因素的作用便突出出来"接替"原先的因素对这些子活动发生影响。这样，原先由该因素制约的若干变量中，只有其中一部分变量仍继续受它的制约，而另一部分则改由新的因素影响，因而出现能力结构中原先因素与新增因素并存的现象。这种由于原先因素对活动的影响作用为新的因素所接替而导致能力结构的因素的数量增加的形式，便是我们所说的"接替"模式。而对于以一定程度的发展为某（些）活动进行的先决条件或前提的因素，我们称之为该活动的"基础能力因素"。

  本研究结果已表明，语文阅读能力结构的因素随年龄而增加具体表现为该结构中其因素原来所制约的部分变量随年龄的增加逐步转由新的因素制约的接替过程。表6列出了这个接替过程中所涉及的因素及其所制约的分测验的变动情况。

  从表6可见，语文阅读能力结构的变动过程主要涉及两个重要因素，它们是"语言解码能力"与"组织联贯能力"，这两个因素是语文阅读范畴中许多子活动（分测验）的"基础能力因素"。在小学六年级阶段，语言解码能力影响制约着8个分测验，而到后来，只有两个分测验仍受它的制约，其余6个分测验已改由新的因素制约。也就是说，语言解码能力实际上只是2个分测验的恒定的影响因素，是其他6个分测验的基础能力因素。同样，组织联贯能力起初影响制约了5个分测验，但只是其中3个分测验的恒定影响因素，是其余2个分测验的基础能力因素。初三、高三阶段新的因素的出现，都是对语言解码能力与组织联贯能力这两个因素的制约作用的接替。

表6 接替过程的有关因素与分测验的变动情况

分测验名称		负荷较高的公因素		
		小学六年级	初中三年级	高中三年级
词义的理解*		语言解码能力	语言解码能力	词义理解能力
词义的辨析*		语言解码能力	语言解码能力	语言解码能力 / 词义理解能力
文章中词义的理解*		语言解码能力	语言解码能力	语义情境推断能力
错句病句的鉴别△		语言解码能力	语言解码能力 / 评价能力	评价能力 / 语言解码能力
句子含义的理解△		语言解码能力	语言解码能力	语言解码能力
文言文词句的理解（小学）	文言文词的理解*（中学）	语言解码能力	语言解码能力	语义情境推断能力
	文言文句子的理解*（中学）		语言解码能力	语义情境推断能力
	文言文断句*（中学）		组织联贯能力	语义情境推断能力
文章中句子的理解*		语言解码能力	组织联贯能力	语义情境推断能力 / 语言解码能力
文章局部内容的字面性理解*		语言解码能力	组织联贯能力	组织联贯能力
文章局部内容的推论性理解△		语言解码能力 / 组织联贯能力	组织联贯能力	组织联贯能力
文章篇章结构写作方法的理解△		组织联贯能力	组织联贯能力	组织联贯能力
快速阅读保持△		组织联贯能力	组织联贯能力	组织联贯能力
文章整体内容的理解*		组织联贯能力	概括能力	概括能力
对文章的评价*		组织联贯能力	评价能力	评价能力

注："△"表示该分测验在3个年龄阶段均受同一个能力因素制约，"*"表示该分测验在3个年龄阶段受不同的能力因素制约。

根据过去的研究中学生出声完成各分测验的有关材料，[3-5]可以比较具体地反映出这个接替过程。以组织联贯能力为例，在小学六年级，学生在完成文章宏观阅读方面的分测验（包括对文章篇章结构的理解、中心段意的概括、对文章的评价等）时，都首先要在头脑中对所阅读的文章内容初步形成一个联贯的心理表征或映象，因此，都首先要求有一定程度的组织联贯能力。当个体组织联贯能力未达到这个程度时，其发展水平的高低，便直接影响着这些分测验完成的质量，成为制约这些分测验的主要因素。而到了初中三年级，学生的组织联贯能力均已达到了一定程度，对所阅读的文章，都基本能在头脑中形成一个联贯的心理表征，这个方面已能满足进行概括文章中心段意、评价文章等活动的需要，因而，组织联贯能力不再成为影响"文章整体内容的理解"与"对文章的评价"等两个分测验的主要因素，而由"概括能力"与"评价能力"接替它分别制约这两个分测验，此时，组织联贯能力只是继续对"文章篇章结构、写作方法的理解"等3个分测验起影响作用。这样，在小学六年级阶段受组织联贯能力所制约的5个分测验，到了初三阶段则变成受3个能力因素的影响了。语言解码能力所制约的分测验的变动情况也大致如此。

综上分析，我们可以初步认为，语文阅读能力结构的因素随年龄而增加，主要是通过"接替"的方式实现的，从心理学界以往的许多有关研究中，似乎都可以看到这种"接替"模式的存在，它很可能是能力结构构成因素逐增的重要途径。当然，对于这样一个重大问题，还需作更广泛更深入的研究才能确定。

五、小结

本研究表明，语文阅读能力结构随年龄的增长在两个方面发生变化，一方面是因素的数量不断增加，另一方面是结构中的较复杂层次较高的因素的相对地位不断加强；而该结构的因素的增加主要是通过"接替"的方式实现的。

参考文献

[1] 李孝忠. 能力心理学 [M]. 西安：陕西人民出版社，1987.
[2] 克雷奇，等. 心理学纲要 [M]. 周先庚，等译. 北京：文化教育出版

社，1981．

［3］莫雷．小学六年级学生语文阅读能力结构的因素分析研究［J］．心理科学通讯，1990（1）．

［4］莫雷．初中三年级学生语文阅读能力结构的因素分析研究［J］．心理学报，1990（1）．

［5］莫雷．高中三年级学生语文阅读能力结构的因素分析研究［J］．应用心理学，1990（1）．

表面概貌对原理运用的影响的实验研究

一、问题与目的

在学习新的原理时，通常需要给学习者提供样例来对该原理进行说明，学习者在解决新问题时往往要将新问题与先前样例进行类比而寻找解决方法，这是个类比迁移的过程。[1]Holyoak 等人指出，类比迁移过程有两个主要环节，第一是类比源的选取，即搜索记忆中可供参考的解决方法或可供参照利用的例子，以确定新问题应该用哪个原理去解决，这个环节称为原理的通达；第二是关系匹配或一一映射，即把新问题与样例的各个部分进行匹配，根据匹配产生解决问题的方法，这个环节称为原理的运用。[2]

有关研究结果表明，样例的表面内容对于新手解决问题有着重要的影响作用。[3]Gick, Reed, 以及 Holyoak 等人的研究指出，样例与测题的表面内容相似性只影响到原理的通达，一旦找到合适的类比源后，关系的匹配即原理的应用过程将不再受两者表面内容相似性的影响，而只是对问题所包含的结构性信息敏感。[4-6]

而 Ross 则通过一系列构思巧妙的实验提出，样例的表面内容不仅对类比源的选取起作用，而且对匹配过程也有影响。[7-9]他将表面内容进一步分离为表面概貌与对象对应两个方面。表面概貌指事件的背景、情节、具体对象等具体内容；对象对应则指问题的具体对象与原理各个变量之间的对应关系。在 Ross 的研究中，样例与问题的表面概貌方面设计了相似（+）与不同（0）两种情况，两者涉及的是类似的事件、背景、对象等，则是表面概貌相似，反之则是表面概貌不同。而在样例与测题的对象对应方面设计了相似（+）、不同（0）与相反（-）三种情况：如果样例与测题所涉及的对象相似（能够匹配），而匹配的对象所对应的是相同的原理变量，就可以说两者对象对应相似；反之，如果样例与测题涉及相似的对象，但这些匹配的对象所对应的原理中的变量却相反，则称为两者对象对应相反；如果样例与新问题所涉及的对象不同或难以匹配，那就是两者对象对应不同或无关。下面是 Ross 1989 年研究所用的排列概率原理的部分材料：

样例："IBM 公司要将计算机分配给科技人员使用，现有 11 部 IBM 计算机，有 8 名科技人员要求分配，由科技人员随机选择计算机，但科技人员要按姓名的字母顺序先后挑选。要求计算出姓名字母排在前三位的科技人员分别依次选到倒数第一、第二、第三部计算机的概率。"

公式：$p = 1/[n(n-1)...(n-r+1)]$；解答：$p = 1/[11(11-1)(11-3+1)]$ $(n=11, r=3.)$

测题 1：（+/-）IBM 公司新买进 8 台不同档次的计算机，要分给 7 位资历不同的工程师，如果计算机被随机安排给工程师，且按计算机的档次从高到低安排。问资历排在前四位的 4 位工程师刚好分别按资历顺序得到档次排位从 1 至 4 的计算机的概率是多少？（注：题目前面 +/- 表示该测题与样例表面内容的关系情况，左边符号表示概貌相似关系，右边符号表示对象对应的相似关系，下同。）

公式：$p = 1/[n(n-1)...(n-r+1)]$；解答：$p = 1/[7(7-1)(7-4+1)]$ $(n=7, r=4.)$

测题 2：（0/+）南方职业高中有一个汽车修理专业班。某天，有 12 名学生要修理 15 辆小汽车，由学生随机挑选小汽车，学生是按照最近一次机械考试的成绩排位由高到低的次序进行挑选。要求计算出损坏最严重的 6 部小汽车按照其严重程度分别依次被成绩排位最高的 6 名学生修理（即成绩最高的学生修理最坏的小汽车，等等）的概率。

公式：$p = 1/[n(n-1)...(n-r+1)]$；解答：$p = 1/[15(15-1)(15-6+1)]$ $(n=15, r=6.)$

Ross 在 90 年代前后设计了一系列研究，比较了 +/+、+/-、+/0、0/+、0/- 与 0/0 等条件下样例迁移效果，根据研究结果提出了表面内容影响问题解决的基本观点：表面内容可以分解为表面概貌与对象对应两个方面，样例与问题的表面概貌相似性可以影响原理的通达，但对于原理的运用没有影响；两者的对象对应相似性主要影响原理的运用而对原理的通达没有影响。[7-9] 近年来，Ross 及其他心理学家有关的研究也直接或间接支持了他上述的结论。[10-12]

然而，我们认为，Ross 关于样例与问题的表面概貌相似性对原理运用影响的有关研究，有些方面是值得商榷的。首先，我们认为，表面概貌可以进一步分为两个方面：第一方面是事件属性，包括上面所提到的事件背景、具体对象、具体情节及表述方式等；第二方面是事件类型，它是根据事件的语义内容来对其性质进行的类型划分（如运动问题、行船问题等）。Ross 的研究中样例与测题的表面概貌变化，只限于事件属性方面的变化，而事件类型并没有发生变化，如他所设计的排列概率或组合概率的题目，样例与测题都是将 A 类对象分给 B 类对象，两者表面概貌在事件类型方面是相似的（都是分配东西的概率问题）。我们设想，如果使样例与测题的表面概貌在事件类型方面有变化，表面概貌的相似性对原理运用的影响可能就会表现出来。

其次，认真分析 Ross 所设计的样例与测题表面概貌不同（0）的材料，两者只是在事件的背景上有较大的变动，而在具体对象、情节与表述形式方面还是比较相似。如上面所列的材料，样例是科技人员分配计算机，测题 2 是学生分配小汽车，都涉及了人分配物这样的主要情节与对象，显然，这两个问题即使是在事件属性层面上也还是比较相似，用这些材料来探讨表面概貌相似性对于原理运用的影响效应，结果很可能会失真。我们设想，如果增大两者事件属性方面的差异程度，使之在事件背景、具体对象、情节与表述形式四个维度上都不相似，那么表面概貌相似性对于原理运用的影响作用也可能会表现出来。

最后，Ross 研究表面概貌与对象对应对原理运用的影响时，在对象对应方面是用了"＋、0、－"三种差异条件，得出对象对应相似性影响原理运用的结果；而他在研究表面概貌对原理运用的影响时，在表面概貌方面只使用了"＋、0"两种差异的条件，由于表面概貌只有一个级别的差异，因此，尽管得出了表面概貌相似与否不影响原理运用的结果，但这个结果的可信度是值得怀疑的。我们设想，如果样例与问题在表面概貌的差异也达到两个级别，那么其对于原理运用的影响效果可能会表现出来。因此本研究采用莫雷近期研究所设计的样例与测题表面概貌相反的技术[13]，设计"＋、－"两个级别差异的表面概貌相似条件来探讨表面概貌相似性对原理运用的影响效果。

根据以上分析，本研究准备设计三个实验系列再探讨样例与测题表面概貌相似性对原理运用的影响。实验 1 探讨在扩大 Ross 先前研究的概率材料的样例与测题事件属性方面的差异的情况下，两者表面概貌的相似性对原理运用的影响；实验 2 准备探讨样例与测题的表面概貌在事件类型层面发生变化的情况下，两者表面概貌的相似性对原理运用的影响效果；实验 3 准备探讨样例与测题表面概貌的相似性在两个级别差异的情况下，两者表面概貌的相似性对原理运用的影响。

二、实验 1

本实验准备在扩大 Ross 的研究中的样例与问题表面概貌的差异的情况下，探讨样例与测题的表面概貌相似性对原理运用的影响。

本实验设计排列概率与组合概率两个原理的题目，每个原理包括两种内容或概貌（排列原理的两种概貌是 A 与 B，组合原理的两种概貌是 M 与 N），每种概貌包括两种对象（O 与 D），每种对象包括两种对应（R 与 C）。这样，每个原理有 2（概貌）×2（对象）×2（对应）= 8 类题目，每类 2 题共 16 题。从每类 2 个题目中随机选出 1 个作为学习样例，共有 8 个学习样例，其他 8 个作业题目就构成了与学习样例不同的相似关系，8 个样例与 8 道测题的关系见表 1。

表 1 排列概率原理的样例与测题关系表

样例类型	测题类型							
	AOC_2	AOR_2	ADC_2	ADR_2	BOC_2	BOR_2	BDC_2	BDR_2
1. AOC_1	+/+	+/−	+/0		0/+	0/−	0/0	
2. AOR_1	+/−	+/+		+/0	0/−	0/+		0/0
3. ADC_1	+/0		+/+	+/−	0/0		0/+	0/−
4. ADR_1		+/0	+/−	+/+		0/0	0/−	0/+
5. BOC_1	0/+	0/−	0/0		+/+	+/−	+/0	
6. BOR_1	0/−	0/+		0/0	+/−	+/+		+/0
7. BDC_1	0/0		0/+	0/−	+/0		+/+	+/−
8. BDR_1		0/0	0/−	0/+		+/0	+/−	+/+

注：下标 1、2 分别表示同类题目的两道题。组合概率原理的样例与测试题安排表相同。

表中左边 "+" 表示样例与测题表面概貌相似，"0" 表示两者表面概貌不同；右边"+"表示两者对象对应相似，"0"表示两者对象对应不同，"-"表示两者对象对应相反。

下面是排列概率原理的 4 个题目：

（1）AOC。IBM 公司的办公室需要装配计算机。由每个办公室随机选择他们所要的电脑，但选择是按照办公室的序号进行的，即第一个办公室首先选，依次类推。供给部门现有不同型号的 16 台计算机，有 10 个办公室需要计算机。请问第一、第二个办公室依次得到最大、次大型号计算机的概率是多少？

公式：$p = 1/[n(n-1)\dots(n-r+1)]$（下同）

（2）AOR。IBM 公司的办公室需要装配计算机。由供给部门随机给办公室配发计算机，但配发是按照计算机的型号顺序依次进行的，即最大型号计算机首先配发，依次类推。供给部门现有不同型号的 14 台计算机，有 9 个办公室需要计算机。请问第 1～4 个办公室依次得到最大的 1～4 型号计算机的概率是多少？

（3）BOC。大学生运动会自行车比赛有 44 人报名参加，但到比赛那天只有 31 人出席，且刚好是去年参赛的那 31 人。如果由组委会将 31 辆号码从 1～31 的自行车随机分配给参赛运动员，那么上届前 8 名参赛者刚好拿到与自己名次相同的号码的自行车的概率是多少？

（4）BOR。大学生运动会自行车比赛有 40 人报名参加，但到比赛那天只有 25 人出席，且刚好是去年参赛的那 25 人。组委会准备了 25 辆号码从 1～25 的自行车，由参赛运动员随机选择一个号码，那么上届前 6 名参赛者刚好挑选到与自己去年参赛名次相同的号码的自行车概率是多少？

以上 4 个题目，如果用题目 AOC 为样例，那么，题目 AOR 则与它形成 +/- 的关系，题目 BOC 与它形成 0/+ 的关系，题目 BOR 与它形成 0/- 的关系，这样，可以使各种条件下题目的难度得到平衡。实验 1A、1B 所用的是上面 +/+、0/+、+/- 与 0/- 条件的材料。

本实验所设计两种表面概貌在事件背景、具体对象、情节与表述形式四个维度上尽量做到不相似，因此保证了 0/+、0/- 两种条件下样例与测题的表面概貌有较大的差异。实验前先随机选出 20 名大学生，要求他们分别对 Ross 研究材料与本实验研究材料的 0/+、0/- 两种条件下的样例与测题的相似性进行 5 级评定，结果表明，本实验研究材料 0/+、0/-

两种条件样例与测题的相似性平均分为 1.86，而 Ross 研究材料相似性平均分为 3.79，差异非常显著。

(一) 实验 1A

1. **目的**

探讨样例与测题在对象对应相似的情况下，两者的表面概貌相似与否对原理运用的影响，亦即比较在 +/+ 与 0/+ 两种条件下，被试对原理运用的正确程度。

2. **方法**

(1) 被试。对华南师范大学一年级学生进行预测，根据预测结果，从还没有掌握排列概率与组合概率原理的学生中随机选出 16 名作为被试。

(2) 材料。将每个原理 8 个题目作为学习样例，根据各个样例相应选出与其相似关系是 +/+ 的题目 8 题，0/+ 的题目 8 题。两个原理共 16 个样例题目，+/+ 与 0/+ 的题目各 16 题。

(3) 设计。本实验是单因素被试内设计，将样例随机分为 8 组，每组包括排列原理与组合原理的样例各 1 题，16 名被试随机分为 8 个小组，每个小组被试随机指定学习其中 1 组样例，然后解决与所学样例构成 +/+ 与 0/+ 的条件的测题各 1 题，共 4 题。这样，每个样例都有 2 人次学习，每个测题有 4 人次完成，每种条件完成的人次是 32。

(4) 实施程序。向每个被试提供一个测验小册子，第 1 页是指导语，说明进行过程及要求；第 2 页对一个概率原理的基本概念和公式进行说明，并提供一个样例题目；第 3 页是样例的答案与解决步骤；第 4 页是空白页，用来隔开两个原理；第 5～6 页是对另一个概率原理的阐述与样例；第 7、第 8、第 9、第 10 页各有 1 道测题，它们是随机安排的与样例构成 +/+ 与 0/+ 关系的测试题，但要保证最后一个学习样例与第一个测试题不是同类问题。每个测试题后面都明确提供公式，只要求被试将题目的数量代入公式，不要计算出结果。

实验分组进行。被试用 2 分钟阅读指导语，用 4 分钟学习每个原理并完成该原理的样例题目，要求至少要留 30 秒时间来检查答案，然后用 1 分钟看下一页的答案；接着要求他们解决第 7～10 页的问题，解答每个问题的时间不能超过 2 分钟。

3. 结果与分析

按照 Ross 的评分标准对被试答卷进行评分：答案完全正确记 2 分；答案完全不正确记 0 分；答案部分正确如有 1 个数字代入正确，而另外数字代入不正确，记 1 分。表 2 列出了被试在 +/+ 与 0/+ 条件下解答问题的成绩。

表 2 +/+ 与 0/+ 两种条件下原理运用成绩比较（$N=32$）

条件	成绩	相关组 t 检验
+/+	1.66±0.55	$t=3.744^{***}$
0/+	1.13±0.79	

从表 2 可见，被试解答 +/+（表面概貌相似/对象对应相似）题目的成绩优于 0/+（表面概貌不同/对象对应相似）题目的成绩，通过相关组 t 检验，差异非常显著。

以上结果与我们的设想相符。在改编了 Ross 的材料，加大样例与测题表面概貌的差异的情况下，两者表面概貌相似与否对原理运用影响就明显地表现出来，据此可以认为，表面概貌也会影响原理运用。然而，这个结果还可以有另外一种解释，即在 +/+ 条件下，样例与测题由于概貌相似，使两者的对象对应相似程度要比 0/+ 条件下更大，因此，+/+ 条件下原理运用成绩优于 0/+，可能是对象对应相似的作用而非表面概貌相似的作用。为此，我们准备设计实验 1B，比较 +/- 与 0/- 两种条件下的原理运用成绩，以检验后一种解释的可能性。

（二）实验 1B

1. 目的

探讨样例与作业在对象对应相反的情况下，两者的问题概貌相似与否对原理运用有影响，亦即比较在 +/- 与 0/- 两种条件下被试解决测题的成绩。

2. 方法

（1）被试。通过预测后随机从华南师范大学一年级大学生中选取 16 人为被试，方法同实验 1A。

（2）材料。以两个原理 16 个题目作为学习样例，根据各个样例相应选出与其相似关系是 +/− 的题目 16 题，0/− 的题目 16 题。

(3) 设计与实施程序。与实验 1A 相同。

3. 结果与分析

对被试答卷进行评分，评分标准与实验 1A 相同。表 3 列出了被试在 +/− 与 0/− 条件下解答问题的成绩。

表 3 +/− 与 0/− 两种条件下原理运用成绩比较（$N=32$）

条件	成绩	相关组 t 检验
+/−	1.00 ± 0.44	$t = 1.761$
0/−	1.25 ± 0.72	

表 3 可见，被试解答 +/− 题目的成绩比解答 0/− 题目的成绩要低，经相关组 t 检验，差异达到边缘显著（$t = 1.761$, $p = 0.088$）。为了检验这个边缘显著的可信度，我们按照 Ross 的做法，进一步对被试在两种条件下答题正确人次进行分析，在 +/− 条件下，得 2 分的人次为 3，1 分为 26，0 分为 3；而在 0/− 条件下，得 2 分人次为 13，1 分为 14，0 分为 5。经 χ^2 检验，差异显著（$\chi^2 = 10.88$, $p < 0.005$），据此可以认为，+/− 与 0/− 的成绩差异虽然只达到边缘显著，但还是可信的。

我们认为，之所以出现这样的结果，是因为在 +/− 情况下，由于测题的表面概貌与样例相似，容易使被试按照样例的对应关系去将测题的数量代入公式，这样，在两者对象对应相反的情况下，原理运用越会出错。相反，在 0/− 条件下，由于样例与问题的概貌不同，被试在考虑将问题的数量代入公式时可能较少受到样例的影响，所以对应相反对其影响相对较小，结果正确率反而高于 +/−。可见，实验 1B 的结果排除了对实验 1A 结果后一种解释的可能性，进一步验证了样例与测题表面概貌相似性影响原理运用的结论。

三、实验 2

(一) 问题与目的

前面提出，表面概貌可以分解为事件属性与事件类型两个方面，而

Ross 的研究中样例与测题的表面概貌的变化实际上只是变动了事件属性方面，如果在事件类型方面也发生变化，那么其表面概貌的相似性对原理运用的影响可能就会更明显地表现出来。根据这个设想，本实验准备改编 Blessing 和 Ross 1996 年研究所使用的工效原理与运动原理两种类型应用题[11]，材料设计思路与实验 1 相同，每个原理也有两种表面概貌，但这两种概貌是在事件类型上发生了改变。下面是工效原理 A、B 两种表面概貌的题目举例：

（1）AOC。纺织厂里要接通电线。一个电工师要完成这项工作需要 6 小时，他的助手需要 8 小时才能完成。电工师比他的助手大 10 岁，他的助手每天要学习 2 小时，实习 5 小时。如果电工师在工作 2.5 小时后，他的助手来同他一起完成这项工作，请问助手需要工作多长时间？

公式：$1/A \times X + 1/B \times (X+C) = 1$

（2）BOC。维达公司的仓库里有一批货物需要运出。一辆东风车需要运输 6 次才能运完，一辆解放车需要运 12 次才能运完。东风车的马力是解放车的 1.5 倍，车身比解放车长 2 米，每次能多运输 4 吨。如果东风车运输了 3 次以后，解放车同它一起来运这批货，解放车还需要运几次？

公式：$1/A \times X + 1/B \times (X+C) = 1$

上面工效原理的两个题目的表面概貌在事件类型方面发生了改变，AOC 从语义上看是工作效率问题，而 BOC 则是运输问题。为了突出两者事件类型的变化，当作为学习的样例时，A 类题目命名为"工效问题"，B 类题目命名为"运输问题"。运动原理的两类题目作为样例时分别命名为"运动问题"与"投资问题"。实验 2 的材料设计的思路与实验 1 相同，只不过其每个原理的两种表面概貌是在事件类型层面上发生变化。

在实验准备通过比较被试在 +/0 与 0/0 的条件下原理运用的成绩，探讨样例与问题的事件类型发生变化情况下，其表面概貌相似性对原理运用的影响。

（二）方法

1. 被试

通过预测后随机从广州市某中学高一级学生中选取 16 人为被试，方法同实验 1A。

2. 材料

以两个原理 16 个题目作为学习样例,根据各个样例相应选出与其相似关系是 +/0 的题目 16 题,0/0 的题目 16 题。

3. 设计与实施程序

与实验 1A 相同。

(三) 结果与分析

对被试的答卷进行评分,评分标准与实验 1A 相同。表 4 列出了被试在 +/0 与 0/0 条件下解答问题的平均成绩。

表 4 +/0 与 0/0 两种条件下原理运用成绩比较 ($N=32$)

条 件	成 绩	相关组 t 检验
+/0	1.47 ± 0.80	$t = 3.667^{***}$
0/0	0.78 ± 0.91	

从表 4 可见,被试解答 +/0 题目的成绩优于解答 0/0 题目的成绩,经统计检验差异非常显著,这个结果与研究设想是相符的。Ross 先前研究在材料设计上样例与测题表面概貌的变动只是在事件属性方面,而事件类型层面并没有发生变化,这样就会容易得出样例与测题表面概貌相似性不会影响原理运用的结果。本实验设计了样例与测题在事件类型上发生变化的条件,因此,两者的表面概貌相似与否对原理运用的影响作用就明显地表现出来。

四、实验 3

本实验准备进一步探讨样例与测题表面概貌的相似性在两个级别差异的情况下,两者表面概貌的相似性对原理运用的影响效果。

本实验也是设计排列概率与组合概率两个原理的题目,每个原理包括 2(概貌)×2(对象)×2(对应)=8 类题目,每类 2 题,其中随机选出 1 题作为学习样例,两个原理的样例配对,共 8 组学习样例,然后再相应设计表面概貌相反的测题,即用排列原理解答的测题,它的表面概貌与同组的组合原理的样例相似,而用组合原理解答的测题,它的表面概貌与同组的排列原理的样例相似，这类题目的符号，均用在与它概貌相似的题目的符号前加"S"来表示。这样，测题与样例就有"+、0、-"三种表面概貌关系与"+、0、-"三种对象对应关系。各组样例与相应测题的关系见表5。

表5　表面概貌两个级差条件下排列原理的样例与测题关系表

学习样例	排列原理的测试题型													
	AOC_2	AOR_2	ADC_2	ADR_2	BOC_2	BOR_2	BDC_2	BDR_2	SMOC	SMOR	SMDC	SMDR	SNOC	SNOR	SNDC	SNDR
1. AOC_1 MOC_1	+/+	+/-	+/0		0/+	0/-	0/0		-/+	-/-	-/0		0/0			
2. AOR_1 MOR_1	+/-	+/+		+/0	0/-	0/+		0/0	-/-	-/+		-/0		0/0		
3. ADC_1 MDC_1	+/0		+/+	+/-	0/0		0/+	0/-	-/0		-/+	-/-	0/0			
4. ADR_1 MDR_1		+/0	+/-	+/+		0/0	0/-	0/+		-/0	-/-	-/+		0/0		
5. BOC_1 NOC_1	0/+	0/-	0/0		+/+	+/-	+/0		0/0				-/+	-/-	-/0	
6. BOR_1 NOR_1	0/-	0/+		0/0	+/-	+/+		+/0		0/0			-/-	-/+		-/0
7. BDC_1 NDC_1	0/0		0/+	0/-	+/0		+/+	+/-	0/0				-/0		-/+	-/-
8. BDR_1 NDR_1		0/0	0/-	0/+		+/0	+/-	+/+		0/0				-/0	-/-	-/+

本实验只需要使用表面概貌为"+"与"-"条件的材料。下面是一组样例及相应的测题。

1. 样例

（1）排列原理AOC。某学校新买进6台不同档次的计算机，要分给4位资历不同的老师，老师可随机选择计算机，但要按资历顺序进行选择，即资格最老的老师先选择。问资历排在前三位的3个老师刚好依次分别选到质量档次为第一、第二和第三的3台计算机的可能性是多少？

公式：$p = 1/[6(6-1)(6-3+1)]$（$n=6, r=3$.）

（2）组合原理 MOC。某娱乐室里正在表演节目，观众台上还有前后顺序不同的 17 个座位，这时来了 14 个观众，如果让每个观众随机选择一座位的话，问个子最低的 7 个观众刚好选中最前面的 7 个座位的可能性是多少？

公式：$P[7!(17-7)!/17!]$（$h=7, j=17$.）

2. 测题

（1）SMOC（-／+）。某娱乐室里正在表演节目，观众台上还有前后顺序不同的 18 个座位，这时来了 12 个运动员。如果按照年龄从大到小的顺序让每个运动员随机选择一个座位的话，问年纪最大的 6 个运动员按他们的年龄顺序依次选中前 6 个座位的概率是多少？（注：该题目概貌与组合原理的 MOC 题目相似，但却是排列原理；对象对应与 AOC 相似。）

（2）SMDC（-/0）。某娱乐室里正在表演节目，特邀了 16 位嘉宾前来观看，晚会有 4 名主持人，原先准备了 20 份纪念品，上面从 1～20 标上序号，由主持人按嘉宾个子由高到低的顺序随机发给他们每人 1 份纪念品。问身材最高的前 5 名嘉宾按身高排位得到 1～5 号纪念品的概率是多少？（注：该题目概貌与组合原理的 MOC 题目相似，但却是排列原理；对象对应与 AOC 无关）

（3）SMOC（-／-）。某娱乐室里正在表演节目，观众台上还有前后顺序不同的 20 个座位，这时来了 10 个运动员。由组委会按座位的顺序随机分配给每个运动员 1 个座位，问个子最高的 7 个运动员刚好按身高顺序依次被分到前 7 个座位的概率是多少？（注：该题目概貌与组合原理的 MOC 题目相似，但却是排列原理；对象对应与 AOC 相反）

（一）实验 3A

1. 目的

探讨样例与作业在对象对应相似的情况下，两者的问题概貌相似（+）与相反（-）对原理的运用的影响，即比较在 +／+ 与 -／+ 两种条件下，被试对原理运用的正确程度。

2. 方法

（1）被试。通过预测后随机从广州市某中学高一级学生中选取 16 人为被试，方法同实验 1A。

（2）材料。以两个原理的 8 对题目作为学习样例，根据各个样例相应选出与其相似关系是 +／+ 的题目 16 题，－／+ 的题目 16 题。

（3）设计与实施程序。与实验 1A 相同。

3. 结果与分析

对被试的答卷进行评分，评分标准与实验 1A 相同。表 6 列出了被试在 +／+ 与 －／+ 条件下解答问题的成绩。

表6　+／+ 与 －／+ 两种条件下原理运用成绩比较（$N=32$）

条　件	成　绩	相关组 t 检验
+／+	1.63 ± 0.66	$t = 2.875^{***}$
－／+	1.12 ± 0.75	

表 6 的数据与我们的设想相符合，被试在 +／+ 条件下原理运用的成绩优于 －／+ 条件下的成绩，经统计检验差异非常显著。根据在 +／+ 条件下被试解题成绩优于 －／+ 条件下解题成绩的结果，可以得出表面概貌相似会促进原理运用的结论；但这个结果同样可以解释为由于 +／+ 条件下样例与测题的对象对应相似程度要比 －／+ 条件下更大而导致，因此，实验 3B 准备比较 +／0 与 －／0 两种条件下的原理运用成绩，以对上面两种解释作出检验。

（二）实验 3B

1. 目的

探讨样例与作业在对象对应不同的情况下，两者的问题概貌相似（+）与相反（－）对原理运用的影响，即比较被试在 +／0 与 －／0 两种条件下原理运用的成绩。

2. 方法

（1）被试。通过预测，随机从华南师范大学一年级大学生中选取 16 人为被试，方法同实验 1A。

（2）材料。以两个原理的 8 对题目作为学习样例，根据各个样例相应选出与其相似关系为 +／0 的题目 16 题，－／0 的题目 16 题。

（3）设计与实施程序。与实验 3A 相同。

3. 结果与分析

对被试答卷进行评分，表7列出了被试在 +/0 与 -/0 条件下解答问题的成绩。

表7 +/0 与 -/0 两种条件下原理运用成绩比较（$N=32$）

条件	成绩	相关组 t 检验
+/0	1.34 ± 0.70	$t = 2.104$ *
-/0	0.97 ± 0.69	

从表7可见，被试在 +/0 条件下原理运用的成绩优于 -/0 条件下的成绩，经统计检验差异非常显著。由于在本实验的 +/0 与 -/0 两种条件下，样例与测题的对象对应均不相同，因此，这个结果比较有说服力地表明，实验3A 中 +/+ 条件的解题成绩优于 -/+ 条件的成绩，是由于表面概貌相似性而引起，而不是由于 +/+ 条件下表面概貌相似增加了其对象对应的相似性而导致，可见表面概貌对原理运用有影响作用。为了进一步验证这个结论，同时探明表面概貌影响原理运用的途径，我们准备设计实验3C，比较在 +/- 与 -/- 两种条件下的原理运用成绩，即探讨在对象对应相反情况下表面概貌相似性对公式运用的影响。

（三）实验3C

1. 目的

进一步探讨样例与作业在对象对应相反的情况下，两者的问题概貌相似与相反对原理运用的影响，即比较在 +/- 与 -/- 两种条件下，被试对原理运用的成绩。

2. 方法

（1）被试。通过预测，随机从华南师范大学一年级大学生中选取16人为被试，方法同实验1A。

（2）材料。以两个原理的8对题目作为学习样例，根据各个样例相应选出与其相似关系是 +/- 的题目16题， -/- 的题目16题。

（3）设计与实施程序。与实验1A 相同。

3. 结果与分析

对被试答卷进行评分，表8列出了被试在 +/- 与 -/- 条件下解答问题的成绩。

表8 +/- 与 -/- 两种条件下原理运用成绩比较（N=32）

条 件	成 绩	相关组 t 检验
+/-	0.97 ± 0.54	t = 2.396*
-/-	1.28 ± 0.58	

从表8可见，被试在 -/- 条件下原理运用的成绩优于 +/- 条件，经统计检验，差异达显著性水平。我们认为，之所以在对象对应相反而样例与作业的表面概貌相似的情况下被试解题的成绩反而低于概貌相反情况下的解题成绩，是因为被试在 +/- 情况下更容易回想起样例，而被试工作记忆中样例越清楚，样例的对象对应也就越清楚，由于测题与样例的对象对应相反，因此对被试运用原理（将数字代入公式）的干扰就越大。这正说明表面概貌相似与否对被试的原理运用有明显的影响。

结合3个分实验的结果（+/+ > -/+，+/0 > -/0，+/- < -/-），可以进一步认为，表面概貌对原理运用的影响作用，主要是使被试形成按照样例的对象与原理的变量的对应模式来运用原理的定势，当样例与测题的对象对应相似或一致时，就会促进解答作业问题时原理的运用，而当样例与测题的对象对应相反时，就会对原理运用产生干扰作用。

五、总的讨论

本研究系统地探讨了样例与问题的表面概貌的相似性对原理运用的影响，根据本研究的结果可以认为，样例与问题的表面概貌不仅对解决问题过程的原理通达方面有重要的影响，而且原理运用方面也有一定的影响，Ross的研究结论应予以修正。

在表面概貌对原理运用的影响特点方面，有两方面问题值得注意。

第一，样例与测题表面概貌相似性对原理运用的影响程度问题。从量的方面来看，这种影响程度主要取决于样例与问题表面概貌的相似或差异程度，两者表面概貌越相似，其对原理运用的正迁移效果就越大；反之，两者表面概貌越相反，其对原理运用的负迁移则越大。如图1。Ross先前的研究只是设计了样例与问题在表面概貌方面相似（+）与不同（0）两种条件,并且其所设计"0"的条件中,样例与问题的表面概貌还是比较相似的,其两个比较点("+"与"0")的距离实际上被人为地缩小了,也就是在图2相似维度上两个比较点的距离较小,因此,在他所进行的研究中,表面概貌对原理运用的影响可能就难以表现出来。在本研究中,实验1加大了表面概貌无关(0)的条件下的样例与问题表面概貌的差异,使之尽可能达到无关的程度,实际上是增大了图2相似维度上两个比较点("+"与"0")的距离;实验3则将比较点设定为表面概貌相似(+)与表面概貌相反(-),拉开了相似维度上两个比较点的距离;因此,在本实验条件下,样例与问题的表面概貌相似性对原理运用的影响作用均能表现出来。

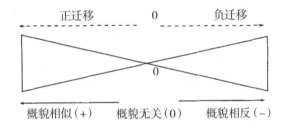

图1 表面概貌相似与否对样例迁移的影响程度示意

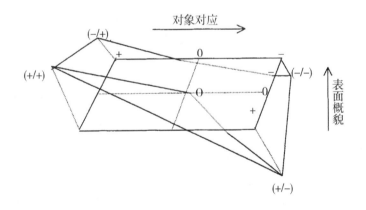

图2 两次学习的表面内容影响原理运用的三维迁移模式

注:"+"表示相似,"0"表示完全不相似,"-"表示相反;平行四边形0为零迁移的平面,在该平面的上方为正迁移,下方为负迁移。

其次，从质的方面来看，我们认为，表面概貌的不同方面对原理运用的影响程度不同，样例与问题的表面概貌在事件类型方面相似与否较之在具体属性方面相似与否对原理运用的影响更大。本研究实验 2 使样例与问题的表面概貌在事件类型方面发生改变，结果表明，事件类型方面的相似性对原理运用的影响非常明显。Ross 以往的研究所考察的表面概貌变化主要还是在具体属性方面，这也是他未能揭示表面概貌对原理运用的影响作用的原因。

第二，样例与问题的表面概貌对原理运用的影响的方式与方向问题。本研究的结果表明，样例与问题的表面概貌对原理运用的影响作用，是使被试形成按照样例中对象与原理变量的对应模式来代入公式（原理运用）的定势，从而对解决新问题时原理的运用产生影响，因此，这种影响作用的方向要受样例与新问题两者对象对应的性质的制约，当样例的对象对应与作业问题的对象对应相似或一致时，就会促进解答作业问题时原理的运用，而当样例的对象对应与作业问题的对象对应相反时，就会对原理运用产生干扰作用。

根据本研究的结果，结合 Ross 等人有关的研究及我们过去的研究的结果，我们可以初步提出样例与作业问题的表面内容（包括表面概貌和对象对应）的各种相似关系对解答问题过程中原理运用方面的影响模式，见图 2。

图 2 的三维迁移模式表明，表面内容的两个方面（表面概貌与对象对应）相互作用影响着解决问题的迁移效果。当表面概貌与对象对应均相似时（+／+），先前学习的样例对后来解决新问题的原理运用方面产生最大的正迁移；在表面概貌相似而对象对应相反时（+／-），产生最大的负迁移，从 +／+ 到 0/0 再到 +／-，样例对解决新问题的原理运用方面产生的迁移效果从最大的正迁移到零迁移再到最大的负迁移；从 +／+ 到 +／0 再到 +／-，迁移效果从最大正迁移逐步减少到零迁移再逐渐到最大负迁移；从 -／+ 到 -／0 再到 -／-，迁移效果则从正迁移到零迁移逐渐到负迁移；而从 +／+ 到 -／+，正迁移效果从最大逐步减弱，从 +／- 到 -／-，负迁移效果从最大逐步减弱。当然，这个模式还有待于进一步设计研究进行验证。

六、结论

本研究结果表明：样例与问题的表面概貌相似性对原理运用有影响作用；表面概貌可以进一步分为具体属性与事件类型两方面，当样例与问题的表面概貌在事件属性发生较大的变化尤其是发生相反的变化时，特别是表面概貌在事件类型层面发生变化时，两者表面概貌相似性对原理运用会产生明显的影响；表面概貌对原理运用的影响，主要是使被试形成按照样例的对应模式来运用原理的定势，因此，当样例与测题的对象对应相似或一致时，其表面概貌相似就会促进解答作业问题时原理的运用；而当两者的对象对应相反时，其表面概貌相似就会对原理运用产生干扰作用。

参考文献

［1］Anderson J. R., Farrell R., Sauers R. Learning to program in LISP ［J］. Cognitive Science, 1984, 8（1）: 87 – 129.

［2］Holyoak K. J. Analogical thinking and human intelligence ［M］. In Sternberg R. J. ed. Advance in the psychology of human intelligence. Hillsdale: Erlbaum, 1984: 345 – 364.

［3］Lefevre J. A., Dixon P. Do written instructions need examples? ［J］. Cognition and Instruction, 1986, 3（1）: 1 – 30.

［4］Gick M. L. & Holyoak K. J. Schema indication and analogical transfer ［J］. Cognitive Psychology, 1983, 14（1）: 1 – 38.

［5］Reed S. K. A structure-mapping model for word problems ［J］. Journal of Experimental Psychology: Learning, Memory, and Cognition, 1987, 13（1）: 124 – 139.

［6］Holyoak K. J. & Koh K. Surface and structure similarity in analogical transfer ［J］. Memory & Cognition, 1987, 15（4）: 332 – 340.

［7］Ross B. H. This is like that: The use of earlier problems and the separation of similarity effects ［J］. Journal of Experimental Psychology: Learning, Memory, and Cognition, 1987, 13（3）: 629 – 639.

［8］Ross B. H. Distinguishing types of superficial similarities: Different effects on the access and use of earlier problems ［J］. Journal of Experimental Psychology: Learning, Memory, and Cognition, 1989, 15（2）: 456 – 468.

［9］Ross B. H., Kennedy P. T. Generalizing from the use of earlier examples in problem solving ［J］. Journal of Experimental Psychology: Learning, Memory, and

Cognition, 1990, 16 (1): 42-55.

[10] Medin D. L., Goldstone R. L., Gentner D. Respects for similarity [J]. Psychological Review, 1993, 100 (2): 254-278.

[11] Blessing S. B., Ross B. H. Content effects in problem categorization and problem solving [J]. Journal of Experimental Psychology: Learning, Memory, and Cognition, 1996, 22 (4): 792-810.

[12] Ross B. H., Kilbane M. C. Effect of principle explanation and superficial similarity on analogical mapping in problem solving [J]. Journal of Experiment Psychology: Learning, Memory and Cognition, 1997, 23 (2): 427-440.

[13] 莫雷，刘丽虹. 样例表面内容对问题解决类比迁移过程的影响 [J]. 心理学报, 1999, 31 (3): 65-73.

不同概化的问题原型对问题归类和解决的影响

一、问题与目的

样例在原理学习与迁移过程的作用的研究,已成为当前研究学习迁移问题的热点。研究结果表明,被试在解决新问题时,常常要用到前面说明原理的样例,通过新问题与先前样例进行类比而找到解决新问题的方法,是一个类比迁移的过程。[1]有关研究指出,样例所包含的信息可以分为表面内容信息与内在原理信息两方面,表面内容是指问题所涉及的事物、形式、情节等具体内容,内在原理是问题所包含的结构性或实质性的东西,是解决问题的关键。[2]

关于样例的表面内容对于新手解决问题的影响,心理学界进行了大量的研究。Gick、Reed,以及Holyoak和Koh等人的研究指出,样例的表面内容只影响到提取,尤其是自发提取,一旦提取或者找到合适的类比源后,接下来的应用或一一映射过程将不再受表面内容的影响,而只是对问题所包含的结构性信息敏感。[3-5]而Ross经过一系列构思巧妙的实验发现,样例的具体内容不仅在类比源的选取上起作用,而且在后面的匹配过程中也起作用。[6-9]莫雷进一步探讨了样例表面内容对新手问题解决的作用,对Ross的研究结论进行了修正。[10]总的来看,以往的研究尽管对样例表面内容在问题解决过程的具体作用问题有不同见解,但都比较一致认为,样例的表面内容对于那些初步掌握原理的新手解决问题有重要影响。

然而,关于样例的表面内容是否会影响已经形成原理图式的熟练者问题解决,心理学界却有不同的看法,目前有三种争论较大的观点,一是Gentner的结构映射理论,[11]二是Holyoak等人提出的语用理论,[12]三是Hintzman的多痕迹记忆模型[13]。这三种理论的分歧点之一在于图式的表征方式上。结构映射理论和语用理论认为,图式只保存结构的或语用的信息,而多痕迹记忆模型则认为图式归纳后,会把样例的具体信息也保留下来。如果按照结构映射理论和语用理论，那么，样例的表面内容对于熟练者解决新问题应该不会发生影响；而根据多痕迹记忆模型，样例的表面内容始终会对新问题的解决有影响。

许多研究倾向于支持结构映射理论与语用理论。Hinsley 1977 年的研究表明，在熟练者的问题解决中主要是问题的内部结构发生作用。[14] Chi 等人 1981 年的研究发现，熟练者是使用问题的结构性信息来通达相关的知识，而新手主要依靠的是表面内容。[15]

然而，Blessing 和 Ross 1996 年的研究结果，则提供了对多痕迹记忆模型有利的论据。[16] 该研究探讨了问题表面内容对熟练者问题解决的影响，设计了三类代数文字题，第一类型问题的内容和内部结构相符合，称为适宜条件题目；第二类型问题的内容和内部结构无关，称为中性条件题目；第三类型题目的内容和内部结构不相符，称为不适宜条件题目。研究结果表明，即使是熟练者在解决问题时也受到问题表面内容的影响，问题的表面内容与内部结构相适宜情况下对问题的归类或解决的成绩显著优于问题的表面内容与内部结构不适宜情况下的成绩。据此，Blessing 认为，熟练者的原理图式中仍然包括了具体内容信息，这些具体内容还会影响他们对问题的解决。

Blessing 和 Ross 的研究通过严格的实验研究探讨了问题表面内容对熟练者解决问题的影响，其结果富有启发意义。然而，我们认为，Blessing 和 Ross 的研究所选用的被试，可能还不能代表真正的"熟练者"。在原理学习过程中，原理一般是通过典型的样例来说明，这个典型样例会作为该原理的形象性表征，在较长的时期内都是原理图式的重要组成部分，这种原理的形象性表征称为"问题原型"。问题原型有不同程度的概化性，概化程度越低，则越具体，具体内容越鲜明，其覆盖同类问题的范围就越小；而概化程度越高，就越带有抽象性，其覆盖同类问题的范围就越广。Blessing 和 Ross 的研究所涉及的熟练者的原理图式所形成的可能是比较具体的问题原型，这样，他们尽管能比较熟练地解决与原理图式中的问题原型相似的新问题，但一旦新问题与问题原型不相似，就可能出现困难。我们认为，如果个体的原理图式中形成较为概化的问题原型，那么，就会有利于他们对表面内容不适宜的问题的解决。因此，本研究准备探讨形成不同概化程度的问题原型对于学习者解决问题的影响。

本研究的基本设想是，如果在原理的学习过程中使个体形成概化程度较高的问题原型,则会促进他更有效地解决各种不同表面内容的新问题。根据研究目的与基本设想,本研究设计了3个实验,实验1探讨被试形成不同概化程度的问题原型对解决不同适宜程度问题的影响;实验2探讨形成不同概化程度问题原型的被试解决问题过程的特点与机制;实验3进一步探讨形成不同概化程度的问题原型的被试解决复杂问题的效果与机制。

二、实验1

本实验准备探讨个体形成不同概化程度的问题原型对其解决问题的影响作用。

实验材料吸收了 Blessing 和 Ross 的研究设计思路,设计了年龄问题、混合问题、行程问题和工作问题四种类型应用题,每种类型的题目根据表面内容和内部结构相符合的程度分为适宜条件、中性条件和不适宜条件3种。适宜条件指某类型题目的表面内容与代表该类型解答方法的样例(即问题原型)的表面内容相一致;不适宜条件指某类型题目的表面内容与另一种类型的样例的表面内容相一致;如果某类型题目的表面内容与上述四种类型的典型样例的表面内容均不相同,则为中性条件。下面是工作问题的3种条件的题目:

题目1(适宜条件):一个电工师完成一项工作要2小时,他的助手需4小时。如果电工师和他的助手一起做,需要多久能完成这项工作?

题目2(中性条件):一对鳟鱼产子填满池塘需2个月,一对鲤鱼产子填满池塘需要4个月,若把一对鲤鱼和一对鳟鱼同放进一个池塘,要多久才能填满整个池塘?

题目3(不适宜条件):一条拖船逆流2小时能拖10英里,另一条船逆流4小时能拖10英里,如果它们一起工作,多长时间能拖完10英里?(该题目的表面内容与行程问题相似)

从上例题可见,题目1的表面内容是工作方面,这是工作问题类型应用题的典型内容,此该题目属于适宜条件;题目2的表面内容与材料的四类型应用题的典型内容均无关,因此是中性条件;题目3的表面内容则与行程问题类型应用题的典型内容相似,因此属于不适宜条件。本实验主要用上述四个类型 3 种条件的应用题作为材料。

（一）实验 1A

1. 目的

探讨被试对不同适宜程度的新问题的解答情况。

2. 方法

（1）被试。按照 Blessing 和 Ross 1996 年的研究选择"熟练者"的方法选取本实验的被试。对广州某中学初中一年级学生进行应用题预测，测试卷共有 12 道类型应用题，其中上述年龄问题、混合问题、行程问题和工作问题四种类型应用题各 3 题，都是适宜条件的题目，各类型的题目随机排序。根据预测结果选出解题成绩达 90% 以上的学生 30 名作为被试。

（2）材料。包括 16 个测试题，每类型包括 3 种条件题目各 1 题与填充题 1 题，用拉丁方设计使各种题目顺序得到平衡。题目全部由计算机呈现。

（3）设计与实施程序。本实验采用单因素被试内设计，所有被试完成全部测题。每次计算机呈现 1 题，要求被试用键盘输入算式，然后立即按键翻到下一题，计算机会自动记录所花的时间。每题规定完成时间不能超过 2 分钟，如果在规定时间内不能完成该题目，计算机自动转到下一题。测试分小组进行。

3. 结果与分析

用解题成绩与解题时间作为因变量。每题正确写出算式记 1 分，否则记 0 分，每种条件最高得分为 4 分。解题时间是指被试从题目呈现到写出解题算式的时间，被试解答同一适宜条件 4 题所用的时间累加作为该条件的解题时间。表 1 列出了被试完成适宜条件、中性条件与不适宜条件的题目的成绩与解题时间。

方差分析结果表明，首先，被试完成 3 种条件题目的成绩有显著差异，$F(2, 58) = 28.579$，$MSE = 0.384$，$p < 0.01$，重复测量 q 检验分析结果表明，适宜条件和中性条件题目的成绩差异不显著；适宜条件和中性条件的成绩显著优于不适宜条件。其次，解答 3 种条件题目的解题时间差异未达显著水平，$F(2, 58) = 0.672$，$MSE = 0.915$，$p > 0.05$，此表明适宜条件与中性条件下的成绩优于不适宜条件，并非以时间作为代价。

表 1　被试解答不同适宜度题目的成绩与解题时间

题目条件	成绩	解题时间（分）
适宜条件	3.346 ± 0.720	4.824 ± 1.277
中性条件	3.148 ± 0.675	5.104 ± 1.368
不适宜条件	2.264 ± 0.862	5.016 ± 1.293

以上结果同 Blessing 和 Ross 的实验结果一致，被试解答适宜条件与中性条件题目的成绩显著优于不适宜条件，表明了题目的表面内容对学习者解题确有影响，可能是由于被试形成的这些类型应用题的问题原型概化程度较低，因此新问题的表面内容如果与其问题原型差异较大，成绩就会受到影响。

（二）实验 1B

1．目的

考察形成不同概化程度的问题原型对解答不同适宜条件问题的影响。

2．方法

（1）被试。选取 40 名被试，选取方法同实验 1A。把他们随机分为两组，一组为高概化组，另一组是低概化组，每组 20 人。

（2）材料。包括学习材料与测试材料。学习材料通过计算机呈现，分两套。第一套是概化程度较高的学习材料，共 4 个框面，每个框面呈现一种应用题类型的适宜条件、中性条件、不适宜条件题目各 1 题及解答程序，呈现时间为 4 分钟；第二套概化程度较低的学习材料，构成与呈现时间与第一套相同，差别在于该套材料每个框面呈现的是一种应用题类型的适宜条件题目 3 题及解答程序。测验材料的构成与实验 1A 相同，但测题的不适宜题目与学习材料相应的不适宜题目各与不同的另一种类型的样例的表面内容相一致，例如，在学习样例中工作问题的不适宜题目采用了行程问题的表面内容，而在测题中工作问题的不适宜题目则采用年龄问题的表面内容。

（3）设计与实施程序。本实验采用 3（题目适宜度）×2（概化度）混合设计。其中题目适宜度是组内变量，学习概化度是组间变量。高概化学习组完成第一套学习材料，低概化组完成第二套学习材料，学习过程只要求被试根据解答程序自己理解，主试不作任何解释。学习结束休息 5 分钟，然后完成测验试材料，要求与实验 1A 相同。

3. 结果与分析

因变量及其计算方法同实验 1A。表 2 列出了经过不同概化程度学习的被试完成不同适宜条件题目的成绩。

表2 不同概化程度学习组解答各种适宜度题目的成绩

条件	高概化组	低概化组
适宜条件	3.783 ± 0.584	3.568 ± 0.685
中性条件	3.596 ± 0.602	2.636 ± 0.986
不适宜条件	2.745 ± 0.784	1.825 ± 0.638

对两个组的被试在 3 种题目条件下的成绩进行方差分析，首先，题目适宜度因素主效应显著，$F(2, 76) = 52.076$，$MSE = 0.376$，$p < 0.001$，题目适宜度越高，被试解题的成绩就越好。其次，学习概化程度因素主效应显著，$F(1, 38) = 28.535$，$MSE = 0.514$，$p < 0.01$。最后，尤其重要的是，题目适宜度与学习概化程度两个因素的交互作用也达显著性水平，$F(2, 76) = 28.509$，$MSE = 0.402$，$p < 0.001$。进一步对这个交互作用进行简单效应分析：对于不同的题目适宜条件来说，在适宜条件下，高、低概化组的差异不显著，$F(1, 38) = 1.084$，$MSE = 0.647$，$p > 0.05$；在中性条件与不适宜条件下，两组差异显著，$F(1, 38) = 13.120$，$MSE = 0.702$，$p < 0.05$；$F(1, 38) = 15.740$，$MSE = 0.537$，$p < 0.05$。这个结果说明，进行概化程度较高的学习，才有利于被试解决适宜度较低或不适宜的题目。

表 3 列出了不同概化程度学习组完成各种适宜条件题目的解题时间。

从表 3 的数据来看，解题时间同样表现出与解题成绩相同的趋势，但可能由于被试数量较少，题目条件因素与概化程度因素的主效应均不显著，$F(2, 76) = 2.383$，$MSE = 2.017$，$p > 0.05$；$F(1, 38) = 3.207$，$MSE = 3.018$，$p > 0.05$，两者的交互作用也不显著，$F(2, 76) = 1.681$，$MSE = 2.317$，$p > 0.05$。上述数据至少明确地表明，高概化学习组的被试不是以牺牲解题时间来换取解题成绩。

表3 不同概化程度学习组完成各种适宜度题目的解题时间（分钟）

条件	高概化组	低概化组
适宜条件	3.853 ± 1.362	4.414 ± 1.895
中性条件	4.341 ± 1.501	4.825 ± 1.718
不适宜条件	4.486 ± 1.852	5.146 ± 1.907

我们认为，高概化学习组之所以在中性条件与不适宜条件下的成绩比低概化组要好，是因为高概化的学习容易使被试摆脱样例具体原型的束缚，形成较为概化的原型，因此减少了对表面内容的依赖性，从而有利于解答表面内容不同的同类问题。

三、实验2

Blessing 和 Ross 1996 年的研究中运用了出声思维的方法对熟练者在解决适宜问题与不适宜问题的过程进行了研究。其研究结果表明，在解决适宜问题时，熟练者主要表现出一种"图式"的思考方式，而在解答不适宜问题时，同样是熟练者，却更多表现出"句子－公式"的思考方式。所谓"句子－公式"方式是指被试逐个考虑句子的表述，并把它转换为代数式，经过若干句子这种转换后才提出解题公式。而"图式"方法，是指不需要逐句进行思考推敲，不使用中间的替换代数式，而直接就得出解题公式途径的方法，使用图式法的被试经常在阅读完题目之后立即写下公式。两种方式的口语报告见下例。

图式法和句子－公式法解答问题的例子

工作问题

适宜条件：电工师能用 2 小时完成一项工作，他的徒弟要用 4 个小时完成同样的工作。如果电工师和他的徒弟一同做这项工作，需要多长时间？

不适宜条件：一条拖船逆流在 2 小时内将一条船拖 10 里，另一条拖船逆流在 4 小时内将船拖 10 里。如果它们一起工作，完成同样的任务要多长时间？

图式法（工作问题的适宜条件）的口语报告材料：

啊，那么徒弟在一段时间里能做师傅的一半，也就是用师傅的 2 倍时间，他就像半个师傅。因此，有的就是一个半的师傅，因此，用 2 除以 3 个一半，或者是 2 乘以 2/3 或者是 1 小时的 4/3。

句子–公式法（工作问题的不适宜条件）的口语报告材料：

如果船 A 在 2 小时内走 10 里，等于每小时走 5 里，如果另一条船要用 4 个小时，那么它就在 4 个小时里走 10 里，那么 4 个小时 10 里就是每小时 5/2 里，它们要是在一起拖要用多久呢？因此你要想知道这个是在一半的里数……10 个一半，因此，10 加 5，15 个一半，你要走 20 个一半，它们还需要 5 个一半，5 个一半需要多长时间呢？5 是 15 的 1/3，因此是另外的 1/3，因此，以 15 的一半的速度，它需要 1 小时 20 分钟。

进一步，他们用 "on-line" 的方法对熟练者上述两种思考方式的内部机制进行探讨，研究结果表明，在解决适宜问题时，被试能迅速并正确地对问题进行归类，从而提出解题方法；而在解决不适宜问题时，被试则需要对问题的全部信息进行考虑与整合，最后才能进行归类，并常常出现错误。

本研究的实验 1 结果已经表明，在形成概化的问题原型情况下，被试解决不适宜题目的成绩会显著提高。由这个结果引发的一个令人感兴趣的问题是，这些形成了原理的概化问题原型的熟练者，他们在解决不适宜问题时，是否也会表现出 Blessing 和 Ross 的研究中所揭示的被试解决适宜问题的思考特点与机制。因此，实验 2 准备按照 Blessing 和 Ross 的研究方法，探讨形成不同概化程度的问题原型的学习者解决问题的过程与机制。

（一）实验 2A

1. 目的

运用出声思维的方法探讨形成不同概化程度问题原型的被试在解决不同适宜条件的问题时的思考方式，即探讨经过概化程度较高的学习的被试在解决不适宜条件问题时是否也会倾向运用图式的方式。

2. 方法

（1）被试。选取 10 名被试，选取方法同实验 1A。把他们随机分为两组，一组为高概化组，另一组是低概化组，每组 5 人。

（2）材料。学习材料与实验 1B 相同。测试题目只选择其中的两种类型应用题，每种类型适宜条件与不适宜条件的题目各 1 题，共 4 题，同时加入两道与不属于所学的应用题类型的填充题。

（3）设计与程序。实验个别进行。先让被试学习材料，同实验 1B。让被试休息 10 分钟，然后进行测试，测试题目按随机顺序逐个呈现，要求被试进行解答时大声说出思考过程，主试用录音机录下被试的出声思考。解题的时间不限。正式测试前先让被试他们练习出声思考解答 3 个与测试任务无关的数学题，以进行出声思考的训练。

3. 结果与分析

两组被试解决不同适宜条件题目的成绩与实验 1B 的结果基本相同。

进一步，我们按照 Blessing 和 Ross 的研究采用的分析标准，对高、低概化学习组被试解答不同适宜条件题目的出声思考进行分析，表 4 列出两组被试在解答不同适宜条件问题时使用图式法与句子－公式法的人次。

表 4 被试解决不同适宜条件问题的思考方式比较

组别	条件	图式法	句子－公式法
高概化组	适宜条件	9	1
	不适宜条件	8	2
低概化组	适宜条件	7	3
	不适宜条件	3	7

从表 4 可以看出，两组被试在适宜条件下更倾向于使用图式方法，这个结果与 Blessing 和 Ross 的研究结果是一致的。然而，值得注意的是，在 Blessing 和 Ross 的研究中，熟练者解决不适宜条件的问题时主要采用句子－公式的方法，而本实验结果表明，高概化学习组的被试解答不适宜条件题目时也更多地运用图式方法。为什么高概化学习组的被试在解决不适宜问题也更多地采用图式的方法，是否形成概化程度较高的问题原型的被试在解决不适宜问题与解决适宜条件问题具有相同的机制，这个问题需要进一步探讨，为此，我们设计了实验 2B。

（二） 实验2B

1. 目的

用"on-line"的方法探讨形成不同概化程度的问题原型的被试解决不同适宜条件题目的思考方式的内部机制。

2. 方法

（1）被试。选取10名被试，随机分为高概化组与低概化组，每组5人，方法同2A。

（2）材料。学习材料与实验1B相同，分为高概化学习材料与低概化学习材料两套。测试题目选择其中的2种类型应用题3种适宜条件的题目，共6道。每个测试题目都被分解为7～8个句子（或短语），同一种类型的3种条件的题目包含的句子数相同，每句包含的信息也相同。

（3）设计与实施程序。实验个别进行。先让被试学习材料，同实验1B。让被试休息10分钟，然后进行测试，测试题目随机排列。测试时每个问题在计算机上逐句呈现，每呈现一句，要求被试大声读出，然后依次回答以下3个问题：①这道题属于哪种类型题？②你估计后面的短语会出现哪些信息？③这道题最后的问题是什么？

不管被试如何回答，主试不给任何反馈，继续呈现第二句，再问同样的问题，一直到最后一句，然后要求被试解答这个题目。主试要准确记录被试从呈现哪一句起就能对上述问题给出完整答案。所谓完整答案，指回答出第二题的全部信息，同时正确地回答第一题或第三题其中之一。

3. 结果与分析

两组被试解决不同适宜条件题目的成绩与实验1B的结果也是基本相同。

本实验重点分析两组被试解答不同适宜条件应用题给出完整答案时所需呈现的句子占全部句子的比例，据此来推断不同条件下解决问题的内部机制。根据本实验的设想，在解决新问题时，如果新问题的信息能迅速激活相应的问题原型，被试就能迅速并正确地通达原理图式，可以只需要较少的句子就能正确地对新问题进行归类，在阅读题目的过程中就产生解题的思路，这就是解题过程的"图式"方式的机制或内在原因；反之，如果当前新问题的信息无法迅速激活相应的问题原型，学习者就需要阅读并分析问题的所有条件后才通达原理图式，即阅读了新问题的所有句子之后才能分析它的类型并进行解答，这就是解题过程"句子－公式"方式的机制或内在原因。表 5 列出了不同概化学习组在解答不同适宜度的问题时正确归类所需要的句子数。

表5　不同条件下被试正确归类所需句子的比例（%）

条件	高概组	低概组
适宜条件	55	48
中性条件	67	76
不适宜条件	76	95

表 5 的数据可以看到，题目适宜度越低，给出完整答案所需要的句子数就越多，但在解决不适宜问题时高概化学习组给出完整答案所需要的句子数明显少于低概化学习组；同时，高概化学习组解答适宜条件的问题与不适宜问题时给出完整答案所需要的句子数还是比较接近的，而低概化学习组在这两种条件下需要的句子数则有较大的差异。

根据上述结果，可以认为，被试如果在原理学习过程中形成的是较具体的问题原型，那么，在解决适宜问题时，由于新问题的具体信息与他们形成的问题原型相对应，可以迅速激活该问题原型并通达相应的原理图式，从而对问题进行归类得出解题方案。然而，在解决不适宜问题时，新问题的具体信息与他们形成的问题原型无法对应，因此原理图式的通达就难以迅速正确地实现。而如果被试在原理学习过程中形成了概化程度较高的问题原型，激活这种概化的问题原型所需要的是新问题的条件信息而不是具体信息，由于适宜条件的题目与不适宜条件的题目包含的条件信息是相同的，因此两者都可以迅速地激活这个概化的问题原型而通达原理图式。因此，高概组的被试在解答不适宜条件题目时也表现出与解决适宜问题时大致相同的机制，都是通过对问题原型的激活而迅速通过原理图式，从而实现自上而下的加工过程，因而其解题过程就会更多表现为图式的方法。

四、实验3

根据前面的实验结果已初步得出结论，形成概化程度较高的问题原型可以使被试在解决适宜或不适宜问题时都能迅速通达原理图式，从而能正确归类并解决问题。然而，前面的实验所使用的都是简单题目（即题目中的信息对于解题都是有用的），如果上述结论是正确的话，那么，当解决复杂题目（即在问题的表面内容增加了一些无关信息）时，由于形成概化程度较高的问题原型有利于原理图式的通达，高概化被试就应该更容易排除无关条件的干扰。本实验准备探讨这个问题。

（一）实验3A

1. 目的
考察形成不同概化程度的问题原型对解答不同适宜条件复杂问题的影响。

2. 方法
（1）被试。选取40名被试，选取方法同实验1A。把他们随机分为两组，一组为高概化组，另一组是低概化组，每组20人。

（2）材料。材料的构成与实验1B相同，只不过测试材料全部题目都是复杂题目，所谓复杂题目就是在原有的题目基础上增加3个与解答问题无关的条件，如下例。

行程问题

简单题目

两个箭手到靶场射箭。小A站在离目标72米的地方，小B站在离目标100米的地方。他们俩同时射出一支箭，两支箭同时到达目标。小A的箭的飞行速度是每秒27米，那么，小B的箭的飞行速度是多少？

复杂题目

两位箭手到靶场射箭。小A射了20支箭，平均速度为35米/秒，小B所射的20支箭的平均速度为45米/秒。小A距离靶子有72米远，小B距离靶子有100米远。小A再射了一支箭，这支箭的飞行速度是27米/秒，小B同时也射了一支箭，这两支箭同时到达靶子。小B的靶子离小A的靶子有25米远，问：小B这支箭的飞行速度是多少？

（3）设计与实施程序。与实验1B相同。

3. 结果与分析
因变量及其计算方法同实验1A。表6列出了不同概化学习程度的条件下被试解决不同适宜程度的复杂题目的成绩。

表6 不同概化程度学习组解答各种适宜度复杂题目的成绩

条件	高概化学习	低概化学习
适宜条件	3.178 ± 0.804	2.964 ± 0.649
中性条件	2.842 ± 0.846	1.869 ± 0.712
不适宜条件	2.622 ± 0.868	1.448 ± 0.536

方差分析结果表明，学习概化程度因素主效应显著，$F(1, 38) = 31.263$，$MSE = 0.594$，$p < 0.01$；题目适宜度因素主效应也显著，$F(2, 76) = 28.266$，$MSE = 0.394$，$p < 0.01$；同样，题目适宜度与学习概括程度两个因素的交互作用也达显著性水平，$F(2, 76) = 22.165$，$MSE = 0.417$，$p < 0.01$，进一步进行简单效应检验，对于适宜条件的题目来说，高、低概括组的成绩差异不显著，$F(1, 38) = 0.815$，$MSE = 0.562$，$p > 0.05$，但对于中性条件与不适宜条件的题目来说，高概括组的成绩均显著优于低概括组的被试，$F(1, 38) = 14.712$，$MSE = 0.644$，$p < 0.05$；$F(1, 38) = 25.163$，$MSE = 0.548$，$p < 0.01$。上述结果与实验1B的结果一致，它表明，个体如果形成概化程度较高的问题原型，就能比较容易解决中性尤其是不适宜条件的问题。我们认为，之所以出现上述结果，可能是因为形成概化程度较高的问题原型能促进被试通达原理图式，这样，被试就能迅速地排除无关条件的影响，正确解答问题。下面实验3B准备验证这个推断。

（二）实验3B

1. 目的

探讨形成不同概化程度问题原型的被试解决复杂问题时对无关条件的加工方面的差异。

2. 方法

（1）被试。与实验3A相同。

（2）材料。设计1份再认测试卷，该卷有10个句子，其中有5个是测试问题中出现过的无关信息的句子，另外5个是测试问题中没有出现过但与出现过的无关信息同类型的句子，要求被试判断这10个句子是否在测试题目中出现过。

（3）设计与实施程序。在被试完成实验3A的学习与测试程序后，发给他们再认卷，要求他们完成。

3. 结果与分析

根据本实验的设想，如果个体形成概化程度较高的问题原型，在完成这些复杂问题时能迅速地通达原理图式，就能更好地判断哪些条件对于解决这类问题是有用的，哪些是无关的信息而不予考虑，那么，他们对问题中的无关信息的加工就会减少，对其记忆的程度会差于形成概化程度较低问题原型的被试。因此，本实验感兴趣的是被试对题目信息的再认情况。表7列出了运用信号检测法计算出的两种学习条件下被试再认的辨别力指数。

表7 不同概化程度学习组再认辨别力指数（d）

组别	正确再认率	虚报率	辨别力指数（平均数）
高概化学习组	46%	30.5%	1.431 ± 0.572
低概化学习组	68.3%	21.2%	2.253 ± 0.894

对两组的被试的辨别力指数平均数进行 t 检验，差异显著，$t=3.376$，$p<0.05$，高概化学习组对问题的无关条件记忆效果比低概化学习组差，符合本实验的设想，这个结果表明，形成概化程度较高的问题原型，有利于被试迅速通达原理图式，从而能有效地排除无关条件。

五、讨论

本文在Blessing1996年研究的基础上进一步探讨了不同概化程度的问题原型对被试问题归类和解决的影响，深化了对样例在原理学习过程中的作用问题的探讨。本研究结果证实了，在原理学习过程中，学习样例的表面内容不仅会影响新手对问题的解决，而且也会影响已经掌握了该原理的人（即所谓的熟练者）对问题的解决，但是，这个影响作用将随着样例形成的问题原型的概化程度提高而逐步减弱。根据本研究的结果，并综合前人的研究结果，我们可以初步提出原理学习过程中由样例形成的问题原型在解决问题中的作用的总体看法，并对前人三种理论（Gentner的结构映射理论，Holyoak 等人的语用理论，与 Hintzman 的多痕迹记忆模型）进行分析。

我们认为，在原理学习的最初阶段，原理图式是由某个样例形成的问题原型组成，新手解决问题主要依靠这个具体的问题原型与新问题进行表层类比来进行的，这个阶段可以称为"具体原型"阶段，新问题的表面内容与问题原型是否相似对问题的解决有决定性的意义。学习的第二阶段是"具体原型 – 规则"阶段，在这个阶段，学习者逐步掌握了原理的规则即结构特征，但问题原型仍然是比较具体的，它的具体内容还是会对新问题的解决有明显的影响，在这个阶段中，学习者解决新问题时，首先还会注意新问题的具体特征与问题原型的对应，类比还是在具体属性层面上进行，但是，与第一阶段不同的是，除了进行这种表层类比外，学习者还会结合规则进一步与类比的结果进行整合，根据整合结果来实现原理的通达。第三阶段是"概化原型 – 规则"阶段。随着学习程度的提高，具体的问题原型逐步变为概化的问题原型，概化的问题原型以比较一般化的形象来体现原理，当解决新问题时，这种概化的问题原型主要与新问题的条件特征相对应，因此，新问题的具体特征对问题解决的影响越来越小乃至消失。这样，在原理学习的过程中的不同阶段，原理图式中问题原型的特点及其在新问题的解决的作用就会有所不同：在第一阶段是具体类比阶段，问题原型与新问题在具体属性层面上进行的表层类比成为解决问题的主要手段，因此，这个阶段明显体现了 Hintzman 的多痕迹记忆模型关于样例的具体信息对解决新问题的作用的观点。第二阶段"具体原型 – 规则"阶段则是过渡阶段，在这个阶段中，规则尽管已经在解决问题中发挥了作用，但问题原型还是具体的，新问题的解决会在较大的程度上受问题的表面内容的影响，这个阶段样例所形成的问题原型的作用还是与 Hintzman 的多痕迹记忆模型相符合。而到了第三阶段"概化原型 – 规则"阶段，作为原理图式的重要组成部分的问题原型已经概化，在这个阶段，问题原型与新问题的类比主要是结构映射的类比，原先学习样例的表面内容对于新问题的解决的影响作用逐步消失，这个阶段样例所形成的问题原型的作用符合 Gentner 的结构映射理论或 Holyoak 等人的语用理论。根据心理学界以往对老手解决问题的研究结果，可以进一步推断，第四阶段可能是"规则"阶段，学习者可以完全不受问题的具体特性的影响，只根据其内在属性依据规则解决问题，规则的自动化应用是这个阶段问题解决的基本特征，此时样例的作用更明确地符合 Gentner 的结构映射理论或 Holyoak 等人的语用理论。最后，根据安德森 1997 年的研究[17]，原理的学习还会进入第五阶段，可称为"完全的概化原型"阶段。在这个阶段中，问题原型与原理的抽象规则融为一体，结构映射的类比再一次成为解决问题的主要手段，但与第三阶段的类比不同的是，这个阶段的类比，不再是逐项进行的系列类比，而是多项同时进行的平行类比，因此其问题解决表现为一种自动化的、压缩的过程，值得注意的是，在这个阶段，问题原型对新问题解决的作用又在更高一个层次上符合 Hintzman 的多痕迹记忆模型。在整个原理学习过程或智力技能掌握过程，就表现为"从样例到规则，再从规则到样例"的过程。

据此，我们认为，Blessing 和 Ross 1996 年的研究所选用的"熟练者"，实际上只是处在第二阶段的被试，其原理图式是由具体的问题原型与抽象的规则结合组成，当新问题的表面内容与他们头脑中关于某原理的具体的问题原型相一致时，该原理图式会迅速得到激活，如果新问题确实属于该原理的范畴，那么，这种表面内容的相似性对问题解决会起到促进作用；反之，如果新问题的表面内容与某原理图式的问题原型相似而该问题实际上并不属于该原理的范畴，那么，这种表面内容的相似性容易降低其进行规则检验的警觉或注意力，对问题解决会起到阻碍作用（负迁移）。而本实验结果则表明，通过让被试学习多种表层内容不同的样例，促进他们形成概化程度较高的问题原型之后，他们解决问题时就表现出更少地受问题的表面内容的影响，而更多地表现出结构映射的类比特征与成熟的解题方法。虽然在本实验的条件下，被试还是没有能完全摆脱问题表面内容的影响，但已经明显地表现出这种趋势。当然，上述关于原理掌握过程的模式还有待于进一步检验。

六、结论

根据本研究结果，可以得出以下结论：①在原理学习过程中，形成概化程度较高的问题原型有利于个体对表面内容不适宜的题目的解答；②形成概化程度较高的问题原型的被试在解答适宜或不适宜问题时均能迅速激活问题原型而通达原理图式，因此，更多地采用图式的方法解决问题；③形成概化程度较高的问题原型会有助于被试排除题目的无关信息，正确进行解答。

参考文献

[1] Anderson J. R., Farrell R., Sauers R. Learning to program in LISP [J]. Cognitive Science, 1984, 8 (1): 87 – 129.

[2] Holyoak K. J. Analogical thinking and human intelligence [M]. In Sternberg R. J. ed. Advance in the psychology of human intelligence. Hillsdale: Erlbaum, 1984: 345 – 364.

[3] Gick M. L., Holyoak K. J. Schema indication and analogical transfer [J]. Cognitive Psychology, 1983, 14 (1): 1 – 38.

[4] Reed S. K. A structure-mapping model for word problems [J]. Journal of Experimental Psychology: Learning, Memory, and Cognition, 1987, 13 (1): 124 – 139.

[5] Holyoak K. J., Koh K. Surface and structure similarity in analogical transfer [J]. Memory & Cognition, 1987, 15 (4): 332 – 340.

[6] Ross B. H. This is like that: The use of earlier problems and the separation of similarity effects [J]. Journal of Experimental Psychology: Learning, Memory, and Cognition, 1987, 13 (3): 629 – 639.

[7] Ross B. H. Distinguishing types of superficial similarities: Different effects on the access and use of earlier problems [J]. Journal of Experimental Psychology: Learning, Memory, and Cognition, 1989, 15 (2): 456 – 468.

[8] Ross B. H., Kennedy P. T. Generalizing from the use of earlier examples in problem solving [J]. Journal of Experimental Psychology: Learning, Memory, and Cognition, 1990, 16 (1): 42 – 55.

[9] Ross B. H., Kilbane M. C. Effect of principle explanation and superficial similarity on analogical mapping in problem solving [J]. Journal of Experiment Psychology: Learning, Memory and Cognition, 1997, 23 (2): 427 – 440.

[10] 莫雷, 刘丽虹. 样例表面内容对问题解决类比迁移过程的影响 [J]. 心理学报, 1999, 31 (3): 65 – 73.

[11] Gentner D. The mechanisms of analogical reasoning [M]. In S. Vosniadou & A. Ortony, eds. Similarity and analogical reasoning. Cambridge Press, 1989.

[12] Holyoak K. J., Thagard P. Analogical mapping by constraint satisfaction [J]. Cognitive Science, 1989, 13 (2): 295 – 355.

[13] Hintzman D. L. Judgments of frequency and recognition memory in a multiple-trace memory model [J]. Psychological Review, 1988, 95: 528 – 551.

[14] Hinsley D. A., Hayes J. R., Simon H. A. From words to equations: Meaning and

representation in algebra word problems [M]. In M. A. J., Carpenter P. A., eds. Cognitive processes in comprehension. Hillsdale, N. J.: Erlbaum, 1977.

[15] Chi M. H., Feltocich P. J., Glaser R. Categorization and representation of physics problems by experts and novices [J]. Cognitive Science, 1981, 5: 121-152.

[16] Blessing S. B., Ross B. H. Content effects in problem categorization and problem solving [J]. Journal of Experimental Psychology: Learning, Memory, and Cognition, 1996, 22 (4): 792-810.

[17] Anderson J. R. The role of examples and rules in the acquisition of a cognitive skill [J]. Journal of Experimental Psychology: Learning, Memory, and Cognition, 1997, 23 (4): 876-904.

莫雷自选集

第二部分

文本阅读研究

不同年级学生自然阅读过程信息加工活动特点研究

一、问题与目的

人们在阅读文章时内部进行的是什么样的信息加工活动,这是阅读理解研究的中心课题。Hunt通过因素分析研究提出,文章阅读过程主要有两种信息加工活动,一种是词句解码,另一种是整合连贯材料。[1]而Kintschy则提出,文章阅读过程有三种水平的信息加工活动,第一是句子水平的词句解码活动,第二是段落或宏观命题水平的组织活动,第三种是整体课文上层水平结构的分析综合活动。[2]国内的有关研究也提出,学生在阅读文章时进行的信息加工活动主要是语言解码活动、组织连贯活动及分析概括活动。[3-5]总的来看,有关的研究所提出的文章阅读过程的信息加工活动的种类基本是一致的,然而,对这些信息加工活动在不同的阅读过程中具体情况还研究得不多,尤其是缺少对自然阅读(即人们在日常没有特定任务下所进行的阅读)的信息加工活动的特点的研究。本研究目的是探讨中小学生自然阅读的信息加工活动的特点。

我们的初步设想是,学生的自然阅读应当是一个不断发展成熟的过程,低级阶段自然阅读的信息加工活动可能主要是词句的解码活动,而随着个体字词解码活动的熟练化、自动化,较高阶段自然阅读则可能是由组织连贯之类的信息加工活动占了主导地位。如果这个设想成立,那么,较低年级学生在自然阅读的情况下主要是实现对文章词句的理解,而较高年级的学生在自然阅读的情况下则主要是实现对文章整体内容的把握。本研究设计了两个密切相关的实验来验证以上的设想。

二、实验1

（一）目的

比较不同年级的学生在自然阅读与理解任务阅读两种情况下复述时需要重读原文的时间，从而对不同年级学生的自然阅读过程的信息加工活动特点作出初步探讨。

（二）研究方法

1. 被试

从广州市选出普通中小学各一间，随机选取小学二年级、四年级、六年级学生各16人，初中二年级学生16人，共四个年级64人。

2. 材料与仪器

选取两篇适合小学生阅读的以事表人的记叙文（约1000字），两篇文章的题目、词句难度、篇幅和自然段基本相同，都没有主题句。两篇文章分别印在两张卷上。

编制一个计算机程序，用两个键来控制，按启动键会在屏幕上呈现文章1（或文章2）的全文，按中止键则文章消失，可以自动计算呈现时间。

3. 程序与步骤

研究个别进行，正式开始之前先让被试熟悉呈现文章的计算机操作。引导学生进行自然阅读的做法是，主试将文章卷发给被试，对他说："现在请你按平常的速度将这篇文章从头到尾阅读一遍，阅读过程中不要重复看，只看一遍，阅读完我们再来完成别的任务。"被试读完后，主试记下其阅读所用的时间，然后对他说："现在，请你将文章的主要内容复述出来，复述的过程中尽可能不要再看文章，如果你确实记不住某些内容需要再看原文，请按电脑的启动键，文章就会出现在屏幕上，你要尽可能快地看需要看的内容，一旦你认为行了，就立即按中止键。等一下如果有需要，你还可以再看，直到你能把文章的内容全部复述出来为止。记住，你复述时再读原文的时间越少成绩就越好。"接着让被试进行复述。每篇文章有9个信息点（记叙3件事情，每件事起因、经过、结果各1个），被试应按照原文顺序正确复述出这9个信息点才算通过，如果复述过程中出现顺序颠倒或信息内容错误，主试则要求他再阅原文，直至能正确复述为止。引导学生进行理解任务阅读的做法是，主试将文章卷发给被试，对他说："现在请你按平常的速度将这篇文章从头到尾阅读一遍，阅读过程中不要重复看，只看一遍，阅读时要特别注意理解这篇文章讲的是什么。掌握好它的主要内容。"实际上，被试阅读后也是要求他们复述出文章的内容，要求同上。每年级被试分成两半，一半人先进行自然阅读后进行理解任务阅读，而另一半人则先进行理解任务阅读再进行自然阅读，两次阅读时间间隔3天。

(三) 结果分析

本实验要求被试阅读文章后复述出文章的主要内容。根据我们的设想，被试一次性阅读文章之后，如果在头脑中建立了文章的大致心理映象，那么，他在复述文章的主要内容时就不需要或较少需要再次阅读原文。据此，我们将被试阅读后复述文章时再阅读原文所用时间作为其头脑中是否建立起文章的心理映象的指标，来分析被试的阅读过程的信息加工的特点。考虑到不同年级的学生阅读的速度不同，直接用他们实际再读时间进行比较不大合理，因此，我们将用被试再阅读原文的时间转换为相对时间再进行比较。相对时间计算方法是：相对时间 = 实际再读时间 × (实际再读时间 ÷ 阅读全文所用时间)。表1列出了各年级被试在自然阅读与理解任务阅读的情况下进行复述再读原文的相对时间的比较。

表1 各年级被试复述时再读原文的时间的比较

年级	自然阅读组		理解任务阅读组		统计检验
	人数	再读用时（分）	人数	再读用时（分）	
二年级	16	1.33 ± 0.58	16	1.41 ± 0.67	$t = 0.349$
四年级	16	0.97 ± 0.38	16	0.68 ± 0.32	$t = 2.261^*$
六年级	16	0.58 ± 0.27	16	0.63 ± 0.32	$t = 0.463$
初二级	16	0.48 ± 0.21	16	0.56 ± 0.26	$t = 0.927$
统计检验	$F = 15.175^{**}$		$F = 13.143^{**}$		

注："*"表示 $p < 0.05$；"**"表示 $p < 0.01$；"***"表示 $p < 0.001$。下同。

根据表1的数据，从纵向可以看到，随着年级的提高，学生复述所需要重读的时间逐步减少，分别对自然阅读情况下与理解任务阅读情况下各年级学生重读所用时间进行 F 检验，差异均达显著性水平。用 p 评定进行两两比较，在自然阅读情况下，初二级、小学六年级学生重读用时均显著少于小学二年级与四年级学生；而在任务阅读的情况下，初二级、小学六年级、小学四年级学生用时均显著少于二年级。其次，从横向来看，二年级、六年级与初二级学生在两种阅读的情况下复述文章时重读所用时间差异均不显著，只有四年级的学生在理解任务阅读情况下复述重读用时比在自然阅读的情况下要少，差异达显著性水平。综上可见，无论在自然阅读或者理解任务阅读情况下进行复述，高年级学生都很少需要重新阅读原文，二年级学生则需要较多时间再阅读原文，四年级学生在理解任务阅读后复述的重读用时显著少于自然阅读，接近高年级学生，而在自然阅读后复述的重读用时较多，接近低年级学生。据上述结果可以初步推断，低年级学生的自然阅读过程主要是语言解码活动，只是将文章的语言材料解码形成命题，而不能同时将这些命题组织联系起来形成文章的连贯表象，因此，在阅读一遍文章后要求他们复述文章的主要内容时，他们需要再次阅读原文以进行组织建构的信息加工活动。即使是在有明确的理解任务导向下也是如此。而高年级学生的自然阅读与理解任务阅读一样，在阅读时可以同时进行两种信息加工活动，即在将语言材料进行解码形成命题的同时也将它们进行组织连贯，形成文章的基本模式。四年级学生则处于一个过渡阶段，其自然阅读主要还是进行语言解码的信息加工活动，但在有明确的阅读理解任务的导向下，就可以促使自己在阅读中同时进行两种信息加工活动。

心理学界对字词的解码活动与文章内容的理解活动的关系问题也作过一些研究。Walczyk 的研究结果指出，由于工作记忆"资源"有限，如果字词加工水平的操作没有达到自动化水平，就会影响阅读理解测验的成绩，但是，如果允许读者回过头去重读，字词加工的不熟练就不会影响阅读理解测验的成绩。据此他提出了"阅读的编码补偿理论（compensatory-encoding theory）"[6]。本研究结果与前人的有关研究是相吻合的。

然而，上面的分析只是对实验结果的一种可能的解释，我们还不能排除另外一种可能性：也就是说，之所以低年级的学生较之高年级学生在复述时需要更多地阅读原文，是因为低年级学生对文章的保持能力不如较高年级学生，而不是由于他们阅读时主导的信息加工活动不同。因此，为了确定前面对实验结果的解释是否正确，我们设计了实验2。

三、实验2

（一）目的

比较不同年级的学生在3种阅读条件下对文章信息的保持情况，拟根据研究结果排除实验1的结果是由高低年级学生保持能力的差异而引起的可能性，确证实验1的结论。

（二）研究方法

1. 被试

从广州市选出普通中小学各一间，随机选出初中二年级、小学六年级及小学四年级学生各90人，每个年级学生都随机分成A、B、C三组，每组30人。A组为自然阅读组，B组为理解任务阅读组，C组为记忆任务阅读组。

2. 材料

选取一篇约1000字的记叙文作为阅读材料，并设计12个项目来考察对该文章的信息的保持，其中6题考察对文章具体词句的保持情况，另外6题考察对文章内容的保持情况。全部采用选择题，题目随机排列。

3. 程序与步骤

实验以阅读组为单位团体进行。对自然阅读组的被试实施的程序是，主试将阅读材料发给被试后，说："请大家从头到尾认真地阅读一遍这篇文章，时间是4分钟，请抓紧时间，读完后我们还有其他任务要做。"4分钟后，主试将阅读材料收回，让被试坐在原来位置上听音乐休息3分钟，然后发给每位被试阅读测试卷，主试说："现在请你们根据刚才所阅读的文章完成这些题目，时间是10分钟，请抓紧时间。"被试完成后将卷交给主试。对理解任务阅读组及记忆任务阅读组的被试实施的具体程序与自然阅读组相同，但指导语不同。对理解任务阅读组的指导语是："请大家从头到尾认真地阅读一遍这篇文章，时间是4分钟，请抓紧时间，阅读时要注意理解这篇文章讲的是什么。掌握好它的主要内容，阅读后我们要检查你对它的理解情况。"对记忆任务阅读组的指导语是："请大家从头到尾认真阅读一遍这篇文章，时间是4分钟，请抓紧时间，阅读时要尽可能记住它，阅读后我们要检查你的记忆情况。"

4．成绩统计方式

每对一项得 2 分，分别计算出被试对文章保持的总分、文章词句的保持分数与文章内容的保持分数。

（三）结果与分析

1．不同年级学生自然阅读过程对文章不同类型的信息的保持情况

表 2 列出了中小学三个年级的学生在自然阅读的情况下对文章信息的保持成绩。

表 2　被试在自然阅读条件下对文章不同类型信息的保持情况

年　级	人数	总成绩（分）	文章词句保持分数	文章内容保持分数
小学四年级	30	12.59 ± 4.37	7.12 ± 3.03	5.47 ± 2.81
小学六年级	30	14.34 ± 4.69	6.10 ± 2.94	8.24 ± 3.58
初中二年级	30	14.73 ± 5.45	6.31 ± 3.17	8.42 ± 3.85
统计检验		$F = 1.586$	$F = 1.018$	$F = 6.491^{**}$

表 2 的数据表明，不同年级的学生经自然阅读文章后对文章信息的保持总成绩相差不大，经统计检验，差异不显著（$F = 1.586$，$p > 0.05$）。但不同年级学生对文章不同类型的信息的保持则有偏向，总的来说，四年级的学生较多地保持了文章的词句信息，而较高年级的学生则较多地保持了文章的内容信息，经统计检验，小学六年级、初中二年级学生对文章内容的保持成绩显著优于小学四年级学生。

2．学生在三种阅读过程对文章不同类型的信息的保持情况的比较

进一步我们来考察中小学 3 个年级的学生在自然阅读、理解任务阅读与记忆任务阅读情况下对文章的词句与内容两类信息的保持成绩。表 3 列出了不同年级学生 3 种阅读过程对文章不同类型信息的保持分数。

根据表 3 的数据，从横向来看，不同年级的学生在不同的阅读条件下对文章不同类型的信息的保持情况不同。初二学生与小学六年级学生在记忆任务阅读的情况下，较多记住的是文章的具体词句，而在自然阅读与理解任务阅读的情况下，则保持文章的内容信息比较多，经统计检验，差异均达显著或非常显著水平。然而，小学四年级学生在记忆任务阅读与自然

阅读两种情况下，对文章词句的记忆成绩都要比对文章内容的记忆成绩好，差异达显著性水平，只是在理解任务阅读的情况下，对文章的内容信息的保持才略优于词句信息的保持效果。其次，从纵向分别看各年级三个阅读组的保持情况，初中二年级与小学六年级的记忆任务阅读组与自然阅读、理解任务阅读两个组相比，在词句的保持方面前者较后者为优，而在内容的保持方面后者较前者为优，经统计检验，差异多数达显著或非常显著的水平；而四年级学生无论在哪种阅读情况下，对文章内容的保持效果与对文章词句的保持效果均没有显著差异。综合以上结果，我们可以推知，高年级学生的自然阅读过程与理解任务阅读一样，其主导性的信息加工活动是组织连贯活动，不仅要对文章的词句进行解码，而且更主要的是将解码所形成的命题进行组织，形成文章主要内容的命题网络，这个过程注意的中心是文章内容，因此，较高年级学生的自然阅读与理解任务阅读就更多地保持了文章的内容信息。而四年级学生的自然阅读过程主要还是通过语言解码活动形成文章的命题，其注意中心是文章的词句，这与记忆任务阅读的加工活动相同，因此，与较高年级学生相比，四年级学生的自然阅读与记忆任务阅读就较多地保持了文章的词句信息。

综合上面两方面的结果，我们可以比较确定地认为，实验1所得出的结果，即低年级学生自然阅读后复述文章较之高年级学生需要更多时间重读原文，主要不是由于前者对文章的保持能力低，而是由于不同年级学生自然阅读时主导性的信息加工活动不同而导致。

表3 不同年级学生三种阅读过程对文章不同类型信息的保持情况比较

年级	组别	人数	文章词句保持分数	文章内容保持分数	统计检验
小学四年级	自然阅读组	30	7.12 ± 3.03	5.47 ± 2.81	$t = 2.150^*$
	理解任务阅读组	30	6.12 ± 2.74	6.75 ± 3.33	$t = 0.800$
	记忆任务阅读组	30	7.54 ± 3.28	5.23 ± 2.74	$t = 2.911^{**}$
	统计检验		$F = 1.674$	$F = 2.189$	
小学六年级	自然阅读组	30	6.10 ± 2.94	8.24 ± 3.58	$t = 2.488^*$
	理解任务阅读组	30	6.53 ± 3.01	8.50 ± 3.76	$t = 2.203^*$
	记忆任务阅读组	30	9.16 ± 3.62	5.84 ± 2.73	$t = 3.943^{***}$
	统计检验		$F = 7.651^{**}$	$F = 5.458^{**}$	

续表3

年级	组别	人数	文章词句保持分数	文章内容保持分数	统计检验
初中二年级	自然阅读组	30	6.31 ± 3.17	8.42 ± 3.85	$t = 2.278^*$
	理解任务阅读组	30	7.01 ± 2.76	8.70 ± 3.31	$t = 2.140^*$
	记忆任务阅读组	30	8.53 ± 3.47	6.70 ± 2.78	$t = 2.195^*$
	统计检验		$F = 3.867^*$	$F = 3.043$	

四、讨论

本研究主要探讨不同年级学生自然阅读过程的信息加工活动的特点，两个实验的结果证实了我们的研究假设。根据实验结果可以认为，在小学低年级阶段，学生的自然阅读过程主要还是单一的语言解码活动，在阅读文章时，其工作记忆中所进行的主导性活动就是对文章的书面符号进行解码，形成命题，即使给予促使他们将命题组织成为连贯的命题网络的任务，也无法促使他们在语言解码的同时进行组织连贯的信息加工活动。而到了较高年级，学生在自然阅读过程中同时进行语言解码与组织连贯两种信息加工活动，这个时期，学生的语言解码活动已比较熟练并基本自动化了，他们可在进行语言解码形成命题的同时，又能将单个命题组织起来形成大致体现文章内容的命题网络。而处在过渡阶段的中年级学生，在自然阅读的情况下，他们还是单一的语言解码活动，但在理解任务的导向下，就可以同时进行语言解码与组织连贯活动。概而言之，在自然阅读的较低阶段，信息加工活动主要是文章词句的解码与联结，而在自然阅读的较高阶段，信息加工活动主要是文章内容的组织与连贯。低年级学生自然阅读过程的信息加工活动，主要是语言解码活动，只有随着年级的提高，语言解码的熟练与自动化程度不断提高，自然阅读过程才逐步地发展成为同时进行语言解码与组织连贯信息加工活动而以后者为主的过程。当然，这只是根据本研究结果而作的初步结论，对这样重大问题还需进行大量的研究才能得出确定的结论。

参考文献

［1］Hunt J. The relationship between single word decoding and reading comprehension skill ［J］. Journal of Educational Psychology. 1977, 69 (4): 461 – 469.

［2］Kintsch W., Dijk T. A. Toward a modal of text comprehension and production ［J］. Psychological Review, 1983, 85 (2): 363 – 394.

［3］莫雷. 初中三年级学生语文阅读能力结构因素分析研究 ［J］. 心理学报, 1990, 22 (1): 41 – 51.

［4］莫雷. 高中三年级学生语文阅读能力结构因素分析研究 ［J］. 应用心理学, 1990, 5 (1): 34 – 44.

［5］莫雷. 小学六年级学生语文阅读能力结构因素分析研究 ［J］. 心理科学通讯, 1990 (1): 17 – 23.

［6］Walczyk J. J. Are general resource notions still viable in reading research? ［J］. Journal of Educational Psychology, 1993, 75 (1): 127 – 135.

文本阅读过程中信息的协调性整合

一、前言

阅读过程中读者是否会即时地激活已进入长时记忆的文本信息并与当前阅读的信息进行整合,这是当前文本阅读心理研究的热点,形成了三种理论假设。第一种是建构主义的更新追随假设,该理论认为,阅读过程是一个随当前阅读的内容不断主动地激活读者背景知识,将当前的信息与先前的信息进行整合形成文章的情境模型的过程。[1-3]第二种是最低限度假设,该理论认为,在自然阅读情况下,只要当前阅读的信息能与读者工作记忆中所保持着的文本信息进行整合,维持局部连贯,则文本先前已经进入长时记忆的相关信息都不会被即时通达,只有在当前加工的信息出现了局部连贯性中断的情况下,读者才会激活长时记忆的信息进行整合。[4]20世纪80年代开始一直到90年代初期,心理学界关于阅读认知过程的研究主要是围绕着验证或否证上述两种理论而展开的。90年代后,记忆文本加工理论被提出并逐步受到重视,该理论认为,在阅读过程中,即使局部连贯性不中断,读者的背景信息也会通达。当读者读到某一句子时,该句子所蕴含的概念和命题以及存在于工作记忆中的信息都自动向长时记忆发送信号,背景信息则依据与这些信号的匹配程度而快速地得到不同程度的重新激活,读者不仅要将当前进入的文本信息与工作记忆中保持的文本信息进行整合,维持局部连贯性,而且同时通过"共振"的方式激活已经进入了长时记忆的有关文本信息进行整合,维持连贯性。[5-7]O'Brien等人在1998年所作的一项研究比较有说服力地证明了这个理论,他们在实验中使用了若干篇文章,每篇文章有一致性、不一致性和恢复一致性3种版本,要求被试阅读这三种版本的文本,例文如下:

O'Brien 等人关于记忆文本加工理论的材料样例

介绍性段落
今天玛丽约了一个朋友吃午饭。/她很早就来到餐馆。/玛丽选好位置之后便坐下来开始看菜谱。/
第一种条件：一致性版本
玛丽很喜欢这家餐馆，/这儿有很美味的煎炸食品。/玛丽喜欢那种能快速填饱肚子的方便食品。/她每星期至少有三天会在快餐店里吃。/玛丽从来不偏好哪种食品，/也不忌讳油腻的食物。/
第二种条件：不一致性版本
玛丽很喜欢这家餐馆，/这儿有很美味的健康食品。/玛丽非常注意饮食健康。/她一直都吃素食。/她最喜欢的食物是椰菜花。/玛丽很小心地选择食物，/从不吃任何动物脂肪与肉类食品。/
第三种条件：恢复一致性版本
玛丽耐心地等待朋友的到来。/她想起自己过去有一段时间一直吃素食，/那时她最喜欢吃椰菜花，/从不吃任何动物脂肪与肉类食品。/但现在她对饮食完全不讲究了，/什么都可以吃。/
屏蔽段落
大约10分钟后玛丽的朋友来了，/她们俩已有几个月没见过面。/她们聊了各种各样的话题，/谈了大约半个多钟。/后来玛丽打了个手势让餐馆侍者过来。/玛丽再一次看看菜谱，/她很难决定自己吃什么。/
目标句
玛丽点了一份面包与炸鸡块。/（目标句）
她把菜谱递给了朋友。/（目标后句）
结尾
玛丽的朋友很随意地点了两个自己喜欢的菜。/然后她们又聊开了。/她俩很惊奇居然有聊不完的话题。/

从上面例文可见，文中对主人公行为特征的描述与文章后面主人公的

行为分别构成一致、不一致和恢复一致三种关系：①一致性版本条件，该条件所描述的特征与后面目标句主人公的行为是一致的；②不一致性版本条件，该条件所描述的特征与后面目标句主人公的行为是矛盾的；③恢复一致性版本条件，该条件先描述的是主人公过去所具有的与后面目标句不一致的特征，后面1句则说明现在这个特征已经改变为与目标句行为一致的特征，因此，还是与目标句的行为一致。屏蔽性段落的目的在于将主人公的特征信息的句子推进长时记忆中去，使这些信息成为背景，但同时又使整个故事的内容保持连贯。该研究运用动窗技术，由被试自己控制逐行（"/"是行标，下同）呈现阅读材料，以目标句的阅读时间为因变量，根据 O'Brien 等人的设想，如果一致性版本与不一致性版本和恢复一致性版本目标句的阅读时间没有显著差异，这表明在3种条件下读者在阅读目标句时并没有通达长时记忆中的文本信息，可以认为局部连贯假设正确；反之，可以认为该假设不成立。如果按照更新追随假设，读者在阅读时随着阅读信息的进入建构了整段文本的情境模型并将它带到目标句的阅读中去，由于恢复一致性版本的整体信息与目标句并不矛盾，那么，一致性版本与恢复一致性版本对目标句的阅读时间就应该没有差异。反之，如果一致性版本目标句阅读时间显著短于恢复一致性版本，就可以否定更新追随假设，支持记忆文本加工理论。实验结果是一致性版本的目标句阅读时间显著快于恢复一致性版本，支持了记忆文本加工理论。

  不少后续性的研究，包括王穗苹、莫雷在中文阅读条件下的研究都支持了记忆文本加工理论。[8,9] 沿着记忆文本加工理论这个方向进行更深入的探讨，已成为当前文本阅读心理研究的热点。[10,11]

  本研究认为，O'Brien 等人以及后来支持记忆文本加工理论的研究是很有意义的。但是，在注重记忆文本加工理论及其研究证据的同时，必须要进一步考虑，读者通过共振激活背景信息在何种条件下要进行整合，这种整合的性质是什么，整合结果除了维持当前信息与激活的背景信息的连贯之外，是否会将所整合的信息进行建构，建立为信息块，带到下一步的阅读中去。O'Brien 及后来的研究还没有对这个问题作出探讨，实际上这个问题是非常值得研究的。

  本研究的基本设想是，记忆文本加工理论揭示的这种共振激活与整合现象实质上是以维持新信息与背景信息的连贯性为目的的协调性整合，它的发生条件是所激活的背景信息与新信息有局部的不协调，这种协调性整合的结果不仅维持文本的连贯,而且会使整合过程所涉及的命题结合成命题组块,由于整合发生前所涉及的命题是一些平行的、零散的信息,所以我们称之为信息点,而整合后形成的命题组块是完整的、统一的意义群,所以我们称之为信息块,当下一步阅读再激活这些相关信息时,它们则以信息块形式出现,新命题可以与信息块的整体信息进行整合。因此,协调性整合也可以称为建构性整合,这种整合会使有关的信息表征方式得到改变,并且这个更新的表征可以带到下一步的阅读中去。

根据这个设想,如果修改 O'Brien 等的研究材料,在一致性与恢复一致条件的版本第一目标句之后再增加性质相同的第二目标句,那么,对于第一目标句,恢复一致条件下的阅读时间会显著长于一致条件下的阅读时间;然而,如果这种协调性整合的结果会使整合过程所涉及的命题(信息点)建构成命题组块(信息块),那么,在恢复一致条件下第一目标句阅读时发生的整合,就将激活的特征描述信息建构为信息块,下一步当阅读第二目标句时再激活这些信息,它们就会以信息块的形式出现,这个整体信息与第二目标句没有局部不协调,因此就不会发生协调性整合。这样,恢复一致版本第二目标句的阅读时间与一致性版本第二目标句的阅读时间就不会有显著差异。

本研究准备按照这个思路设计实验以验证上述设想,进一步深化对文本阅读的背景信息激活与整合的研究。

二、实验1

(一)实验1A

1. 目的

探讨经过协调性整合是否使整合涉及的信息建构成为组块,在下一步相应的信息再激活时,则是激活整个组块的综合信息。

2. 研究方法

(1)被试。华南师范大学一年级30名本科生参加本实验,所有被试均裸眼或矫正视力正常,母语为汉语,无阅读障碍。

(2)实验材料。正式实验材料由12篇主题不同的记叙文组成,每篇文章的结构前面部分与 O'Brien 的研究材料基本相同,只是取消了不一致性条件，只有一致性与恢复一致性条件，但文章的后半部分增加了第二个目标句，第二目标句的性质与第一个目标句相同，同样是与前面的特征描述部分构成一致性与恢复一致性的关系，并且两个目标句在字数上匹配。文章长度为300字左右，例文如下：

介绍性段落
今天玛丽约了朋友吃午饭。/她很早就来到餐馆里等朋友。/
条件1：一致性段落
玛丽很喜欢这家餐馆，/这儿有很美味的煎炸食品。/玛丽喜欢那种能快速填饱肚子的方便食品。/她每星期至少有3天会在快餐店里吃。/玛丽从来不偏好哪种食品，/也不忌讳油腻的食物。/
条件2：恢复一致性段落
玛丽耐心地等待朋友的到来。/她想起自己过去有一段时间一直吃素食，/那时她最喜欢吃椰菜花，/从不吃任何动物脂肪与肉类食品。/但现在她对饮食完全不讲究了，/什么都可以吃。/
屏蔽性段落
大约10分钟后玛丽的朋友来了。/她们俩已有几个月没见过面。/她们一坐下来就开始聊个不停。/她们聊了各种各样的话题。/最后玛丽打了个手势让餐馆侍者过来。/她再一次仔细地看看菜谱。/
第一目标句
玛丽给自己点了一份面包与炸鸡块。/
过渡性段落
玛丽的朋友很随意地点了几样东西。/然后她们继续聊个不停。/直到天黑她们才依依不舍地离开。/几天后玛丽又来到了这家餐馆。/她找到一个靠窗的位置坐下。/侍者走过来很有礼貌地递上菜单。/
第二目标句
玛丽随意点了一杯果汁与一份鳕鱼。/
结束性段落
吃完以后玛丽走出餐馆。/搭了一辆出租车赶回公司上班。/

每篇文章后面都有一个阅读理解题，如上面例文的问题是：玛丽约了一个朋友到家里吃饭吗？要求被试根据所阅读的文本内容判断其正误。除了12篇正式实验材料文章外，另外还有11篇填充文章，填充文章的长短与正式文章基本相同，但不具有正式文章的上述特征，只是一些简短的记叙文，目的在于避免被试在阅读多篇文章后总结出规律，猜测出实验目的，从而影响实验结果。

(3) 设计与程序。本实验是单因素被试内材料内设计。自变量是阅读材料中人物特征与其目标句行为的关系，有两个水平：一致与恢复一致，因变量是两个目标句的阅读时间。

12篇正式阅读材料随机分为 A、B 两组，每组6篇，每篇有一致与恢复一致两个版本。用 A 组6篇材料的一致性版本与 B 组6篇材料的恢复一致性版本组成第一套阅读材料（A_1B_2），用 A 组6篇材料的恢复一致性版本与 B 组6篇材料的一致性版本组成第二套阅读材料（A_2B_1）。30名被试，一半阅读 A_1B_2，另一半阅读 A_2B_1。这样，所有的被试都阅读全部12篇正式材料，一致与不一致两种条件各半，两种条件同等地出现在各篇材料中。每套阅读材料都有12篇正式材料与11篇填充材料。

所有被试随机分配到阅读其中一套材料，每套材料的23篇文章按随机顺序排列。采用动窗技术，由被试自己按键逐句进行阅读，每次按键当前句被抹掉并出现下一句，计算机自动记录每句的阅读时间。每篇文章阅读完后，呈现一串"?"号，接着呈现判断正误的阅读理解题，要求被试按反应键盘上 Y 或 N 键作出相应的判断。为使被试熟悉程序，他们在实验开始前完成两个练习。填充文章的数据不计算。

为鼓励被试能仔细阅读实验材料，事先告诉被试每篇文章后面都有一个阅读理解题，对回答完全正确的给予额外奖励。

3. 评定实验

为保证恢复一致条件下主人公的当前特征的描述能解决主人公过去特征与目标行为可能造成的不一致，我们事先对实验材料进行等级评定实验。选择24名自愿参加本实验但不参加正式实验的中文系学生参与评定。评定时发给每位学生一本小册子，里面包含主题不同的12篇实验文章，与正式实验不同是，每个评定者只评定每一主题的文章的一个目标句，每篇文章都以第一目标句之前的那一句为结尾，所以所有文章分成4个系列，每个系列都包含所有的实验条件，并且每一条件下都有3篇文章。12

篇文章以随机顺序排列，一篇文章占一页，评定时要求被试仔细阅读文章，然后翻到下一页，下一页有一个问题，要求他们在上一页文章内容的基础上，评定主人公接下来发生的目标行为（即正式实验中的第一目标句或第二目标句）的可能性，共有 1～7 个等级供选择（1 代表完全不可能，7 代表完全可能）。

评定结果是，对本实验所用的材料，不管是第一目标句还是第二目标句，在一致和恢复一致条件下评定者判定目标行为都可能发生，并且两者之间没有显著差异。对于第一目标句，前者 $M = 4.653$，后者 $M = 4.694$，$t(23) = 0.110$，$p = 0.914$；对于第二目标句，前者 $M = 4.694$，后者 $M = 4.319$，$t(23) = 1.274$，$p = 0.215$。说明恢复一致条件下对主人公的当前特征的描述确实能解决主人公过去特征与目标行为可能造成的不一致。

4. 结果与分析

分别记录第一目标句和第二目标句的阅读时间以及回答文章阅读理解题的正确率。首先删除阅读理解题回答的正确率在 75% 以下的被试，以确保所有分析及结果推论都建立在认真阅读并理解短文的被试身上，据此删除 3 名被试。然后再删除那些在平均阅读时间 2 个标准差之外的极端数据，删除数据占数据总数的 4.63%。在 SPSS10.0 中对所有数据进行两种统计处理，一种以被试为随机变量（t_1），一种以项目（即实验材料）为随机变量（t_2）。被试在一致与恢复一致两种条件下对两个目标句的平均阅读时间和标准差见表 1。

表 1 不同条件下两个目标句的阅读时间 (ms)

条件	第一目标句	第二目标句
一致	1498 ± 499	1583 ± 611
恢复一致	1768 ± 694	1629 ± 651

统计分析结果表明，对于第一目标句，恢复一致条件下目标句的阅读时间显著长于一致条件下目标句的阅读时间，差异达到显著性水平：$t_1(26) = 2.675$，$p = 0.013$，$t_2(11) = 2.398$，$p = 0.035$；对于第二目标句，恢复一致条件下目标句的阅读时间与一致条件下目标句的阅读时间差异不显著，$t_1(26) = 0.390$，$p = 0.700$，$t_2(11) = 0.251$，$p = 0.807$。

本实验两种版本条件下第一目标句与第二目标句阅读时间差异的结

果，与本研究设想完全相符。在一致条件下，新信息与原先工作记忆中保持的信息以及所激活的长时记忆中相关的背景信息完全吻合，读者不需要进行信息整合；而在恢复一致条件下，由于新信息虽然与原先工作记忆中保持的信息或者所激活的长时记忆中背景信息在整体上吻合，但与其中有的句子的信息不吻合，读者需要启动整合解决这个不协调问题，因此，对于第一目标句，恢复一致条件下的阅读时间会显著长于一致条件下的阅读时间。然而，由于这种协调性整合的结果会使整合过程所涉及的特征描述命题（信息点）建构成命题组块（信息块），下一步阅读第二目标句时再激活这些信息，它们就会以信息块的形式出现，这个整体信息与第二目标句没有局部不协调，因此就不会发生协调性整合。这样，恢复一致版本第二目标句的阅读时间与一致性版本第二目标句的阅读时间就不会有显著差异。本实验的结果支持了上述基本假设。

然而，根据实验1A的结果，固然可以认为是由于被试在阅读第一目标句时进行协调性整合形成了信息块，因此，第二目标句激活的是信息块，所以不需要再进行协调性整合；但是，也有这样的可能性，即由于第二目标句离主人公特征描述的句子较远，被试读到第二目标句时，已经无法通达前面的信息，因此，无论一致性版本还是恢复一致性版本，由于阅读时都没有通达距离较远的背景信息，所以根本不发生信息整合。这样，一致性版本与恢复一致性版本的第二目标句阅读时间相等不是因为被试在阅读第一目标句时进行协调性整合形成了信息块，而是与长时记忆中的背景信息的距离延长的结果。为了确证实验1A的结果的产生原因，下面进行实验1B。

（二）实验1B

1. 目的

探讨在目标句与特征描述句距离增大的情况下，目标句能否激活已经进入长时记忆的特征描述信息，从而对实验1A的结果是否距离延长造成的可能性作出检验。

2. 研究方法

（1）被试。华南师范大学一年级30名本科生参加本实验，所有被试均视力正常或矫正视力正常，母语为汉语，无阅读障碍。

（2）实验材料。对实验1A的12篇阅读材料作了重要改动，将原来第一目标句改为与两种版本主人公特征描述句都完全一致的行为,只有第二目标句才与前面的特征描述构成一致与恢复一致两种条件,其他方面与实验1A相同。本实验例文如下:

介绍性段落
今天玛丽约了朋友吃午饭。/她很早就来到餐馆里等朋友。/
条件1:一致性段落
玛丽很喜欢这家餐馆,/这儿有很美味的煎炸食品。/玛丽喜欢那种能快速填饱肚子的方便食品。/她每星期至少有三天会在快餐店里吃。/玛丽从来不偏好哪种食品,/也不忌讳油腻的食物。/
条件2:恢复一致性段落
玛丽耐心地等待朋友的到来。/她想起自己过去有一段时间一直吃素食,/那时她最喜欢吃椰菜花,/从不吃任何动物脂肪与肉类食品。/但现在她对饮食完全不讲究了,/什么都可以吃。/
屏蔽性段落
大约10分钟后玛丽的朋友来了。/她们俩已有几个月没见过面。/她们一坐下来就开始聊个不停。/她们聊了各种各样的话题。/最后玛丽打了个手势让餐馆侍者过来。/她再一次仔细地看看菜谱。/
第一目标句
玛丽给自己点了一份面包和一杯牛奶。/
过渡性段落
玛丽的朋友很随意地点了几样东西。/然后她们继续聊个不停。/直到天黑她们才依依不舍地离开。/几天后玛丽又来到了这家餐馆。/她找到一个靠窗的位置坐下。/侍者走过来很有礼貌地递上菜单。/
第二目标句
玛丽随意点了一杯果汁与一份鳕鱼。/
结束性段落
吃完以后玛丽走出餐馆。/搭了一辆出租车赶回公司上班。/
问题:玛丽约了一个朋友到家里吃饭吗?(N)

(3)设计与程序。与实验1A相同。

3. 结果与分析

按实验1A的方法对不合格被试和极端数据进行删除，共删除被试4人，删除极端数据占数据总数的3.29%。被试对两个目标句的阅读时间和标准差见表2。

表2　不同条件下两个目标句的阅读时间（ms）

条件	第一目标句	第二目标句
一致	1956 ± 660	1868 ± 564
恢复一致	2044 ± 737	2168 ± 718

统计分析结果表明，对于第一目标句，恢复一致条件下的阅读时间与一致条件下的阅读时间差异不显著，t_1（25）= 0.776，$p = 0.445$，t_2（11）= 0.806，$p = 0.438$；而对于第二目标句，恢复一致条件下的阅读时间显著长于一致条件下的阅读时间，t_1（25）= 2.440，$p = 0.022$，t_2（11）= 2.380，$p = 0.036$。该结果表明，目标句与主人公特征描述句的距离并不影响信息的整合，只要主人公特征描述与目标句存在局部不一致，即使距离延长，仍然会产生协调性整合。由此可见，实验1A条件下得出的两种条件下第二目标句的阅读时间差异不显著的结果，并不是由于第二目标句距离特征描述句较远而无法激活已经进入长时记忆的特征描述信息，而是因为在恢复一致条件下第二目标句所激活的是特征描述的信息块，这个整体信息与目标句并没有存在局部不协调，因此没有发生协调性整合。

三、实验2

实验1的结果表明，阅读过程中当前信息与背景信息的协调性整合所产生的结果，不仅是维持了当前信息与背景信息的连贯，而且还对当前信息与激活的信息进行建构，形成整体的信息块。本实验进一步探讨文本阅读过程中工作记忆中的信息是否也存在同样的整合模式，即进一步探讨当前阅读的句子与还在工作记忆中的文本信息有局部不一致性时，是否也会产生建构性的协调性整合。

（一）实验 2A

1. 目的

探讨阅读过程中工作记忆里保存的文本信息与当前阅读的句子信息存在局部不协调的情况下，是否会发生协调性整合。

2. 研究方法

（1）被试。华南师范大学一年级 30 名本科生参加本实验，所有被试均视力正常或矫正视力正常，母语为汉语，无阅读障碍。

（2）实验材料。对实验 1A 的 12 篇阅读材料进行改编，首先将主人公行为特征描述部分改为 3 个句子，然后将其与第一目标句之间 6 个句子组成的屏蔽性段落改为 1 个过渡句，从而使行为描述句与目标句同时在工作记忆中；同时取消了第二目标句以及相应的过渡段，这样，每篇文章总共只有 10 个句子构成，文章长度为 150 字左右。本实验例文如下：

介绍性段落
今天玛丽请她的朋友一起吃午饭。/她们一到餐馆侍者就热情地递上菜单。/
条件1：一致性段落
玛丽经常来这家餐馆吃饭。/这里有她爱吃的美味食品。/玛丽从不担心自己的饮食健康。/
条件2：恢复一致性段落
玛丽想起她过去很注意饮食健康。/相当一段时间她只吃素食。/但现在玛丽几乎什么都吃。/
过渡句
玛丽接过菜单认真看了一会儿。/
目标句
玛丽给自己点了一份面包与炸鸡块。/
过渡句
然后将菜单递给她的朋友。/
结束性段落

玛丽的朋友很随意地点了几样东西。/然后她们继续聊个不停。/
问题：玛丽约了一个朋友到家里吃饭吗？（N）

（3）设计与程序。与实验1A相同，是单因素被试内材料内设计。自变量是阅读材料中人物特征与其目标句行为的关系，有两个水平：一致与恢复一致，因变量是目标句的阅读时间。共12篇正式阅读材料与11篇填充材料。

3. 结果与分析

按照实验1A的方法对不合格被试和极端数据进行删除，共删除被试3人，删除极端数据占数据总数的4.63%。读者对目标句的阅读时间和标准差见表3。

表3 不同条件下目标句的阅读时间（ms）

条件	目标句的阅读时间
一致	1643 ± 644
恢复一致	1930 ± 692

以被试作为随机变量进行统计分析，恢复一致条件下目标句的阅读时间显著长于一致条件下目标句的阅读时间，$t_1(26) = 2.357$，$p = 0.026$，此结果初步表明，阅读过程中工作记忆里保存的文本信息与当前阅读的句子信息存在局部不一致时，也会发生协调性整合。但以项目为随机变量进行统计分析时，尽管恢复一致条件下目标句的阅读时间还是长于一致条件下目标句的阅读时间，但是两者差异尚未达到显著水平，$t_2(11) = 1.221$，$p = 0.248$。因此，尽管可以根据被试检验的结果初步得出前面的结论，但是这个结论还是初步的，有待于以后进一步验证。

本实验结果初步证明，在阅读过程中当前阅读句与保留在工作记忆的文本信息如果存在局部不一致，也会引发协调性整合。但是，这种协调性整合除了建立局部连贯之外，是否也会将有关的信息建构为信息块，这是个很有意思的问题，下面设计实验2B对它进行专门的探讨。

（二）实验2B

1. 目的

探讨在工作记忆中进行协调性整合，有关的信息是否会建构为整体的信息块，在后面阅读中相应的信息是以信息块的形式被激活。也就是说，要探讨工作记忆中对局部不一致信息的整合是否也是建构性的协调性整合。

2. 方法

（1）被试。华南师范大学一年级30名本科生参加本实验，所有被试均视力正常或矫正视力正常，母语为汉语，无阅读障碍。

（2）实验材料。对实验2A的12篇阅读材料进行改编，在原来的目标句（称为第一目标句）后面增加过渡段（6句）与第二目标句，同样，所增加的第二目标句与第一目标句性质相同，都是叙述主人公与前面特征有关的相同性质的行为，并且两个目标句在字数上匹配。这样，阅读第一目标句时，该句与前面主人公行为特征的描述句同时在工作记忆中，而阅读第二目标句时，前面主人公行为特征的描述句及第一目标句均进入了长时记忆。每篇文章总共有16个句子，文章长度为200字左右，例文如下：

介绍性段落
今天玛丽请她的朋友一起吃午饭。/她们一到餐馆侍者就热情地递上菜单。/
条件1：一致性段落
玛丽经常来这家餐馆吃饭。/这里有她爱吃的美味食品。/玛丽从不担心自己的饮食健康。/
条件2：恢复一致性段落
玛丽想起她过去很注意饮食健康。/相当一段时间她只吃素食。/但现在玛丽几乎什么都吃。/
过渡句
玛丽接过菜单认真看了一会儿。/
第一目标句
玛丽给自己点了一份面包与炸鸡块。/

过渡性段落
玛丽的朋友很随意地点了几样东西。/然后她们继续聊个不停。/直到天黑她们才依依不舍地离开。/几天后玛丽又来到了这家餐馆。/她找到一个靠窗的位置坐下。/侍者走过来很有礼貌地递上菜单。/
第二目标句
玛丽随意点了一杯果汁与一份鳕鱼。/
结束性段落
吃完以后玛丽走出餐馆。/搭了一辆出租车赶回公司上班。/
问题:玛丽约了一个朋友到家里吃饭吗?(N)

(3) 设计与程序。与实验1A相同,也是单因素被试内材料内设计。自变量是阅读材料中人物特征与其目标句行为的关系,有两个水平:一致与恢复一致,因变量是两个目标句的阅读时间。共12篇正式阅读材料与11篇填充材料。

3. 结果与分析

按照实验1A的方法对不合格被试和极端数据进行删除,共删除被试4人,删除极端数据占数据总数的4.01%。被试对第一目标句和第二目标句的阅读时间和标准差见表4。

表4 不同条件下两个目标句的阅读时间(ms)

条件	第一目标句	第二目标句
一致	1632±443	1601±484
恢复一致	1855±637	1686±595

根据本研究的设想,如果读者在第一目标句阅读时启动的协调性整合会将相关信息组成信息块,在第二目标句阅读时是以信息块的形式出现,那么,在两种版本的条件下,第一目标句的阅读时间应该有显著差异,而第二目标句阅读时间差异不显著。本实验结果基本符合这个设想。统计分析结果表明,对于第一目标句,恢复一致条件下目标句的阅读时间长于一致条件下目标句的阅读时间,被试检验差异显著,t_1(25) = 2.290,

$p = 0.031$，但项目检验差异未达到显著水平，$t_2(11) = 1.067$，$p = 0.309$。对于第二目标句，恢复一致条件下目标句的阅读时间与一致条件下目标句的阅读时间被试检验与项目检验差异均不显著：$t_1(25) = 0.859$，$p = 0.399$；$t_2(11) = 1.313$，$p = 0.216$。

由此可以初步认为，阅读过程中工作记忆发生的信息整合也是一种建构性的协调性整合，整合的结果是使有关信息形成信息块。同样，由于在两种条件下第一目标句阅读时间的项目检验差异未达到显著水平，所以我们必须慎重地对待这一实验结果所得出的结论，下一步应该进一步验证。

四、讨论

O'Brien 为代表的文本记忆加工理论提出，在文本阅读过程中，新进入的句子可以即时与工作记忆保持的文本信息维持局部连贯，同时会通过"共振"机制激活已经进入长时记忆的文本信息进行整合，维持文本的整体连贯，当然，这种激活与整合是一个被动的、消极的、非策略的过程。这是该理论最重要的贡献。然而，需要进一步探讨的问题是，在什么条件下这种通过"共振"机制激活的背景信息会与当前信息发生整合，这种整合的结果是否会产生信息的建构。本研究就是针对这个问题进行研究。

本研究的结果表明，不论是长时记忆中还是工作记忆中的有关文本信息，在恢复一致条件下，目标句的阅读时间都显著长于一致条件下目标句的阅读时间，由于恢复一致条件下目标句与前面特征描述句有局部的不吻合，因此，可以认为在恢复一致条件下目标句阅读时发生的整合是一种协调性整合，通过整合实现前后信息的协调从而维持阅读的连贯，这从总体上支持并扩展了前人关于文本加工观的研究，并对该理论的结果作了更明确的解释。据此，可以认为，在文本的自然阅读过程中，如果当前阅读的句子的新信息与原先工作记忆中保持的信息或与通过共振激活的背景信息完全吻合，那么，就会自动化地实现阅读连贯，读者不需要给予任何的关注，整合不会发生，读者不需要任何的推理。这种情况下的阅读，可以称为"流畅性阅读"。在一致版本条件下，目标句的阅读属于流畅性阅读。然而，在恢复一致条件下，由于新阅读的句子信息虽然与原先工作记忆中保持的信息或者所激活的长时记忆背景信息在整体上吻合，但与其中有的句子的信息不协调，因此，读者需要对信息进行整合以排除个别信息的不协调，这时，信息整合就会发生，这种目的在于消除信息的局部不协调而进行的整合，称为协调性整合。在这种情况下的阅读，称为"整合性阅读"，此时发生的整合，是协调性整合，这个整合过程还是会自动化地进行的。进一步，从阅读的结果来看，流畅性阅读是一种非建构性的阅读，阅读过程只是使新旧信息维持连贯，没有进行建构，没有改变所涉及的信息的表征性质，这些信息还是以单个命题（信息点）的形式保存。但是，在协调性整合的情况下，整合的结果会使整合过程所涉及的命题（信息点）组成命题组块（信息块），改变所整合的信息的表征性质。当下一步阅读激活这些信息时，它们则以信息块的形式出现，此时，新命题不是平行地与各个信息点进行整合，而是与信息块的整体信息进行整合。因此，在本实验恢复一致条件下，读者阅读第一目标句时，由于目标句与保留在工作记忆中的信息或共振激活的长时记忆中的有关信息有局部的不吻合，因此发生了协调性整合，整合的结果不仅维持了连贯，而且对有关的信息进行建构，形成信息块。而当读者阅读到第二目标句时，目标句激活的是经过建构的信息块，这时，由于信息块与目标句本身没有任何不协调的地方，所以，第二目标句的阅读则成为流畅性阅读。这样就出现了恢复一致条件下的第二目标句的阅读时间与一致条件下第二目标句的阅读时间没有显著差异的结果。由此可见，协调性整合是一种建构性整合，这种整合会使整合的信息表征方式得到更新，并且这个更新的表征可以带到下一步阅读中去，在这种情况下，就会表现出"更新追随理论"所提出的现象。

尤其值得注意的是，本研究进一步探讨在工作记忆中保留的文本信息如果与阅读的新信息有局部的不吻合的情况下，是否会引发协调性整合。在实验2A和实验2B中，没有把主人公的特征描述的信息推入长时记忆，而是让他们保持在读者的工作记忆当中，从而进一步探讨文本阅读过程中工作记忆是否也存在同样的信息整合模式。结果发现，在第一目标句上，恢复一致条件下的阅读时间显著长于一致条件下的阅读时间；但在第二目标句上，两种条件下的阅读时间没有显著差异。此表明，在文本阅读过程中，当工作记忆中保持的信息与当前阅读的句子信息有局部不吻合关系时，同样也会产生协调性整合。这不仅进一步验证并扩展了本研究关于协调性整合的基本假设，同时对于理解阅读过程局部连贯建立的性质、更新追随建构产生的条件显然有重要的启示。

根据本研究的结果，结合前人的研究，可以初步对文本阅读信息加工过程提出如下观点：文本阅读是一个包含流畅性阅读和整合性阅读的双加工过程，在文本的自然阅读过程中，随着阅读的新信息的进入，一方面要与保留在工作记忆中的文本信息协调，维持局部连贯；另一方面，新信息还会通过共振机制激活已经进入长时记忆的文本信息，也要与激活的信息协调，维持连贯。在这两种情况下，如果先前信息与新信息完全吻合，那么，就不会发生特异性的整合，此时的阅读就是一种流畅性阅读；但是，如果先前信息的整体虽然与新信息吻合但有个别信息不协调，在这种情况下，读者需要进行特异的加工活动来消除这个不协调，以维持文本信息的连贯，此时则会发生协调性整合，协调性整合是一种建构性的整合，其结果一方面维持了文本信息的连贯，另一方面将所涉及的信息建构成为信息块，下一步阅读如果再激活有关的信息，这些信息则以信息块的整体形式出现。当然，本研究只是一个初步的研究，该结论还有待于以后进一步设计实验进行验证。

五、结论

本研究结果表明，在阅读过程中，无论是通过共振激活的背景信息，还是保留在工作记忆中的文本信息，如果与新进入的文本信息有局部的不协调，那么就会产生协调性整合，整合的结果不仅维持了文本的连贯，而且将相关的信息建构成整体的信息块，当它们被再次激活时，就会以信息块的形式出现。本研究结果是对 O'Brien 的研究的深化。

参考文献

［1］Graesser A. C., Singer M., Trabasso T. Construction inferences during narrative text comprehension ［J］. Psychological Review, 1994, 101 (3): 371-395.

［2］Morrow D. G., Bower G. H., Greenspan S. E. Updating situation models during narrative comprehension ［J］. Journal of Memory and Language, 1989, 28 (2): 292-312.

［3］Bower G., Morrow D. Mental models in narrative comprehension ［J］. Science, 1990, 247 (1): 44-48.

［4］Mckoon G., Ratcliff R. Inference during reading ［J］. Psychological Review, 1992, 99 (3): 440-466.

［5］Mckoon G., Ratcliff R. Memory-based language processing: Psycholinguistics research in the 1990s ［J］. Annual Review of Psychology, 1998, 49 (1): 25-42.

[6] Myers J. L., O' Brien E. J. Accessing the discourse representation during reading [J]. Discourse Processes, 1998, 26 (2−3): 131−157.

[7] O' Brien E. J., Albrecht J. E., Rizzella M. L., Halleran J. G. Updating a situation model: A memory-based text processing view [J]. Journal of Experimental Psychology: Leaning, Memory, and Cognition, 1998, 24 (5): 1200−1210.

[8] Wang S. P., Mo L. Accessing of backgrounded information in discourse comprehension (in Chinese) [J]. Acta Psychologica Sinica, 2001, 33 (4): 319−326.

[9] Wang S. P., Mo L., Xiao X. The influence of features of antecedent information on its access during discourse comprehension (in Chinese) [J]. Acta Psychologica Sinica, 2001, 33 (6): 517−524.

[10] Guzman A. E., Klin C. M. Maintaining global coherence in reading: The role of sentence boundaries [J]. Memory & Cognition, 2000, 28 (5): 722−730.

[11] Mo L., Zhao D. M. Role of sentence boundaries and buffer time in priming the integration of background information (in Chinese) [J]. Acta Psychologica Sinica, 2003, 35 (3): 323−332.

目标焦点监控下目标信息的建构与整合

一、问题与目的

文本阅读理解的早期模型关注文本中邻近句子之间联系的建立，研究者认为，在自然阅读情况下，只要当前阅读的信息能与读者工作记忆中所保持着的文本信息进行整合，维持局部连贯，则文本先前已经进入长时记忆的相关信息就不会被即时通达，只有在当前加工的信息出现了局部连贯性中断的情况下，读者才会激活长时记忆的信息进行整合，这就是文本阅读信息加工活动的最低限度假说。[1,2] 20世纪90年代以来，文本阅读的研究结果表明，长时记忆中的文本信息即使在局部连贯不中断的情况下也可以被恢复，而且这种恢复似乎不需要消耗太多能量。记忆基础模型和建构主义模型就是这种观点的代表。然而这两个模型在长时记忆中信息恢复的机制问题上产生了重要的分歧。

建构主义理论认为，阅读是一个积极的、策略的加工过程，读者会对文本的事件、主人公的行为和状态进行解释，根据当前阅读内容主动地激活背景知识，将当前信息与先前信息进行整合形成文章的情境模型，以获得连贯的心理表征，也就是说，即使在局部连贯不中断的情况下，这种为整体解释所作的搜寻也会发生；[3] 如果局部连贯或整体连贯中断，需要恢复背景信息，这种恢复必须是由建构完整的故事因果结构表征的需要而驱动的问题解决过程。[4] 建构主义最有代表性的理论是"追随更新假设"，该理论认为，读者总是不停地对当前阅读信息的意义寻求解释，把当前阅读的句子与先前的句子进行整合，不断追随新阅读的信息对已建立的文本表征进行更新，并将更新后的模型带到下一步的阅读中去。[3,5]

而20世纪90年代后，记忆基础文本加工理论被提出并越来越受到重视，该理论认为，在阅读过程中，即使局部连贯不中断，读者也会通达背景信息。当读者读到某一句子时，该句子所蕴含的概念和命题以及存在于工作记忆中的信息都自动向长时记忆发送信号，背景信息则依据与这些信号的匹配程度快速地得到不同程度的重新激活,这种激活方式称为共振"。读者不仅要将当前进入的文本信息与工作记忆中保持的文本信息进行整合,维持局部连贯性,而且同时通过"共振"的方式激活已经进入了长时记忆的有关文本信息,将这些信息进行整合,维持连贯性。[6-8]

总的来看,记忆基础的文本加工观认为阅读是一个消极的、非策略加工过程,即使在局部连贯性不中断的情况下,通过信息的消极共振,读者也会通达整体信息;如果局部连贯或整体连贯中断,读者会对课文先前的信息进行恢复,这种恢复也是自动激活的;因此,课文局部连贯和整体连贯的保持,不需要读者有意识地搜寻与当前所读课文有关的信息,读者对阅读信息不会进行更新追随,而是消极共振。

O' Brien 等人在 1998 年进行了一项记忆基础文本加工理论的经典性实验。[8]他们在实验中使用了若干篇文章,每篇文章有一致性、不一致性和恢复一致性三种版本,每个版本都描述了主人公的某些特征,接着有一个屏蔽段落使读者将这个描述信息推到长时记忆中去,然后出现一个描述主人公行为的目标启动句。一致性版本中所描述的主人公特征与后面目标启动句主人公的行为是一致的;不一致性版本中所描述的主人公特征与后面目标启动句主人公的行为是矛盾的;而恢复一致性版本中,则先描述的是主人公过去所具有的与后面目标启动句不一致的特征,接着说明现在这个特征已经改变为与目标启动句行为一致的特征,因此,还是与目标启动句的行为一致。根据 O' Brien 等人的设想,如果一致性版本与不一致性版本和恢复一致性版本目标启动句的阅读时间没有显著差异,则表明在三种条件下读者在阅读目标启动句时并没有通达长时记忆中的文本信息,可以认为局部连贯假设正确;反之,可以认为该假设不成立。如果按照更新追随假设,读者在阅读主人公特征描述的信息时追随建构了整段文本的情境模型并将它带到目标启动句的阅读中去,由于恢复一致性版本的特征描述整体信息与目标启动句并不矛盾,那么,一致性版本与恢复一致性版本条件下目标启动句的阅读时间就应该没有差异。反之,如果一致性版本目标启动句阅读时间显著短于恢复一致性版本,就可以否定更新追随假设,支持记忆基础文本加工理论。实验结果是一致性版本的目标启动句阅读时间显著快于恢复一致性版本,支持了记忆基础文本加工理论。

不少后续性的研究,包括王穗苹和莫雷在中文阅读条件下的研究都支持了记忆基础文本加工理论。[9,10]沿着记忆基础文本加工理论这个方向进一步进行探讨,已成为当前文本阅读心理研究的热点,Albrecht 和 Myers 的目标实验,[11] Albrecht 和 O'Brien,[12] Myers 和 O'Brien[13]等的矛盾实验,以及 Guzman 和 Klin 对句子结尾(句号)在背景信息整合中的作用问题的实验,[14]还有莫雷与赵冬梅关于共振激活整合时程的研究,[15]莫雷、王瑞明与何先友关于共振激活的整合性质的研究,[16]王瑞明与莫雷关于共振激活条件的研究,[17]等等,都深化了文本记忆加工的主要观点。

然而,Richards 和 Singer 2001 年的一项重要实验又提出了支持建构主义、不利于记忆基础文本加工理论的证据。[18]在他们的研究中,要求被试阅读若干具有复杂目标结构的记叙文,每篇文章中两个人物必须各自完成独立的子目标,才能达到共同的主目标。Richards 和 Singer 实验材料样例如下:

例 1:Richards 和 Singer(2001)实验 1 材料举例
介绍(总)目标部分
   1. Philip 和 Johan 想出去休假。
   2. 他们存了足够的钱可以开车去 Banff。
   3. 他们都热心滑雪,都盼望去旅行。
子目标 1 部分
   4. Philip 需要借一部车。
   5. 他问了所有的朋友,看有没有人能借给他。
   6. 他问父亲他能否借用家里的车。
   7.(a)Philip 的父亲说家里的车修好了,他可以使用。(实现)
      (b)Philip 的父亲说家里的车正在修,他不能使用。(未实现)
子目标 2 部分
   8. Johan 需要在 Banff 预订一个房间。
   9. 他打电话到旅游局询问有关订房的信息。
   10. 旅游局告诉他有许多便宜的旅馆。
   11. Johan 订了 35 美元一晚上的便宜房间。
启动(总)目标部分
   12. Johan 收拾好行包等待出发。(目标启动句 1)
   13. Johan 还为长途旅行准备了午餐。(目标启动句 2)

结尾部分

14. 他们计划租 Banff 所有的滑雪用具。
15. 天气预报说 Banff 刚下了 20 厘米厚的雪。

故事开始 3 句是介绍性的话，明确了主人公的目标，如一起去休假。之后的 4 个句子描述人物之一要完成的第一个子目标，如 Philip 借小汽车（子目标 1），有子目标"实现"或者"未实现"两个版本。接下来的 4 个句子描述另一个人物要完成另一个子目标，如 Johan 要预订房间（子目标 2），实验 1 中这个目标总是实现的。之后是两句目标启动句，叙述完成子目标 2 的人物要达到总目标，如 Johan 准备好出发。最后两个句子是故事的结尾。这个实验材料有两个特征：第一，启动目标部分与子目标 2 部分是连贯的，这就避免了由局部不连贯引发的对前文信息的搜索。[2] 第二，目标启动句与目标启动后句与原先的介绍目标句没有表面词语的重叠，这就排除了目标启动句与原来目标介绍句通过共振发生激活的可能性。

该研究的自变量是子目标 1 实现与否，设计了子目标 1 实现与未实现两种条件，因变量是目标启动句（包括目标启动句 1 与句 2，下同）的阅读时间，目标启动句表示该句可以起到启动先前主人公的目标的作用。根据建构主义理论，如果某总目标的各子目标均实现后，那么，有关的信息就会启动读者激活原先的目标提出的信息，与当前目标实现的信息一起进行加工，这称为"目标整合"。研究者设想，如果在子目标 1 实现与未实现两种条件下目标启动句的阅读时间有显著的差异，则表明子目标 1 的实现与否对目标启动句的阅读确实产生了影响，由于这种影响既不能归因于由局部不连贯引发的搜索，也不能归因于目标启动句对目标介绍句的共振激活，而只能归因于在子目标实现条件下读者阅读目标启动句时激活了已经进入长时记忆的目标信息并进行了目标整合，因此就应该支持建构主义假设；如果在子目标实现与未实现两种条件下目标启动句的阅读时间差异不显著，则有利于记忆基础文本加工观。实验结果表明，子目标实现条件下对目标启动句阅读时间显著长于未实现条件，该结果支持建构主义观点，与记忆基础的文本加工观不吻合。

Richards 和 Singer 的研究是富有启发的，尽管还不能认为这项研究结果可以否定记忆基础文本加工理论，但是根据该研究结果至少可以对记忆基础文本加工观提出两个值得思考的问题：第一，文本阅读过程除了记忆基础文本加工理论提出的通过共振激活长时记忆的信息并进行整合这个途径之外，是否还有另外的途径也可以激活背景信息参与当前的整合；第二，最低限度假设与记忆基础文本加工理论提出了否定读者随着阅读过程不断进行建构的证据，但是能否说读者在自然阅读过程中始终没有进行主动的、策略的建构活动。

基于对这两个问题的思考，本研究提出如下的基本假设：

第一，在文本阅读过程中，随着阅读信息不同，可以有记忆基础文本加工理论提出的通过共振激活长时记忆的信息并进行整合，也可以有建构主义提出的与目标行为有关而产生的目标整合。前一种整合是一种被动的、消极的整合，其目的在于维持阅读信息的连贯性，后一种整合是一个主动的、积极的建构过程，充分体现出阅读过程的主体性与概念驱动。

第二，当读者未形成焦点时，自然阅读过程是一个非整合的命题网络建立或文本基础模型建立的过程，此时不会发生追随性的建构。而只有在焦点形成的情况下，由于显形焦点的作用，才会发生追随性的建构过程。追随性建构的结果是将命题建立成为信息块。

以上就是本研究对 Richards 和 Singer 的研究所引发的两个问题的基本设想。本研究准备设计系列研究对上述假设进行验证，以深化关于文本阅读信息加工过程的研究，并试图对西方建构主义的文本加工理论与记忆基础的文本加工理论进行整合。

二、实验1

（一）目的

在新的条件下验证 Richards 和 Singer 的研究，探讨在子目标曲折实现的条件下，目标启动句是否可以启动目标整合，从而出现与 Richards 和 Singer 2001 年研究相类似的结果。

本实验设计两种条件：第一种条件与 Richards 和 Singer 的研究相同，是子目标未实现条件，在这个条件下，主人公没有完成子目标1，因此，当读到目标启动句时就不会发生整合。而第二种是曲折实现版本，与 Richards 和 Singer 的子目标完成版本不完全相同，在这个曲折实现版本中，先是提供子目标1没有实现的信息，接着再提供子目标1实现了的信息，由于在这种条件下子目标最终还是实现了，因此，阅读目标整合句的过程仍然应该发生目标整合，目标启动句阅读时间就应该长于未完成条件下的目标启动句，从而出现与 Richards 和 Singer 2001 年的研究相同的结果。

（二）方法

1. 被试

从华南师范大学二年级本科生的志愿参加者中随机选出 35 名被试，男 18 名，女 17 名。

2. 材料

包括 24 篇短文，每篇文章分为子目标未实现版本与子目标曲折实现版本两种，文章的结构都是：介绍总目标—子目标 1：曲折实现/未实现—子目标 2 实现—目标启动句—结尾句，每篇短文有 15 句。实验 1 阅读材料的样例见下页。

例 2：实验 1 研究材料样例

介绍目标部分

  1. 张林和王勇想出去休假。

  2. 他们存了足够的钱可以开车去梅城。

  3. 他们都热心滑雪，都盼望去旅行。

子目标 1 部分

      曲折实现版本

  4. 张林需要借一部车。

  5. 他问了所有的朋友，没有人能借给他。

  6. 张林多方努力都没有借到车。

  7. 他的父亲打电话告诉他，家里的车修好可以使用。

      尚未实现版本

  4. 张林需要借一部车。

  5. 他问了许多朋友，打听有谁能借给他。

  6. 张林的努力没有任何收获。

  7. 朋友们都抱歉地告诉他，没有空闲的车借给他。

子目标 2 部分

  8. 王勇需要在梅城预订一个房间。
  9. 他打电话到旅游局询问有关订房的信息。
  10. 旅游局告诉他有许多便宜的旅馆。
  11. 王勇订了 80 元一晚上的便宜房间。

启动目标部分

  12. 王勇收拾好行包等待出发。(目标启动句 1)
  13. 王勇还为长途旅行准备了午餐。(目标启动句 2)

结尾部分

  14. 他们计划租梅城所有的滑雪用具。
  15. 天气预报说梅城刚下了 20 厘米厚的雪。

3. 程序

  本实验是单因素被试内设计与材料内设计,研究变量是主人公子目标的完成情况,分曲折实现与未实现两种水平,因变量为目标启动句阅读时间。正式阅读材料共 24 篇,每篇都有目标曲折实现与目标未实现两个版本。将 24 篇阅读材料随机分为 A、B 两组,每组 12 篇,用 A 组 12 篇曲折实现版本与 B 组 12 篇未实现版本组成第一套阅读材料 (A_1B_2),用 A 组 12 篇未实现版本与 B 组 12 篇曲折实现版本组成第二套阅读材料 (A_2B_1)。这样,所有的被试都阅读全部 24 篇正式材料,曲折实现与未实现两种条件各半,两种条件同等地出现在各篇材料中。每套阅读材料都有 24 篇正式材料与 24 篇填充材料,为了使被试保持注意,每篇文章后面都设计 1 项阅读理解方面的正误判断题。

  实验个别进行,被试自己按键,句子在计算机屏幕上以窗口的方式逐句呈现。每篇文章读完后,立即呈现一道阅读理解题,要求读者进行正误判断,若判断为是,则按键盘上的 J 键,若判断为否,则按 F 键;回答错误时,计算机屏幕会出现"错误"两字,持续 750 毫秒。每篇文章阅读之间有 30 秒休息时间。正式实验前有两个练习故事,1 个曲折实现版本,1 个是未实现版本,让被试熟悉实验操作。

(三) 结果与分析

  计算机程序分别记录被试阅读两个目标启动句的时间以及回答文章阅

读理解题的正确率。首先删去了 3 名阅读理解题正确率低于 75% 的被试，这样只有 32 名被试的数据进入统计。然后删去目标启动句阅读时间在 3 个标准差之外的极端数据，这样的数据占总数据的 1.2%。在以下处理中，t_1 均指以被试为随机误差的 t 检验值，t_2 均指以项目为随机误差的 t 检验值。两个目标启动句的平均阅读时间见表 1。

表 1　不同版本目标启动句平均阅读时间（ms）的比较

版本	目标启动句 1	目标启动句 2
曲折实现	1736	1737
未实现	1641	1604
差异	95	133

分别对两种条件下两个目标启动句的阅读时间进行相关组 t 检验，结果发现，曲折实现版本与未实现版本目标启动句 1 的阅读时间差异不显著，检验结果是：t_1 (31) = 1.671，SEM = 57，p = 0.105；t_2 (23) = 0.590，SEM = 141，p = 0.561。而目标曲折实现版本目标启动句 2 的阅读时间显著长于目标未实现版本，检验结果是：t_1 (31) = 2.450，SEM = 54，p = 0.020；t_2 (23) = 2.028，SEM = 110，p = 0.082。

本实验在新的条件下重复了 Richard 和 Singer 2001 年的研究，结果表明，曲折实现版本的目标启动句阅读时间显著长于未实现版本的目标启动句阅读时间，这个结果与 Richard 和 Singer 的研究相符合，进一步加强了 Richard 和 Singer 2001 年的研究结果与结论的可靠性。该结果说明，在曲折实现目标的条件下，目标启动句可以促使读者激活进入工作记忆的文本目标信息，进行目标整合。由此可见，文本阅读过程除了记忆基础文本加工理论提出的通过共振激活长时记忆的信息并进行整合这个途径之外，还有建构主义提出的通过目标实现而激活背景目标信息并进行整合的途径。

然而，根据本实验的结果还不能表明，在目标曲折实现条件下读者阅读子目标完成过程的信息时是否进行了追随建构。有两种可能，一种是读者在阅读子目标 1 的完成过程时已经对整个信息进行了建构，当阅读到目标启动句 1 发生目标整合时，所激活的是子目标 1 完成过程的整体信息；而第二种可能则是读者在阅读子目标 1 的完成过程时没有对整个信息进行了建构，当阅读到目标启动句发生目标整合时，所激活的是子目标 1 完成过程的各种信息；在两种情况下都可能出现本实验的结果。为此，设计实验 2 对这两种可能性做出检验。

三、实验 2 目标信息的追随建构

（一）实验 2A

1. 目的

探讨在显性目标监控下的阅读，是否会随着阅读进程对有关目标的信息进行追随建构。

本实验准备对子目标直接实现与子目标曲折实现两种条件下目标启动句的阅读时间进行对比。在这两种条件下，被试阅读目标启动句时都会激活已进入长时记忆的背景目标信息进行目标整合。然而，在曲折实现条件下，如果被试阅读子目标 1 完成过程时没有进行追随建构，那么，阅读目标启动句时就会激活子目标 1 的分散信息，其中的某些不吻合信息就会引发协调性整合，这样，曲折实现条件下目标启动句阅读时间就会长于直接完成条件下的目标启动句阅读时间；相反，如果读者阅读曲折实现版本的子目标完成过程时随着阅读过程进行建构，那么，当阅读目标启动句时所激活的就是子目标进行的整体信息或信息块，这个整体块与目标启动句完全符合，因此就不会引起协调性整合，这样，曲折实现条件下与直接完成条件下目标启动句阅读时间就会相同。

2. 方法

（1）被试。从华南师范大学二年级本科生的志愿参加者中随机选出 32 名被试，男女各半。

（2）材料。共包括 24 篇短文，每篇文章分子目标曲折实现版本与子目标直接实现版本两种，文章的结构都是：介绍总目标—子目标 1：曲折实现/直接实现—子目标 2 实现—目标启动句—结尾句，每篇短文有 15 句。

下面是实验 2A 阅读材料的样例。

例 3：实验 2A 材料样例

介绍目标部分

1. 张林和王勇想出去休假。

2. 他们存了足够的钱可以开车去梅城。

3. 他们都热心滑雪，都盼望去旅行。

子目标1部分

   曲折实现版本

4. 张林需要借一部车。

5. 他问了所有的朋友，没有人能借给他。

6. 张林多方努力都没有借到车。

7. 他的父亲打电话告诉他，家里的车修好可以使用。

   直接实现版本

4. 张林需要借一部车。

5. 他问了许多朋友，打听有谁能借给他。

6. 张林的努力终于得到了收获。

7. 一位朋友打电话告诉他，可以使用这位朋友的小车。

子目标2部分

8. 王勇需要在梅城预订一个房间。

9. 他打电话到旅游局询问有关订房的信息。

10. 旅游局告诉他有许多便宜的旅馆。

11. 王勇订了80元一晚上的便宜房间。

启动目标部分

12. 王勇收拾好行包等待出发。（目标启动句1）

13. 王勇还为长途旅行准备了午餐。（目标启动句2）

结尾部分

14. 他们计划租梅城所有的滑雪用具。

15. 天气预报说梅城刚下了20厘米厚的雪。

（3）程序。与实验1相同。

3. **结果与分析**

  首先删去2名回答阅读理解题正确率在75%以下的被试，这样有30名被试的数据进入统计。然后删去目标启动句阅读时间在3个标准差之外的极端数据，这样的数据占总数据的0.97%。两个目标启动句的平均阅读时间见表2。

表2 不同版本目标启动句平均阅读时间（ms）的比较

版本	目标启动句1	目标启动句2
曲折实现	1900	1934
直接实现	1800	1875
差异	100	59

分别对两种条件下两个目标启动句的阅读时间进行相关组 t 检验，结果发现目标曲折实现版本与目标直接实现版本目标启动句1的阅读时间差异不显著，检验结果是：t_1（29）=1.548，SEM=64，p=0.132；t_2（23）=0.661，SEM=151，p=0.515。两种版本目标启动句2阅读时间也没有显著差异：t_1（29）=0.660，SEM=89，p=0.515；t_2（23）=0.399，SEM=147，p=0.694。

本实验结果支持了子目标阅读过程追随建构的设想，可以认为，在子目标进行过程，读者是在不断对目标进行建构，而将建构结果带到后面的阅读中去，这样，在曲折实现条件下目标信息的激活就不会出现协调性整合，因此两种条件下的目标启动句阅读时间差异不显著。

但是，本实验还不能排除这样的可能性，即目标启动句引发的背景信息激活，所激活的只是某目标最终是否实现的信息，并非该目标完成过程的信息，这样，在子目标直接实现与子目标曲折实现两种条件下所激活的都是相同的信息，因此两者目标启动句阅读时间差异就不显著。为了检验这种可能性是否存在，下面进一步设计实验2B。

（二）实验2B

1. 目的

探讨在共振激活的条件下，显性目标焦点监控下的阅读，是否会随着阅读进程对有关目标焦点的信息进行追随建构。

根据 O'Brien 等人[8]的研究与莫雷等人[16,17]的研究，当前阅读的句子如果与已经进入长时记忆的文本信息有相同的词或观念，就会自动化地通过共振机制激活已进入长时记忆的信息，当所激活的信息与当前阅读的信息局部不吻合时（即恢复一致条件），就会发生协调性整合，这样，在恢复一致条件下阅读共振激活启动句的时间都会长于一致性条件下启动句的阅读时间。

本实验也是用子目标直接实现与子目标曲折实现两种条件下启动句的阅读时间进行对比，但与实验2A不同的是，本实验的启动句不是引发目标整合的目标启动句，而是与子目标完成过程有共振条件的、可以引发共振激活的共振启动句，因此，子目标背景信息的激活是通过共振实现的。这样，根据以往的研究以及实验2A，如果被试在阅读子目标曲折实现版本过程进行了追随建构，将该部分信息联结成为信息块，那么，当共振启动句激活子目标完成过程的信息时，这些信息就会以整体信息块的形式被激活，由于这个信息块与共振启动句是吻合的，因此就不会发生协调性整合，这样，子目标直接实现版本与曲折实现版本的启动句阅读时间就会相同；而如果被试在阅读子目标曲折实现版本过程没有进行追随建构，那么，共振启动句激活的是子目标完成过程的各种分离信息，其中某些信息与启动句不吻合，就会引发协调性整合，这样，子目标曲折实现版本的启动句阅读时间就会显著长于直接实现版本。

2. 方法

（1）被试。从华南师范大学二年级本科生的志愿参加者中随机选出32名被试，男女各半。

（2）材料。共包括24篇短文，每篇文章分子目标曲折实现版本与子目标直接实现版本，文章的结构都是：介绍总目标—子目标1：曲折实现/直接实现—子目标2实现—共振启动句（注：启动句可以通过共振激活子目标1的信息）—结尾句，每篇短文有15句。下面是实验2B阅读材料的样例。

例4：实验2B材料样例

介绍目标部分
1. 张林和王勇想出去休假。
2. 他们存了足够的钱可以开车去梅城。
3. 他们都热心滑雪，都盼望去旅行。

子目标1部分
    曲折实现版本
4. 张林需要借一部车。
5. 张林多方努力都没有借到车。

6. 他的朋友都没有空闲的车。

7. 后来他的父亲打电话告诉他,家里的车修好可以使用。

直接实现版本

4. 张林需要借一部车。

5. 他千方百计询问朋友借车。

6. 张林的努力终于得到了收获。

7. 一位朋友打电话告诉他,可以使用这位朋友的小车。

子目标2部分

8. 王勇需要在梅城预订一个房间。

9. 他打电话到旅游局询问有关订房的信息。

10. 旅游局告诉他有许多便宜的旅馆。

11. 王勇订了80元一晚上的便宜房间。

共振启动部分

12. 张林把自己的行包放在车上。(共振启动句1)

13. 张林还为长途旅行准备了午餐。(共振启动句2)

结尾部分

14. 他们计划租梅城所有的滑雪用具。

15. 天气预报说梅城刚下了20厘米厚的雪。

(3)实验程序。同实验1。

3. 结果与分析

首先删去2名回答阅读理解题正确率在75%以下的被试,这样有30名被试的数据进入统计。然后删去共振启动句阅读时间3个标准差之外的极端数据,这样的数据占总数据的1.1%。

分别对两种条件下两个共振启动句的阅读时间进行相关组 t 检验,结果表明,曲折实现版本与目标直接实现版本共振启动句1的阅读时间差异不显著,检验结果是:$t_1(29) = -0.648$,$SEM = 77.55$,$p = 0.522$;$t_2(23) = -0.437$,$SEM = 114$,$p = 0.666$。两种版本共振启动句2的阅读时间也没有显著差异:$t_1(29) = 0.507$,$SEM = 63.40$,$p = 0.616$;$t_2(23) = 0.248$,$SEM = 120.62$,$p = 0.807$。

本实验结果表明,在共振激活情况下,目标曲折实现版本与目标直接实现版本的共振启动句阅读时间差异不显著,这表明,被试阅读目标曲折实现版本中有关子目标 1 进行的信息时，追随着阅读过程不断进行建构，将该部分信息组织成为信息块，由于这个信息块与共振启动句是吻合的，因此，当它被共振激活时就没有发生协调性整合。

但是，上述结果的产生还有一种可能，就是在本实验条件下被试阅读共振启动句时实际上没有引发共振激活与整合，这样在两种条件下的共振启动句阅读时间就不会产生差异。实验 2C 进一步检验这种可能性。

（三）实验 2C

1. 目的

探讨在本实验条件下，被试阅读启动句时是否会启动共振从而激活子目标进行过程的背景信息发生协调性整合。

为了探讨在本研究条件下启动句的阅读是否会启动共振从而激活已经进入长时记忆的关于子目标进行情况的背景信息，本实验设计了不一致（子目标未实现）与一致（子目标直接实现）两种条件版本。与实验 2B 相同，本实验的启动句也是与子目标完成过程有共振条件的、可以引发共振激活的共振启动句，而不是引发目标整合的目标启动句，如果启动句的阅读可以引发共振激活子目标进行的背景信息，那么，不一致条件版本启动句阅读过程就会发生协调性整合，阅读时间就会长于一致性条件下启动句的阅读时间；反之，如果没有发生共振激活，那么，两种版本启动句阅读时间就会差异不显著。

2. 方法

（1）被试。从华南师范大学二年级本科生的志愿参加者中随机选出 38 名被试，男女各半。

（2）材料。共包括 24 篇短文，每篇文章分一致性与不一致两种版本，一致性版本是子目标实现情况与共振启动句关于主人公的描述句相一致，不一致版本则是子目标完成情况与共振启动句关于主人公行动的描述不相符。文章的结构都是：介绍总目标—子目标 1：未实现/直接实现—子目标 2—共振启动句—结尾句。每篇短文有 15 句。

下面是实验 2C 阅读材料的样例：

例5：实验2C 材料样例

介绍目标部分

    1. 张林和王勇经常出去旅游。

    2. 他们存了足够的钱可以开车去梅城。

    3. 他们都热心滑雪，都盼望去旅行。

子目标1部分

        不一致（目标尚未实现）版本

    4. 张林需要借一部车。

    5. 他问了许多朋友，打听有谁能借给他。

    6. 张林的努力没有任何收获。

    7. 朋友们都抱歉地告诉他，没有空闲的车借给他。

        一致性（目标直接实现）版本

    4. 张林需要借一部车。

    5. 他问了许多朋友，打听有谁能借给他。

    6. 张林的努力终于得到了收获。

    7. 一位朋友打电话告诉他，可以使用这位朋友的小车。

子目标2部分

    8. 王勇需要在梅城预订一个房间。

    9. 他打电话到旅游局询问有关订房的信息。

    10. 旅游局告诉他有许多便宜的旅馆。

    11. 王勇订了80元一晚上的便宜房间。

共振启动部分

    12. 王勇看到张林把自己的行包放在车上。（共振启动句1）

    13. 张林还为长途旅行准备了午餐。（共振启动句2）

结尾部分

    14. 他们计划租梅城所有的滑雪用具。

    15. 天气预报说梅城刚下了20厘米厚的雪。

（3）程序。同实验1。

（四）结果与分析

首先删去3名回答阅读理解题正确率在75%以下的被试，这样有35

名被试的数据进入统计。然后删去启动句阅读时间在3个标准差之外的极端数据，这样的数据占总数据的0.34%。两种条件下启动句的平均阅读时间见表3。

表3 不同版本共振启动句平均阅读时间（ms）的比较

版本	共振启动句1	共振启动句2
一致性版本	2008	1941
不一致版本	2273	2003
差异	-265	-62

分别对两种条件下两个共振启动句的阅读时间进行相关组 t 检验，结果发现，一致性版本与不一致版本启动句1的阅读时间差异显著，检验结果是：$t_1(34) = -2.432$，$SEM = 109.20$，$p = 0.02$；$t_2(23) = -1.799$，$SEM = 109.77$，$p = 0.085$；两种版本启动句2的阅读时间差异不显著：$t_1(35) = -0.976$，$SEM = 64.32$，$p = 0.336$；$t_2(23) = -0.346$，$SEM = 132.43$，$p = 0.733$。

本实验结果表明，一致性版本与不一致版本的共振启动句阅读时间差异显著，这表明，在不一致版本条件下，启动句阅读过程确实发生了共振激活，通过共振机制激活了已进入长时记忆的有关信息进行整合。因此，可以排除实验2B的结果是由于阅读启动句过程没有启动激活的可能性，维持了该结果是由于被试在目标监控下的阅读发生了追随建构的结论。

四、讨论

本研究根据 Richards 和 Singer 的研究结果与结论，引发了对记忆基础文本加工理论的两个质疑，并系统地设计了两个系列的实验进行探讨。

第一个质疑是，在阅读过程中，当局部连贯性没有中断情况下，读者是否会激活文本的背景信息？在何种条件下会激活背景信息？对于这个重大问题，近几年来，持记忆基础文本加工观的心理学家通过大量的研究提出了"共振"理论，认为随着当前阅读的新信息的进入，该信息所蕴含的概念和命题以及存在于工作记忆中的信息都自动向长时记忆发送信号，背景信息则依据与这些信号的匹配程度快速地得到不同程度的重新激活，这种激活是自动的、非策略的，激活的结果是维持工作记忆中的信息与所激活的文本有关信息的连贯性。然而，文本阅读过程除了记忆基础文本加工理论提出的通过共振激活长时记忆的信息并进行整合这个途径之外，是否还有另外的途径也可以激活背景信息参与当前的整合？本研究第一系列的实验重复并且拓展了 Richards 和 Singer 2001 年的研究，结果表明，在局部连贯没有中断且没有共振的条件下，读者还是会激活已经进入长时记忆的文本目标信息进行整合，这种激活与加工是主动的、策略的。据此可以表明，文本阅读过程中，背景信息的激活除了共振激活与整合这个途径之外，还有目标启动的背景信息激活与整合的途径。

第二个质疑是，最低限度假设与记忆基础文本加工理论都提出了否定读者随着阅读过程不断进行建构的证据，但是这些研究所用以进行阅读的文本，都是没有目标信息的一般叙述文本，如果读者阅读的是具有目标信息的文本，那么，文本中目标信息的出现能否促使读者对有关的信息进行建构。对于这个问题，本研究设计了第二系列的实验，结果表明，在文本阅读过程中，文本的目标信息能促进读者对随后有关信息进行主动的、策略的建构活动。由此可见，在自然阅读过程中，不仅有记忆基础文本加工理论提出来的否定更新追随的证据，也有读者随着阅读过程不断进行建构的证据，是否发生更新追随，决定于阅读文本的信息的性质。

根据本研究结果，并结合前人关于文本阅读信息加工的研究结果及结论，可以认为，阅读过程是连贯性阅读与焦点阅读的双加工过程，在阅读过程中，读者所阅读的信息不同，产生的信息加工活动也不同。读者根据阅读文本信息的性质会交替发生不同的加工活动。

第一种是连贯阅读加工。当阅读一般叙事文本情况下，没有形成注意焦点，读者进行阅读加工活动主要任务是维持文本语义的连贯，形成课文表征。这就是连贯阅读信息加工。

连贯阅读信息加工活动主要包括两个方面：第一方面，读者要将新进入的信息与保持在工作记忆中的文本信息发生联系，维持连贯性（局部连贯），只要新信息与保存在工作记忆中的信息维持局部连贯，阅读就不会中断；但是，如果新信息需要与先前信息发生专门的加工整合才能维持局部连贯（如当前信息中有代词等），此时，读者必须即时地进行推理以维持局部连贯，在这种情况下发生的整合，可以称为"连贯整合"（也称

"连贯推理")。这就是 McKoon 与 Ratcliff 等人[2]关于最低限度假设的实验所得出的结果与结论。第二方面，随着当前阅读的新信息的进入，该信息所蕴含的概念和命题以及存在于工作记忆中的信息都自动向长时记忆发送信号，背景信息则依据与这些信号的匹配程度快速地得到不同程度的重新激活，这样，读者不仅要将当前进入的新信息与工作记忆中保持的文本信息进行整合，维持局部连贯性，而且同时要对通过"共振"的方式激活已经进入了长时记忆的背景信息进行扫描，也要维持连贯性。如果这些激活的信息与当前信息协调，那么就不用进行整合；但如果所激活的背景信息与当前信息有不吻合，读者就会进行协调性整合，消除不协调性，并将有关的信息进行建构，组成信息块。这就是 O'Brien 等人[8]关于记忆基础文本加工理论的实验结果与结论，这种阅读整合，可以称为"协调性整合"，它是一种被动的过程。总的来看，阅读的连贯性是自动化、无意识实现的，但是，一旦文本出现矛盾，或者读者发生理解困难，都会使连贯中断，此时，读者就会有意识地激活相应的背景信息进行整合，力图消除矛盾，维持连贯性。

第二种是焦点阅读加工。为了把握文本，读者会对文本中的目标信息、因果信息等形成注意中心（即焦点），焦点一旦形成，就会使随后的有关阅读过程成为焦点加工。焦点阅读主要使读者把握阅读文本的基本要旨，形成文本的局部或整体的逻辑连贯。

从目前为止的研究结果来看，在焦点阅读过程中，读者的信息加工活动主要也是包括两个方面：第一方面，当所形成的焦点维持在工作记忆的时候，称为显性焦点，它会促进读者不断对随后的相关信息进行建构，即促进阅读过程追随性建构的产生，Morrow 与 Bower 等人[3]关于跟踪追随假设的实验研究已提出了部分证据，而本研究的结果，则系统深入地证明了这种在焦点监控下的追随性建构的过程。第二方面，如果该焦点及相关信息进入了长时记忆，则称为隐性焦点，隐性焦点会继续监控新进入的信息，一旦启动目标的信息出现，就会激活已经进入长时记忆中的焦点信息，然后进行目标整合。这就符合建构主义的研究结果与结论。Richards 和 Singer 2001 年的研究结果，以及本研究的结果，都得出了目标启动句对背景目标信息的激活与整合的证据。这种激活与整合过程，可以称为"焦点整合"。

连贯性阅读加工与焦点阅读加工都是文本阅读中的信息加工活动。如果进入的信息是没有引发焦点的信息,读者就进行连贯阅读加工活动;如果进入的信息是因果、目标等能引发读者注意焦点的信息,读者就进行焦点阅读加工活动,读者根据文本信息的不同发生不同的信息加工活动。在同一篇文章中这两种加工活动都可能发生。

以上就是本研究结合本实验结果与其他有关的研究的基础上提出的文本阅读过程的双加工模型理论。本研究提出的阅读过程双加工理论,可以在一个更高层面上理解与整合西方关于文本阅读信息加工过程的最低限度假设理论、建构主义理论与记忆基础文本加工理论。当然,该理论的确立还有待于进一步进行大量的实验进行验证。

五、结论

本实验结果表明:①曲折实现条件下目标启动句阅读时间长于未实现条件下目标启动句的阅读时间,说明在没有共振的情况下,目标启动句也可以激活先前的目标信息引发目标整合。②曲折实现条件下目标启动句阅读时间与直接实现条件下目标启动句的阅读时间相同,说明在目标焦点监控下可以发生阅读信息的追随性建构。本实验结果总的表明:在不同文本条件下可能会发生不同性质的目标信息的激活与整合,建构主义理论与记忆基础文本加工理论都只是说明了文本阅读信息加工的一个侧面。

参考文献

[1] Kintsch W., Van Dijk T. Toward a model of reading comprehension [J]. Psychological Review, 1978, 85: 363-394.

[2] McKoon G., Ratcliff R. Inference during reading [J]. Psychological Review, 1992, 99: 440-466.

[3] Morrow D. G., Bower G. H., Greenspan S. E. Updating situation models during narrative comprehension [J]. Journal of Memory and Language, 1989, 28 (2): 292-312.

[4] Graesser A. C., Singer M., Trabasso T. Construction inferences during narrative text comprehension [J]. Psychological Review, 1994, 101 (3): 371-395.

[5] Bower G., Morrow D. Mental models in narrative comprehension [J]. Science, 1990, 247: 44-48.

[6] McKoon G., Ratcliff R. Memory-based language processing: Psycholinguistic research in the 1990s [J]. Annual Review of Psychology, 1998, 49 (1): 25-42.

[7] Myers J. L. , O'Brien E. J. Accessing the discourse representation during reading [J]. Discourse Processes, 1998, 26 (2): 131–157.

[8] O'Brien E. J. , Albrecht J. E. , Rizzella M. L. , Halleran J. G. Updating a situation model: A memory-based text processing view [J]. Journal of Experimental Psychology: Learning, Memory, and Cognition, 1998, 24 (5): 1200–1210.

[9] Wang S. , Mo L. Accessing of backgrounded information in discourse comprehension (in Chinese) [J]. Acta Psychologica Sinica, 2001, 33 (4): 319–326.

[10] Wang S. , Mo L. , Xiao X. The influence of features of antecedent information on its access during discourse comprehension (in Chinese) [J]. Acta Psychologica Sinica, 2001, 33 (6): 517–524.

[11] Albrecht J. E. , Myers J. L. Role of context in accessing distant information during reading [J]. Journal of Experimental Psychology: Learning, Memory, and Cognition, 1995, 21: 1459–1468.

[12] Albrecht J. E. , O'Brien E. J. Updating a mental model: Maintaining both local and global coherence [J]. Journal of Experimental Psychology: Learning, Memory, and Cognition, 1993, 19: 1061–1070.

[13] Myers J. L. , O'Brien E. J. , Albrecht J. E. , Mason R. A. Maintaining global coherence during reading [J]. Journal of Experimental Psychology: Leaning, Memory, and Cognition, 1994, 20: 876–886.

[14] Guzman A. E. , Klin C. M. Maintaining global coherence in reading: The role of sentence boundaries [J]. Memory & Cognition, 2000, 28 (5): 722–730.

[15] Mo L. , Zhao D. Role of sentence boundaries and buffer time in priming the integration of background information (in Chinese) [J]. Acta Psychologica Sinica, 2003, 35 (3): 323–332.

[16] Mo L. , Wang R. , He X. Research on the mode of information integration in text-reading. (in Chinese) [J]. Acta Psychologica Sinica, 2003, 35 (6): 743–753.

[17] Wang R. , Mo L. Research on the conditions of information integration in text-reading (in Chinese) [J]. Acta Psychologica Sinica, 2003, 36 (1) : 15–23.

[18] Richards E, Singer M. Representation of complex goal structures in narrative comprehension [J]. Discourse Processes, 2001, 31 (2) : 111–135.

熟悉主题说明文阅读推理加工的认知神经机制

一、引言

文本阅读是人类高级的认知加工活动。对文本阅读信息加工过程的研究，是心理学、心理语言学和认知科学十分关注的重要课题。Estevez 和 Calvo（2000）指出，文本阅读过程中，建立文章前后联系的连贯性，即形成连贯的文本心理表征，是阅读理解的实质，这一过程往往需要读者推理加工的参与。在阅读过程中，文本本身往往无法为读者提供形成连贯的文本表征所需的全部信息，因此，读者需要提取大脑中已经存储的与文本内容相关的信息以及之前阅读中获取的文本材料共同进行推理加工，从而填补文本明确表述的信息和想要表达的信息之间的空白。

随着技术手段的进步，认知神经科学技术逐步被引入文本阅读研究中。在当前研究中，关于文本阅读推理加工的认知神经研究一方面集中于确定文本阅读推理加工活动的一般脑区，另一方面主要集中在两个问题上：其一，文本阅读中的推理加工是策略的，还是自动的；其二，不同的推理类型（如预期推理、连接推理、精加工推理等推理类型）之间是否存在差异（Ferstl，2010），但这些问题迄今为止尚未得到很好的解决。

Ferstl 和 VoncrAmon（2001）最早进行了文本阅读推理加工的认知神经科学研究，目的在于探讨参与文本阅读推理加工任务的一般脑区，尤其是考察右半球和前额叶在推理一致性建立过程中的作用。研究发现，在读者进行推理加工的过程中，额叶相关区域，尤其是背内侧前额叶（doraomedial prefrontal cortex，dmPFC）、扣带回后部（posterior cingulate cortex，PCC）和楔前叶（precuneus）等区域产生明显的激活。作者指出，这些区域对文本阅读的推理加工起到重要作用。此后，研究者在这一问题上展开大量研究（Kuperberg, Lakshmanan, Caplan, & Holcomb, 2006；Friese, Roland, Markus, & Franz, 2008），其结果基本与 Ferstl 的研究保持一致。Virtue, Haberman, Clancy, Parrish, & Jung-Beeman（2006）关注不同脑区在文本阅读的推理加工中所起到的不同作用，其实验考察了读者在内隐和外显、文本前后内容的一致和不一致两个因素四个水平条件下加工词水平的阅读过程，结果发现在推理加工的过程中，颞叶和额叶相关区域发挥了重要作用，尤其是颞上回（superior temporal gyrus, STG）和额下回（inferior frontal gyrus, IFG）。作者进一步分析指出，STG 的激活表明在推理加工中需要语义的激活和整合的参与，而 IFG 的激活则被普遍认为与逻辑或推理加工任务关系密切。Virtue, Arrish 和 Jung-Beeman（2008）的研究采用相似范式，其结果也支持这一结论。总结上述研究，我们可以发现，在文本阅读的过程中，需要激活一个较为复杂的神经网络来进行推理加工，其中额叶、颞叶和顶叶的某些区域对于文本阅读过程中的推理加工起到格外重要的作用。额叶相关区域（背内侧前额叶和额下回）、颞叶上部、颞顶联合区、楔前叶、扣带回后部等区域为文本阅读推理加工中稳定常见的激活区。

关于推理加工是否即时自动激活这个问题，目前的认知神经科学研究尚未给出明确答案。Mo, Liu, Jin, NG 和 Lin（2006）的研究对推理加工的策略性有所涉及。该实验设置了主题一致性版本、不一致版本和恢复一致版本三个条件，研究假设在不一致版本下，读者阅读中所激活的关于主人公特点的背景信息与当前目标句描述的行为是不吻合的，需要读者的推理加工，这一过程中读者需要主动地激活更多的文本背景信息与世界知识背景信息，对当前信息进行整合，也就是说，读者的推理是自动进行的，实验结果支持这一假设。Siebörger, Ferstl 和 VoncrAmon（2007）的研究要求被试连接看起来没有一致关系的句子，读者需要对获得的信息进行整合加工以获得上下文之间的关系。结果表明，在进行连接任务时，读者自动进行推理，从而获得上下文的关系填补不同句子之间的信息空白，其额叶相关区域也产生了显著激活。上述结果在一定程度上支持文本阅读推理加工中读者可以自发进行推理加工，但这些研究更多的是基于阅读任务设置的角度来探讨激活是否自动引发，并未能很好地回答推理加工是否即时自发激活这一问题，Ferstl（2010）指出关于文本阅读中推理是策略的还是自动化的即时加工这一问题仍有待进一步研究。

关于不同类型的推理是否会产生相同的激活模式这一问题也是研究的热点之一。Mason, Williams, Kana, Minshew 和 Marcel（2008）的一项研究比较了目的推理、物理推理和情感推理三种不同类型的推理模式。研究发现，腹背侧前额叶在三种推理条件下都有显著激活，而颞顶联合区在目的推理条件下激活更强。Mason 和 Just（2011）等人比较了目的推理和物理推理两种推理模式。研究发现，大脑双侧的语言区是推理加工的重要脑区，主要包括额下回（IFG）、颞叶（temporal cortex）、角回（angular gyrus）、颞叶的内侧到上部（medial to superior frontal gyrus）区域，以及颞顶交界区（temporo-parietal junction）。读者在进行不同推理加工任务时大脑的激活模式有所不同，在推测文章主角意图的目的推理中，右侧颞顶联合区有更显著的激活，而枕叶在物理顺序的推理条件中有更显著的激活。同时，右侧额下回（right IFG）、双侧颞叶前部（bilateral anterior temporal gyri），以及左侧的额中回和额下回（left middle and superior frontal gyri）随着推理加工程度的增强而产生激活。Jin 等人（2009）使用只有三句话的文本材料，对预期推理与非推理两种条件下脑区的激活情况进行比较，结果发现，左半球的 IFG 与预期推理加工密切相关。值得思考的是，以往的文本阅读推理研究多以记叙文作为研究材料，关于说明文等其他类型文体未见研究。

说明文与记叙文是两类不同性质的文体，记叙文阅读研究得到的结论，可能并不一定适合说明文。从前文可见，已有的记叙文研究虽未有定论，但目前的结果普遍支持记叙文阅读中读者可以自发进行推理加工，而说明文阅读中读者是否自发进行推理加工这个问题仍存在争议。已有的行为研究在说明文阅读过程中是否能够自发产生推理加工这一问题上一直存在分歧。Noordman、Vonk 和 Kempff（1992）的实验以说明文为材料，要求被试阅读文章并完成判断任务。结果发现，在说明文自然阅读过程中，读者不能自发产生维持局部连贯的因果推理，只有在明确要求运用推理策略的条件下才进行因果推理。而 Millis 和 Graesser（1994）采用较为简单的说明文作为材料，采用内隐的任务范式，要求被试对字符串作词汇判断，结果发现被试在阅读说明文的过程中进行了自发的因果推理。两种观点存在分歧，且各自得到其他研究者的支持。Jennifer 和 Myers（2003）的研究发现，在说明文文本提供了清晰完备的信息的情况下，读者能够自发地进行实时的因果推理加工。作者指出，读者在阅读说明文材料时，由于阅读的目的性、材料的熟悉度及知识背景等因素的影响，使得读者推理加工的自发性不如记叙文阅读过程。伍丽梅和莫雷（2010）的实验探讨熟悉主题的说明文阅读过程中维持局部连贯的因果推理的产生问题。该研究比较读者在阅读文本提供明确的前提信息、材料提供隐含的前提信息和材料在前提信息与结论信息之间插入了其他信息三种条件下是否能够进行推理加工。结果表明，熟悉主题的说明文阅读过程中，当文本提供的前提信息与结论信息一起呈现时，无论提供明确的还是隐含的前提信息，实现文本局部因果连贯的推理都能够自发产生。

综上可见，在说明文阅读过程中推理加工是否自发产生这个问题上，研究结果仍存在分歧。进一步对得出不同结果的实验材料进行分析，可以发现，前人研究所使用的说明文阅读材料在熟悉性、复杂度与清晰性等方面不同，当说明文文本的信息为读者不易把握的材料时，阅读过程就不能自发产生因果推理。本研究认为，说明文的阅读与记叙文情况不同，记叙文的内容一般都包含在读者的生活经验之中易于被读者把握，因此，其阅读过程因果推理易于即时产生；而说明文的内容信息常常是读者生活经验之外的，在这种情况下，其阅读过程的因果推理不容易自动产生。据此，本研究设想，如果使用读者易于把握的说明文材料，就可以发现阅读过程自发产生因果推理的证据。由于fMRI技术相较行为实验具有更加敏感清晰的探测性，本研究准备采用fMRI这一技术手段，选用内容信息属于读者日常生活经验之内的说明文作为阅读材料，探讨说明文阅读过程因果推理是否自发产生这一问题。

莫雷在其文本阅读的双加工理论中提出，阅读过程是连贯阅读与焦点阅读相统一的双加工过程（莫雷、冷英、王瑞明，2009）。在阅读过程中，读者阅读的信息不同，产生的信息加工活动也不同，读者会根据阅读的文本信息的性质交替发生不同的加工活动。如果阅读的文本信息是没有引发焦点的信息，读者进行的就是连贯阅读加工活动，其主要任务是维持文本语义的局部连贯或整体连贯，在这种情况下，阅读过程不会即时地发生因果推理；如果所阅读的文本有引发焦点的信息，读者就会形成阅读焦点，使随后的阅读过程成为焦点加工的过程，读者会围绕焦点主动进行各种推理，形成文本的局部与整体的逻辑连贯（王瑞明、莫雷，2011）。然而，文本中焦点的设立到底如何对文本加工产生影响，至今还未有从认知神经研究层面得到确切的解释和验证。因此，本研究还准备在说明文的阅读过程中设立阅读焦点，旨在考察焦点的存在是否会对说明文阅读过程中的推理加工产生影响。

在说明文阅读研究中，常见的引导读者的注意力的手段包括阅读视角、文章标记和阅读任务。然而，上述方法均需附加额外的信息，不属于自然文本的范畴，这些附加的信息引发的阅读加工不属于自然阅读加工，这些信息对读者注意资源的引导带有"人为"的性质，由此引发的深层阅读加工出现在非自然阅读条件下。作为一种自然阅读加工方式，焦点阅读是由文本信息，如具有明确因果关系的信息，自动引发读者形成焦点，进而产生围绕焦点积极建构的阅读加工。伍丽梅（2008）探讨了在说明文自然阅读条件下，如何引发读者产生焦点阅读，从而促进读者深层阅读加工。她采用设置问题焦点的方式探讨读者在自然焦点情况下的阅读加工情况，其结果表明在焦点引导下，读者即时产生因果推理并把推理内容整合到文本表征中，由此检测到下文与推理内容矛盾的信息；在连贯阅读中，读者并不能觉察隐藏在下文中的矛盾信息。本研究借鉴这一范式，通过设置问题焦点的方式考察焦点的存在是否会对说明文阅读过程中的推理加工产生影响。

综上，本研究重点探讨三方面问题：第一，在熟悉主题说明文阅读过程中，读者是否能够自发进行推理加工？第二，如果能自发进行因果推理，进行推理加工的脑区有哪些？第三，说明文阅读焦点的设立对阅读过程因果推理的发生有何影响？

二、实验研究

（一）被试

24名右利手的健康正常被试（年龄20～27岁），被试裸眼视力正常或矫正视力正常。所有被试的母语均为汉语。所有被试均无神经或精神类疾病病史、无脑外伤病史、无药物滥用史。所有被试都签订了实验知情同意书，并在实验完成后给予一定报酬。24名被试随机分为A/B/C/D四组。实验后一名被试的数据由于头动过大的原因被删除，一名被试由于回答问题正确率过低被删除（正确率<75%）。最终有效被试22名计入数据分析。

（二）实验材料

根据研究假设，本研究采用2×2的两因素被试内材料内设计，第一个因素是推理条件，分为"推理情境"与"非推理情境"两个水平；第二个因素是阅读焦点，分为"有焦点"与"无焦点"两个水平。共包括以下四种条件：第一种条件是文本没有启动焦点阅读的句子，但具备可以引发因果推理的前提信息与启动句，称为"无焦点－推理情境"；第二种条件是文本没有启动焦点阅读的句子，也没有引发因果推理的前提信息，称为"无焦点－非推理情境"；第三种条件是文本有启动焦点阅读的句子，并且具备可以引发因果推理的前提信息与启动句，称为"焦点－推理情境"；第四种条件是文本有启动焦点阅读的句子，但不具备可以引发因果推理的前提信息，称为"焦点－非推理情境"。

实验材料由80篇不同主题的说明文组成。每篇正式实验材料有4个版本，每个版本为上述四种条件中的一种。其中焦点条件下6句话，无焦点条件下5句话，包括：介绍句、信息句、推理启动句（仅焦点条件有）、过渡句、目标句。但是，不同条件的实验材料有所变动。首先，在推理情境的版本，信息句的内容构成因果推理的前提；而在非推理情境的版本，信息句的内容只是一般的信息（伍丽梅、莫雷，2010）。其次，在有焦点的版本，增加了一个设问句作为"焦点启动句"，根据前人的研究，这类句子是可以启动读者形成阅读焦点，进行焦点阅读。对于目标句与推理启动句的关系，一致条件下，两者是因果连贯的；矛盾条件下，目标句与基于推理启动句产生的因果推理不一致（伍丽梅，2008）；而在无焦点版本，没有焦点推理情境目标句与焦点启动句（仅焦点阅读版本有）。在四个条件版本中，读者所阅读的目标句完全相同。为了保证读者认真阅读材料，在每篇实验材料呈现后，都要求他们解答一个与实验材料有关但与推理加工无关的问题，该任务范式的选取参照Virtue等人（2006）的研究范式。每个被试每篇材料只阅读4个条件其中的一个版本，每个被试每种条件的材料阅读的次数相同。材料样例见表1。

（三）评定实验

为了保证实验材料中因果关系表述的清晰程度以及因果关系与目标句冲突的显著程度，对实验材料进行等级评定实验。

评定实验分为2个部分。

根据前人的研究（莫雷等人，2006），我们将每句实验材料的字数控制在10～12字之间（含标点符号），以控制被试阅读的视角以及由此引发的头动。

1. 评定实验1：挑选实验材料

46 名学生，每个学生一本小册子，里面包含不同主题的 120 篇说明文短文。由于每篇文章都有 4 个版本，故将 46 名学生随机分为 A、B、C、D 四组，每组每篇材料仅阅读四个版本中的一个。评定时要求被试认真阅读文章，然后回答两个问题：

表1　实验材料样例

无焦点 – 推理情境
影响铁树生长的因素很多。（介绍句）
光照是非常重要的因素。（推理前提信息句）
光照越多铁树生长越好。（推理前提信息句）
广州的四月阴湿多雨。（推理启动句）
这时的铁树生长最好。（目标句）
问题：光照充足不利于铁树生长。（判断正误）
无焦点 – 非推理情境
影响铁树生长的因素很多。（介绍句）
光照是非常重要的因素，（一般信息句）
水分也影响铁树的生长。（一般信息句）
十月是广州最好的季节，（过渡句）
这时的铁树生长最好。（目标句）
问题：广州十月适合铁树生长。（判断正误）
焦点 – 推理情境
铁树生长周期十分缓慢。（介绍句）
哪些因素影响铁树生长呢？（焦点启动句）
光照无疑是其中之一。（推理前提信息句）
光照越多铁树生长越好。（推理前提信息句）
广州的四月潮湿多雨，（推理启动句）
这时的铁树生长最好。（目标句）
问题：光照充足利于铁树生长。（判断正误）

焦点 – 非推理情境
铁树生长周期十分缓慢。（介绍句）
哪些因素影响铁树生长呢？（焦点启动句）
光照是非常重要的因素，（一般信息句）
水分也影响铁树的生长。（一般信息句）
十月是广州最好的季节。（过渡句）
这时的铁树生长最好。（目标句）
问题：广州十月不适合铁树生长。（判断正误）

1）根据前文判断最后的问题的答案的对错。

2）请判断你对刚才所阅读的材料的熟悉程度（1～7，1 完全不熟悉，7 非常熟悉）。

结果：从所有材料中挑选 80 篇材料作为正式实验材料。问题一的目的在于考察读者是否能正确理解材料，结果发现读者能够根据前文的阅读做出正确的答案，所有 80 篇材料被试结果判断的正确率达到 90% 以上，平均正确率为 94.5%。我们根据问题二的结果删除 40 篇熟悉度过高（平均分高于 6.5）或过低（平均分小于 2）的材料，前者可能由于读者太过熟悉而导致不需认真阅读即可回答问题，而后者不属于我们需要的熟悉主题范畴。最终选出 80 篇材料，读者对材料的熟悉水平评分的均值≥4，所有材料被试熟悉度评分的总评分为 4.92。

2. 评定实验 2：确定每句话的平均阅读时间

在计算机上进行，共 12 名学生，随机分为 4 组。实验材料为评定实验 1 中挑选出来的 80 篇材料，每个被试只阅读每种材料的一个版本，每种条件 20 篇短文。

每个材料 5～6 句话，由被试自定步速阅读，每次只呈现一句话，被试读完后按空格键进入下一句的阅读。所有 5 句话呈现结束后是 1s 的"+"，之后呈现问题。

程序会记录被试阅读每一句话所用的时间以及做出正确判断所需的反应时。

结果：数据分析显示，读者平均每句话的阅读时间为 2708ms，故正式实验的材料呈现时间为每句话 3000ms，以保证被试能够完整地读完每一句材料。

（四）预备实验

为保证被试在阅读文本材料的过程中进行了推理加工，同时不影响核磁实验任务，本课题组在正式实验之外进行了两项对照行为实验。实验采用伍丽梅（伍丽梅，2008）的实验范式，全部实验材料与正式核磁实验相同，实验采用动窗技术，记录目标句的阅读时间和问题回答的正确率。结果显示，读者对推理加工相关问题的回答正确率为 92.3%，高于 85%。在有焦点情境下和无焦点情境下，读者阅读推理情境与非推理情境两种材料目标句的阅读时间都存在显著差异。在无焦点情境下，$t(31) = 2.334$，$P < 0.05$，推理情境下的目标句阅读时间（2754 ± 902ms）显著长于非推理情境（2482 ± 796ms）；在焦点情境下，$t(47) = 3.212$，$P < 0.005$，推理情境的目标句阅读时间（2334 ± 769ms）显著长于非推理情境（2175 ± 743ms）。研究结果证明读者在有无焦点两种条件下，都对推理情境下的目标句进行了推理加工。由于伍丽梅（伍丽梅，2008；伍丽梅、莫雷，2010）已经进行了同类型的实验，因此，本预备实验仅作为读者在说明文材料阅读过程中确实进行了推理加工的证明，不进行讨论分析。

（五）实验设计

实验为慢速事件相关（Event Related）设计，整个实验共 5 个 run，每个 run 16 篇材料，包含实验设计的全部四个水平，每种条件每个 run 4 篇材料。实验过程中，每次给被试呈现一句话，每句话呈现时间固定为 3s，整篇材料读完后有 1s 的注视点（"+"），随后是问题句，呈现时间为 4s，要求被试在看到问题后尽快作答。相邻两篇材料间的间隔时间分别为 6s、8s、10s 不等，平均间隔时间为 8s。每个 run 开始和结束时各扫 14s 空屏。每个 run 的整体时间长度为 476s。每个 run 结束后要求被试闭眼休息。实验总时长约为 50min。实验任务为与每篇说明文材料相关的一个问题，该问题可以非常容易的从前文中寻找答案，但不涉及推理加工部分，实验记录被试回答问题的答案的正确率，以保证所有的被试在实验过程中都认真阅读。实验结束后会针对被试进行的最后一个 run 的材料询问读者是否意识到其中存在推理关系错误，以确保读者对推理关系进行了加工。图 1 为以无焦点 - 推理情境版本的材料为例说明实验流程的简图。

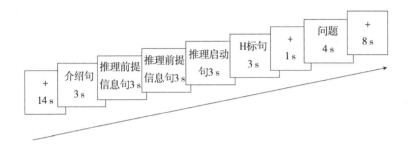

图 1　实验流程

（六）扫描参数

功能像在 3.0 T 全身磁共振成像仪（Siemens Magnetom Trio Tim）上获得。应用 12 通道相控阵头部线圈，有专门的衬垫用来固定头部防止头动。实验材料通过投影仪投射到幕布上，被试通过线圈内的镜子阅读实验材料。实验材料为白色宋体字，在黑色背景上呈现。通过 Eprime 软件程序控制每个 trial 的呈现与扫描同步。全脑功能像由 $T2^*$ 加权单次激发梯度回波的 EPI 序列获得，相关参数如下：$TR/TE/\theta = 2000 ms/29 ms/90°$，$FOV = 220 \times 220\ mm$，acquisition matrix $= 64 \times 64$，层厚 $= 4\ mm$，层间距 $0.8\ mm$，层数 31 层。

（七）数据处理

fMRI 数据采用 SPM8（Wellcome Institute of Neurology at University College London，UK. http：//www.fil.ion.ucl.ac.uk/spm）软件对 22 名被试的结果进行分析。删除前两幅图像。首先利用 SPM 中的 DICOM 工具将图像格式转化为".img/hdr"图像格式，然后进行数据处理。整个数据处理过程可以分为两个阶段：空间预处理（spatial pre-processing）和统计分析。数据预处理包括层面时间配准（Slice timing）、运动校正（Realign）、空间标准化（Normalize）和高斯平滑（Smooth）几个部分：我们在层面时间配准上选取中间图片作为基准来校正因为各层在获取时间上的不同而造成的差异；其后通过运动校正消除被试在扫描过程中出现的头动现象，使得各个时间点采样的图像尽可能对齐；之后通过空间标准化将个体的所有功能像对齐到 SPM8 中的标准 EPI 模板，其目的是为了消除个体脑之间的差异；最后用 FWHM（Full Width at Half Maximum）为 8mm 的高斯低通滤波器对所有图像进行滤波，尽可能消除高频空间噪声，以提高图像的信噪比，也使数据更符合高斯随机场模型。所有被试的头部三维平移均小于 2.0 mm、三维旋转小于 2°。

第二阶段的统计分析采用广义线性模型方法进行。首先根据 GLM 采用标准 HRF（Hemodynamic Response Function）模型对每个被试的每个体元（voxel）进行统计分析并进行 time derivatives 拟合；在此基础上，采用单样本 t 检验（One sample t-test）进行组内分析。组分析的激活区以 FDR 校正，其中主效应的阈值 $p < 0.001$、cluster ≥ 250 个相邻体素为激活标准，条件间比较阈值 $p < 0.005$、cluster ≥ 200 个相邻体素为激活标准，所得 t-value 为最大 voxel 坐标，该 P 值的选取与前人研究保持一致（Jin, et al., 2009; Binder, et al., 2005），同时对于我们的实验而言，有助于在各种条件比较的情况下得到最符合实验预期的结果。所得结果采用 MRIcro 软件（http://www.sph.sc.edu/comd/rorden/mricro.html）来进行相应 AAL 解剖区定位。

三、实验结果

（一）行为实验结果

被试的行为学数据记录被试是否按照实验要求按键，仅用来作为筛选有效数据的手段之一，被试的平均反应正确率约为 92%，说明被试认真完成了阅读任务。反应时不记入最终的统计分析。

（二）核磁结果

我们首先比较了推理［无焦点-推理情境（ci）和焦点-推理情境（fi），用 i 标记］与非推理［无焦点-非推理情境（cn）和焦点-非推理情境（fn），用 n 标记］两个条件的主效应，之后对无焦点-推理情境（ci）、无焦点-非推理情境（cn）、焦点-推理情境（fi）、焦点-非推理情境（fn）四种实验条件进行比较分析，不同文本材料之间比较的情况下所得到的所有脑区激活结果见表 2。

表2 被试阅读不同文本材料之间比较的激活脑区

比较条件	脑区	BA区	坐标			峰值(t-value)	激活值(cluster)
i-n	R. Inferior parietal lobe	39	56	-56	42	6.77	1245
	L. Supplementary motor area	6	-8	12	64	6.66	2244
	L. Angular gyrus	39	-44	-42	68	5.26	1279
	R. Inferior frontal gyrus, opercular part	44	40	12	30	5.88	3010
	L. Precuneus	6	-38	4	38	5.75	1323
	L. Inferior frontal gyrus, triangular part	48	-34	32	4	4.99	899
	L. Caudate lobe	0	-12	12	0	4.58	284
	R. Cerebelum	19	26	-78	-36	7.40	1484
	L. Cerebelum	0	-28	-68	-44	6.65	1353
ci-cn	L. Inferior frontal gyrus, triangular part	47	-32	30	2	6.080	6589
	R. Inferior parietal lobe	39	54	-54	42	5.601	1418
	L. Inferior parietal lobe	7	-36	-62	50	4.851	3771
	L. Precuneus	7	-8	-74	-36	4.808	832
	R. Insula	48	26	22	2	3.759	690
fi-fn	R. Superior frontal gyrus	10	30	56	12	4.565	851
	L. Superior frontal gyrus, medial part	8	-4	34	48	4.733	1673
	R. Inferior frontal gyrus, triangular part	48	44	18	26	4.981	1399
	L. Cerebelum	0	-16	-78	-36	5.062	869
	R. Cerebelum	0	12	-78	-28	4.844	963
	L. Precental gyrus	6	-36	4	40	4.818	1545
fn-cn	L. Cuneus	23	-18	-62	30	6.047	6407
	R. Middle Frontal gyrus	45	40	32	28	4.303	1141
	R. Angular gyrus	0	58	-62	34	4.246	1462

注：X、Y、Z 为 MNI 坐标，i（推理）、n（非推理）、ci（无焦点－推理情境）、cn（无焦点－非推理情境）、fi（焦点－推理情境）、fn（焦点－非推理情境），i-n 条件下 $p < 0.001$，其余条件 $p < 0.005$，峰值为 t-value。

从表2可见,在推理(i)与非推理(n)相比较的条件下($p<0.001$),被试在双侧小脑,右侧顶下回(蔓延至右侧角回),左侧运动区(蔓延至右侧扣带回中部,右侧运动区和右侧额上回内侧),左侧角回(蔓延至左侧顶叶中部),右侧额下回(从岛盖蔓延至三角区),右侧额中回,右侧中央前回,左侧中央前回(蔓延至左侧额中回),左侧额下回(从三角区蔓延至左侧岛叶),以及左侧尾叶等区域得到激活(见图2,表2),上述两种条件反过来比较未得到显著的激活。

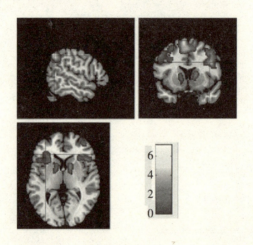

图2　推理条件(i)与非推理条件(n)比较的脑区激活结果

注:其中,左上图为右侧顶下回(IPG)的激活,右上图为右侧额下回(RIFG)的激活,左下为左侧额下回(LIFG)的激活,$p<0.001$,图中左即是左。

在无焦点-推理情境(ci)与无焦点-非推理情境(cn)相比较的条件下($p<0.005$),被试在双侧额下回,包括右侧岛盖、眶额回和双侧额三角区,双侧额上回蔓延至双侧额中回、双侧顶叶下部、双侧楔前叶、左侧脑岛、双侧运动区,及左半球枕上回等区域得到激活(见图4,表2)。

在焦点-推理情境(fi)与焦点-非推理情境(fn)相比较的条件下($p<0.005$),被试在双侧额下回,包括岛盖和额三角区,双侧额上回内侧蔓延至双侧额中回、左半球中央前回和双侧小脑得到显著激活(见图3、图4、表2)。

在焦点-非推理情境(fn)>无焦点-非推理情境(cn)($p<0.005$)的条件下,被试在左半球枕中回、右半球枕下回、左半球楔叶,左侧顶上

回，及左侧楔前叶得到激活（见表2）。

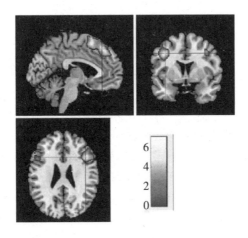

图3 fi（焦点－推理情境）与fn（焦点－非推理情境）比较的脑区激活结果
注：其中，左上图为左侧额中回（SFG）的激活，右上图为左半球中央前回，左下为右侧额下回（IFG）的激活，上述三个脑区都为双侧激活，这里只选取其中一侧予以标注，$p < 0.005$，图中左即是左。

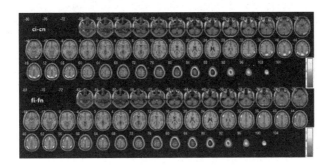

图4 ci（无焦点－推理情境）与cn（无焦点－非推理情境）比较，及fi（焦点－推理情境）与fn（焦点－非推理情境）比较被试脑区激活情况分层显示图
注：$p < 0.005$，图中左即是左。

在焦点－推理情境（fi）＞无焦点－推理情境（ci）（$p < 0.005$）条件下未得到显著激活，上述四种条件间反过来比较未得到显著的激活。

四、讨论

被试在实验中要求对文章最后提出的问题是否符合前文介绍做出判断,从行为结果上看,被试判断任务的高准确率显示被试认真阅读了文本材料的内容并按要求完成了实验任务。

此前研究普遍采用与推理加工相关的探测词任务或语义判断任务等实验范式,这导致对所得激活到底是由文本内容诱发还是由阅读任务所诱发的问题的争论。为排除阅读任务的影响,本研究在实验范式上进行调整。在预备行为实验中,我们已证明读者在阅读中确实进行了推理加工。在正式核磁实验中,研究任务为与每篇说明文材料相关的一个问题,该问题可以容易地从前文中寻找答案,但不涉及推理加工部分,在整个扫描过程中也没有设置任何与推理加工相关的任务,因此,读者在阅读过程中所得到的推理加工区的激活是读者在阅读文本的过程中自发产生而非由任务强制诱导产生的。这一结果与前人(Millis, et al., 1994; Jennifer, et al., 2003;伍丽梅、莫雷,2010)关于说明文阅读中读者可以自发产生推理的观点相一致。本研究从认知神经的角度证明,在熟悉主题说明文阅读的过程中,在推理情境中读者能自发产生因果推理。

本研究结果表明,将推理条件(i)与非推理条件(n)相比较,发现被试在双侧额下回(IFG)及右半球顶下回(IPG)得到激活,将以焦点-非推理情境为基线得出的焦点-推理情境的激活脑区(fi-fn),以无焦点-非推理情境为基线得到的无焦点-推理情境的激活脑区(ci-cn)进行比较,其所得激活脑区也都包括了额叶,尤其是额下回(IFG),同时楔前叶和顶下回也在非焦点的推理情境下产生激活,表明这些区域是说明文阅读过程因果推理的激活脑区。

引言中已经指出,额下回、背内侧前额叶、扣带回后部、楔前叶、颞顶交界区与颞上回等区域为文本阅读推理加工研究中常见的激活区。本研究所得到的额叶推理加工区主要有双侧额下回,包括岛盖、眶额回和额三角区,及双侧额上回蔓延至双侧额中回,从解剖结构上看,这些加工区主要位于前额叶的外侧面及背侧部分区域。Robin 和 Holyoak(1995)通过脑神经解剖和电生理测量证实,前额叶皮层的主要功能就是获取和运用"明确的关系知识",并负责注意的分配,行为的计划、监督和调节,以及时间序列活动的控制等。换言之，前额叶皮层是实现逻辑分析和推理加工的神经生理基础。关于额叶及其相关区域在推理加工中的作用，除了从上文提到的推理加工研究中，还可以从图形推理（Kroger, et al., 2002; Doumas, Hummel, & Sandhofer, 2008）、非文本的故事推理（Morrison, et al., 2004）和动物实验（Badre, 2008）等多方面寻找到支持证据。Siebörger 等人（2007）的文本推理研究结果指出，背内侧前额叶的激活主要是由于推理加工而非对文本的语言加工而产生的。本研究在额叶相关区域，尤其是额下回、楔前叶和顶下回的激活与引言中提到的记叙文阅读推理加工相关研究已有结果保持了较高的一致性，验证了本实验结果的可靠性。我们实验在额叶相关区域得到大量的激活的结果也正说明额叶相关区域，尤其是额下回，是说明文阅读过程中，负责推理加工任务的核心脑区。

需要指出的是，前人关于因果推理所得出的激活脑区比较一致地包括颞叶相关区域，尤其是颞叶上回（STG）和颞顶交界区，然而，本实验所得到的主要推理加工区集中在额叶相关区域尤其是 IFG 区域，而在 STG 以及其他相关的颞叶区域没有得到显著激活。我们认为，本实验在 STG 等颞叶区域没有得到激活，主要是由于实验基线选取不同导致。因为，根据前人比较一致的研究结果，阅读过程语义激活与整合所涉及的脑区主要是颞叶。Beeman（2005）总结了大量"自然语言（natural language）"（例如故事、文本和对话）阅读的认知神经科学研究并指出，在读者理解"自然语言"的过程中存在一个大脑双侧共同参与的语言加工网络，包括语义激活（semantic activation）、语义整合（semantic integration）和语义选择（semantic selection）三个部分。其中，颞中回和颞上回后部（posterior middle/superior temporal gyri）主要负责语义激活，颞中回和颞上回前部（anterior middle/superior temporal gyri）主要负责语义整合，额下回（inferior frontal gyrus）主要负责语义选择。Ferstl, Neumann, Bogler 和 Cramon（2008）对 2005 年以前的 23 篇关于文本阅读 fMRI 研究的文章进行分析，发现将文本任务与静息态及无意义语言任务比较时，被试在颞叶上部（STG）都得到激活；文本任务与语言基线比较时，颞前叶（anterior Temporal Lobe, aTL）、左侧颞叶、左半球额下回，以及右半球的 Wernicke 区都得到激活。由此可见，由于以往的研究一般是选用静息态（Jin, et al., 2009）或无意义语言任务（Ferstl, et al., 2001）作为基线，因此，所得出的激活脑区既包括因果推理的激活脑区，又包括阅读过程语义激活与整合所涉及的脑区，颞叶作为语义激活与整合的脑区就会被激活。而在本研究中，实验任务是推理情境下目标句的阅读，而采用了非推理情境下的目标句阅读作为基线，这样，实验任务与基线相比较，除了实验任务的目标句阅读过程会发生因果推理之外，其他语义激活与整合等过程完全相同，在这种基线任务情况下所得出的因果推理激活脑区，基本上都是读者在说明文阅读过程中自动进行的推理加工诱发的，而没有包含语义激活与整合的相关脑区。因此，本研究所得到的阅读过程因果推理激活区主要集中在额叶，尤其是额下回，而在颞叶上部（STG）以及其他相关的颞叶区域没有得到显著的激活。

基于上述分析，有理由认为，额叶相关区域尤其是额下回（IFG）是说明文阅读的推理加工的核心脑区，该区域与顶叶下部及楔前叶等区域共同对说明文阅读过程中的推理加工起作用。

对本研究的数据进一步分析可以发现，在焦点－推理情境下因果推理激活的脑区（fi-fn）与非焦点－推理情境下因果推理激活的脑区（ci-cn）不完全相同，两者都激活了双侧额上回蔓延至双侧额中回、双侧额下回等推理的核心区域，但是前者的激活区基本集中在额叶，包括双侧额上回内侧、右半球额下回外侧，而后者的激活区除了额叶之外，还涉及了额下回推理加工区之外更多的脑区，除了双侧额下回蔓延至双侧额中回之外，还包括左侧脑岛、双侧顶下回、右侧楔前叶，及辅助运动区等区域（见图3）。虽然两种条件都考察的是文本阅读中的推理加工的过程，但是在焦点－推理情境下由于文本设置了阅读焦点，引发了读者的焦点阅读，本研究预期，在焦点阅读过程中，读者会更为关注与焦点相关的推理信息。研究结果与预期相符合，从图3的结果可见，在焦点阅读条件下，读者进行推理加工所激活的脑区更集中于推理加工的核心脑区上，这表明，阅读焦点的存在使读者的认知加工资源更集中在对文本中存在的与焦点有关的推理关系的加工上，因此，会使推理相关脑区得到最大程度的激活，而与阅读焦点无关的加工被抑制。这个结果与已有的行为学实验结果也是相一致的，焦点的存在确实对于与焦点相关的认知加工有促进作用（冷英、莫雷，2006）。文本阅读的双加工理论认为阅读过程是连贯阅读与焦点阅读相统一的双加工过程，如果所阅读的文本有引发焦点的信息，读者就会形成阅读焦点，使随后的阅读过程成为焦点加工的过程，读者会围绕焦点主动进行各种推理，形成文本的局部与整体的逻辑连贯。基于我们的结果可以推断，焦点的存在强化了与阅读焦点相关的推理的产生，使读者的额叶推理加工相关脑区得到比较集中的激活，进而抑制了其他无关认知加工的产生。也就是说，读者在阅读过程中围绕阅读焦点形成了焦点加工，使其认知资源集中在于焦点相关的认知加工活动上。该实验结果从认知神经的层面为文本阅读双加工理论提供了支持。

五、结论

本研究结果表明，读者在熟悉主题的说明文阅读过程中能够自发进行推理加工，进行推理加工的主要脑区为额叶（尤其是额下回）、顶叶下部及双侧楔前叶等区域。在说明文阅读过程中，阅读焦点的存在一定程度上使读者的认知加工资源更为集中在对文本中存在的与焦点有关的推理关系的加工上，因此，会使推理相关脑区得到较为集中的激活，而与阅读焦点无关的加工被抑制。

参考文献

[1] Badre D. Cognitive control, hierarchy, and the rostro-caudal organization of the frontal lobes [J]. Trends in Cognitive Sciences, 2008, 12 (5): 193 – 200.

[2] Beeman M. Bilateral brain processes for comprehending natural language [J]. Trends in Cognitive Science, 2005, 9 (11): 512 – 518.

[3] Binder J. R., Westbury C. F., Mckiernan K. A., Possing E. T., Medler D. A. Distinct brain systems for processing concrete and abstract concepts [J]. Journal of Cognitive Neuroscience, 2005, 17 (1): 905 – 917.

[4] Doumas L. A., Hummel J. E., Sandhofer C. M. A theory of the discovery and predication of relational concepts [J]. Psychological Review, 2008, 115 (1): 1 – 43.

[5] Estevez A., Calvo M. Working memory capacity and time course of predictive inferences [J]. Memory, 2000, 8 (1): 51 – 61.

[6] Ferstl E. C. Neuroimaging of text comprehension: Where are we now? [J]. Italian Journal of Linguistics, 2010, 22 (1): 61 – 88.

[7] Ferstl E. C., Neumann J., Bogler C. D., Cramon V. Y. The extended language network: A meta-analysis of neuroimaging studies on text comprehension [J]. Human Brain Mapping, 2008, 29: 581 – 593.

[8] Ferstl E. C. , Voncr Amon D. Y. The role of coherence and cohesion in text comprehension: An event-related fMRI study [J]. Cognitive Brain Research, 2001, 11: 325 – 340.

[9] Fiese U. , Roland R. , Markus R. , Franz S. Neural indicators of inference processes in text comprehension: An event-related functional magnetic resonance imaging study [J]. Journal of Cognitive Neuroscience, 2008, 20: 2110 – 2124.

[10] Jennifer W. , Myers J. L. Availability and accessibility of information and causal inferences from scientific text [J]. Discourse Processes, 2003, 36, 109 – 129.

[11] Jin H. , Liu H. L. , Mo L. , Fang S. Y. , Zhang J. X. , Lin C. D. Involvement of the left inferior frontal gyrus in predictive inference making [J]. International Journal of Psychophysiology, 2009, 71: 142 – 148.

[12] Kroger J. K. , Sabb F. W. , Fales C. L. , Bookheimer S. Y. , Cohen M. S. , Holyoak K. J. Recruitment of anterior dorsolateral prefrontal cortex in human reasoning: A parametric study of relational complexity [J]. Cerebral Cortex, 2002, 12 (5): 477 – 485.

[13] Kuperberg G. R. , Lakshmanan B. M. , Caplan D. N. , Holcomb P. J. Making sense of discourse: An fMRI study of causal inferencing across sentences [J]. NeuroImage, 2006, 33: 343 – 361.

[14] Leng Y. , Mo L. Predictive inference on goal focus information during text reading [J]. Chinese Journal of Applied Psychology, 2006, 12 (1): 23 – 29.

[15] Mason R. A. , Just M. Differentiable cortical networks for inferences concerning people's intentions versus physical causality [J]. Human Brain Mapping, 2011, 32: 313 – 329.

[16] Mason R. A. , Williams D. L. , Kana R. K. , Minshew N. , Marcel A. J. Theory of mind disruption and recruitment of the right hemisphere during narrative comprehension in autism [J]. Neuropsychological, 2008, 46: 269 – 280.

[17] Millis K. K. , Graesser A. C. The time-course of constructing knowledge-based inferences for scientific texts [J]. Journal of Memory & Language, 1994, 33: 583 – 599.

[18] Mo L. , Leng Y. , Wang R. M. Research on the information processing in text comprehension-the bi-processing theory of text comprehension and experimental evidences [M]. Guangzhou, China: Guangdong Higher Education Press, 2009.

[19] Mo L. , Liu H. L. , Jin H. , Ng Y. B. , Lin C. D. Passive reactivation of background information from long-term memory during reading [J]. Neuro Report, 2006, 17: 1887 – 1891.

[20] Morrison R. G. , Krawczyk D. C. , Holyoak K. J. , Hummel J. E. , Chow T. W. , Miller B. L. , et al. A neurocomputational model of analogical reasoning and its

breakdown in frontotemporal lobar degeneration [J]. Journal of Cognitive Neuroscience, 2004, 16: 260 –271.

[21] Noordman L. G. , Vonk W. , Kempff H. J. Causal inferences during the reading of expository text [J]. Journal of Memory & Language, 1992, 31: 573 –590.

[22] Robin N. , Holyoak K. J. Relational complexity and the functions of prefrontal cortex [M]. In M. S. Gazzaniga (ed.). The Cognitive Neurosciences. Cambridge, MA: MIT Press, 1995: 987 –997.

[23] Siebörger F. T. , Ferstl E. C. , Voncr Amon D. Y. Making sense of nonsense: An fMRI study of task induced inference processes during discourse comprehension [J]. Brain Research, 2007, 1166: 77 –91.

[24] Virtue S. , Parrish T. , Jung-Beeman M. Inferences during story comprehension: Cortical recruitment affected by predictability of events and working memory capacity [J]. Journal of Cognitive Neuroscience, 2008, 20: 2274 –2284.

[25] Virtue S. , Haberman J. , Clancy Z. , Parrish T. , Jung-Beeman M. Neural activity of inferences during story comprehension [J]. Brain Research, 2006, 1084: 104 –114.

[26] Wang R. M. , Mo L. Research on the coordinating integration in text reading [J]. Advances in Psychological Science, 2011, 19 (4): 471 –479.

[27] Wu L. Reaserch on the construction of causal inference and its resperation in expository [D]. Unpublished Doctorial Dissertation, South China Normal University, 2008.

[28] Wu L. M. , Mo L. Constructing causal inference for local coherence in expository text comprehension [J]. Acta Psychologica Sinica, 2010, 42 (2): 200 –215.

文本阅读双加工理论与实验证据

阅读是人类社会的一种重要而独特的活动,阅读研究一直是语言学家、心理学家与心理语言学家研究的重要内容。20 世纪 70 年代以来,心理语言学关于阅读的研究形成了"句子加工(sentence processing)"和"文本加工(text processing)"或"语篇加工(discourse processing)"这两个最大的分支领域(McKoon & Ratcliff, 1998)。特别是 80 年代以来,文本加工成为阅读研究的热点。Kintsch 和 van Dijk 提出了文本表征理论(Kintsch & van Dijk, 1978; van Dijk & Kintsch, 1983),该理论认为,在文本阅读理解过程中,读者会建立起三种层次的表征,分别是字词水平的表层表征(surface code)、语义水平的课文基础表征(textbase)与语篇水平的情境模型(situational model)。表层表征是指对文章中字、词、句法进行的表征;课文基础表征则指对文章所提供的语义及等级层次结构关系所形成的表征,它表征句子和文章意义的一系列命题,而非准确字词和句法;情境模型指读者根据自己的背景知识对文章的信息进行整合而形成的文章整体的、连贯的表征,它表征关于文章的内容或由课文明确陈述的信息与背景知识相互作用而建立的微观世界,是比表层表征和课文基础表征更深层次的表征。Kintsch 和 van Dijk 认为,文本阅读理解就是要形成心理表征,最应该引起注意的是课文基础表征和情境模型。

Kintsch 和 van Dijk 的文本表征理论在文本阅读研究领域具有里程碑的作用,该理论提出的文本阅读理解过程实质上就是文本表征的建立过程的观点,引领了文本阅读认知过程研究的总方向,自此,关于文本阅读的研究主要是围绕着 Kintsch 的文本表征理论展开的。多数研究者都认同 Kintsch 等人的语篇表征三层次理论,然而,阅读过程中读者如何进行加工活动形成这三层次的表征,研究者们进行了大量的研究,并根据实验结果提出不同的观点与理论,展开了激烈的论争(Mo, Liu, Jin, Ng, & Lin, 2006; Wang, Mo, He, Smythe, & Wang, 2010)。当前,文本阅读信息加工过程的研究最有影响的派别是:建构主义理论(The Constructionist Theory)、最低限度假设理论(The Minimalist Hypothesis)

与记忆基础文本加工理论（The Memory-Based Text Processing View），不同的理论派别对文本阅读信息加工过程本质的看法有根本性的分歧，导致了文本阅读信息加工不同派别在若干重大问题上展开激烈论争。

一、当前文本阅读信息加工过程的理论与论争

自然阅读是主动的、积极的、目标策略驱动的过程，还是被动的、消极的、自动的过程，这是当前心理学界不同阅读加工理论派别分歧的焦点或争论的核心问题，关于阅读信息加工过程许多重大问题的论争，都是这个分歧焦点的体现。

最低限度假设理论和记忆基础文本加工理论都认为，整个理解过程就是自动、被动、消极地维持文本连贯，建立文本连贯表征的过程。最低限度假设理论认为，在自然阅读情况下，读者不会随着阅读过程即时地对信息进行整合或推理以形成文章的整体表征，阅读的信息加工主要属自动化加工，读者的角色是相当消极的，读者在阅读过程中不会主动地进行精加工推理或整体连贯推理（Mckoon & Ratcliff, 1992）。记忆基础文本加工理论也强调阅读是一种被动的、消极的、以维持连贯为主的过程，但是，它不赞同最低限度假设理论关于阅读过程只需要维持局部连贯的观点，而是认为，在阅读过程中，即使在局部连贯不中断的情况下，读者也会非策略地、被动地、快速地通过"共振"的方式激活长时记忆中的文本信息，并与当前的信息进行整合，维持整体连贯性（Mckoon & Ratcliff, 1998; O'Brien, Rizzella, Albrecht, & Halleran, 1998）。

相反，建构主义理论强调信息整合过程的主动性和策略性，主张阅读过程是一个随阅读句子的不断进入，结合读者背景知识（包括已经进入长时记忆中的先前阅读过的信息）不断地形成文章的情境模型的过程（Graesser, Singer, & Trabasso, 1994; Graesser, Millis, & Zwaan, 1997）。较极端的建构主义观点认为，读者总是不停地对当前信息的意义寻求解释，并努力将当前信息与先前所有相关的信息进行完全的整合。更多的建构主义研究者则认为，阅读时读者会构建一个关于主人公完整而又不断更新的模型，当读到指向主人公特征的信息时，读者只用当前的、更新后的模型来检查这一信息，在这一过程中，更新前的背景知识不会得到自动的、消极的重新激活，这一观点被称为更新追随假设（Bower & Morrow,

1990)。

围绕以上的焦点争论,展开为三大问题的论争:

第一,阅读过程进行推理的性质——自动推理与策略推理之争。

阅读过程中读者需要进行何种推理,最低限度假设理论和建构主义理论持不同意见。最低限度假设理论认为推理可能是自动进行的也可能是策略进行的,在自然阅读缺乏专门的、目标指向的策略加工条件下,阅读中只有最低限度的自动加工推理,没有策略推理(McKoon & Ratcliff, 1992)。

记忆基础文本加工理论扩展了最低限度假设理论观点,认为即使局部连贯没有中断,读者也会进行推理;他们承认读者会形成整体连贯,会即时产生很多推理,甚至包括精加工推理,但他们认为绝大部分推理都是通过自动激活就可以完成的(Myers & O'Brien, 1998)。这与建构主义理论的主动建构观有本质的差别。

而建构主义理论认为读者理解文本的过程是一个积极的、富有建设性的过程,是一个目标驱动过程,在这个过程中读者会努力地实现局部连贯和整体连贯,读者会有解释课文的普遍动机,他们试图解释课文中提到的行为、事件和状态,因此,建构主义理论相信在阅读中会产生大量的自动推理,为了维持整体连贯与建立情境模型,也会产生策略推理,建构主义理论把阅读看成基本的目标指向和高策略加工的过程(Graesser, Lang, & Roberts, 1991)。

第二,阅读过程建立文本连贯表征的水平——局部连贯与整体连贯之争。

根据最低限度假设理论,文本只要维持局部连贯,读者就会继续阅读下去,而不管整体信息是否连贯,读者头脑中保持的是文本局部水平的表征。只有局部连贯中断,读者才会进行推理,才会在有必要的情况下通达文本先前的信息。根据建构主义理论,读者在阅读过程中把文本的大部分内容整合成一个连贯的整体,读者既需要维持局部连贯信息的支持,又需要维持整体连贯的支持,即使在局部连贯不中断的情况下,读者也会自动使用整体推理监控文本先前的和当前的信息,特别是文本因果链上信息,读者头脑中保持的既有文本局部水平的表征也有文本整体水平的表征。

在文本连贯表征水平上,建构主义理论与最低限度假设理论产生分歧,但与记忆基础文本加工理论达成了一致。记忆基础文本加工理论认为对每一个新的语言信息的理解是根据由记忆中唤起的信息而进行的。读者在阅读过程中不仅建立局部水平上连贯的表征，而且还在整体水平上建构连贯的表征。然而，在建构整体水平的表征阅读过程中整体连贯获得的机制上，记忆基础文本加工理论又与建构主义理论产生了较大的分歧。

第三，阅读过程实现文本整体连贯的机制——自动激活与策略激活之争。

建构主义理论认为在阅读过程中读者会持续搜寻局部信息和整体信息，为当前阅读的行为或事件提供充足的理由。即使在局部连贯不中断的情况下，这种为整体解释所进行的搜寻也会发生，如果局部连贯或整体连贯中断，需要恢复背景信息，这种恢复必须是由建构完整的故事因果结构表征的需要而驱动的问题解决过程（Graesser, et al., 1994）。而记忆基础文本加工理论认为读者不需要有意识地搜寻与当前所读课文有关的信息（Myers & O'Brien, 1998），即使在局部连贯不中断的情况下，通过信息的消极共振，读者也会通达整体信息，如果局部连贯或整体连贯中断，读者会对课文先前的信息进行恢复，这种恢复必须是自动激活的。这样建构主义理论与记忆基础文本加工理论在整体连贯获得的机制上产生了重要分歧，简言之，前者认为阅读中整体连贯的获得是通过读者有意识的意义搜寻、策略地激活信息而实现的，后者认为整体连贯的获得是通过信息的自动激活产生共振实现的。

总的来看，西方不同阅读派别这三个论争要点可以进一步归结为两大争论问题：第一大问题是，阅读过程是自动引发必要推理还是主动进行策略推理；第二大问题是，阅读过程是被动地建立局部的连贯性表征还是主动地建构局部的与整体的意义性表征。

二、文本阅读信息加工不同派别的经典实验

西方文本阅读研究者围绕建构主义理论、最低限度假设理论和记忆基础文本加工理论进行了大量的实验研究，每个理论都获得了支持自己观点的实验证据。

（一）建构主义理论及其经典研究

建构主义理论认为，阅读是一个积极的、策略的加工过程，读者会对

文本的事件、主人公的行为和状态进行解释，并且根据当前阅读的内容主动地激活背景知识，将当前的信息与先前的信息进行整合形成文章的情境模型，以获得连贯的心理表征，也就是说，即使在局部连贯不中断的情况下，这种为整体解释所进行的搜寻也会发生；如果局部连贯或整体连贯中断，需要恢复背景信息，这种恢复必须是由建构完整的故事因果结构表征的需要而驱动的问题解决过程。在这个总的观点指导下，建构主义理论主要发展出更新追随假设和目标整合假设两个代表性理论。

1. 更新追随假设及其研究

该假设认为，读者在阅读过程中总是不停地对当前阅读信息的意义寻求解释，把当前阅读的句子与先前的句子进行整合，不断追随新阅读的信息对已建立的文本表征进行更新，并将更新后的模型带到下一步的阅读中去。根据更新追随假设，在阅读过程中，读者采用故事主人公的立场来看问题，会在工作记忆中保持与主人公有关的信息（如主人公的行为、思想、事件与有关的物体等），也就是说，读者会保持主人公"此时此地（here-and-now）"情况（Morrow, Greenspan, & Bower, 1987; Bower & Morrow, 1990; Zwaan & Madden, 2004），从而维持一个不断更新的情境模型，这个模型是由此时此地的课文所描述的。

Morrow 等人（1987）让被试学习一座建筑物的平面图之后阅读一篇描写一个人物参观该建筑物的记叙文。如果读者采取了主人公的立场，则他们会在形成的有关建筑物平面图的心理表征中跟随主人公移动。研究者使用了启动任务来测量读者当前所关注的位置，他们向读者呈现两个物体，要求读者判定物体是否来自相同的房间。结果发现，当物体是来自主人公目前所在的房间时，读者的反应时间较短，而当物体是来自主人公早些时候参观过的房间时，读者对它们的反应时间要长些，研究者认为这一结果表明读者注意到了主人公的物理位置，对空间信息进行了追随更新。Morrow, Bower 和 Greenspan（1989）进一步认为，如果读者在阅读过程中确实采用了主人公的立场，那么读者应把注意的焦点集中在主人公最近的相关思想和行为上，使有关的信息处于活跃状态，而不仅仅注意到主人公当前的物理位置。实验结果表明，当记叙文描述的是主人公在想象某些位置而不是实际参观这些地方时，读者也能使他们注意的中心与主人公所考虑的地方保持一致。被试回答有关主人公当前所在位置（目标房间）的物品的问题比其他房间的快，更重要的结果是文中未提及的中介房间中物品的通达性比文中提到的但与主人公行为相关性低的房间中的物品通达性要高。这个结果表明读者关注与主人公有关的信息，即使文中没有明确提到这些信息。该研究充分证明了读者即时更新了空间信息，采用了主人公的立场来达到对文章的理解。

尽管 Morrow 等人（1987，1989）的研究早在建构主义理论系统提出之前就已经发表，但文本阅读研究领域的研究者都将这两个研究视为建构主义理论更新追随假设的经典例证（Bower & Morrow，1990；O'Brien，et al.，1998），它们引发了研究者对更新追随假设理论的兴趣。例如，Rinck 和 Bower（2000）在两个实验中，采用与 Morrow 等人（1989）一样的程序。当被试阅读到关键移动句之后，出现物品名称和房间名称的探测词对，如"床—休息室"，要求被试回答该对探测词中的物品是否出现在指定的房间里。当主人公移到一个新位置时，如果读者确定与先前位置有关的物体时间变长，那么则表明读者根据主人公位置的变化对信息进行了更新追随，建构了新的情境模型。对这些探测词的反应时间可以表示空间距离效应的产生，也就是说，离主人公当前位置越近的物品，读者对该物品的反应时间就越短。又如，Rapp 和 Taylor（2004）在实验中让被试阅读包含人物空间位移的故事，控制了位移的距离，或者长，如"Joe 一边走一边削这根棍子，他把这根棍子削成了一杆长笛"；或者短，如"Joe 一边走一边削这根棍子，他把名字缩写的首字母刻在上面"。阅读完之后让被试完成探测词再认任务，探测词是起始位置和目标位置中的一个，结果发现被试再认目标位置探测词的时间显著快于再认起始位置探测词的时间，表明被试把故事"此时此地"的表征保留在焦点上，即时更新当前焦点上的信息，这些信息容易从记忆中通达。

2. 目标整合假设及其研究

该假设认为读者在阅读过程中即使局部连贯不中断，与当前阅读信息相关的长时记忆中的目标信息可以恢复到工作记忆，与工作记忆中的信息进行整合。这个假设与记忆基础文本加工理论的共振模型的不同之处在于，共振模型认为当前工作记忆中的信息与长时记忆中的背景信息有字面或语义上的重叠，工作记忆中的信息向长时记忆发送信号，与当前的和刚刚读过的句子有关的信息通过一个共振过程激活长时记忆中的信息，这些信息在工作记忆中进行整合，这种激活与整合是不需要耗费太多认知资源的，是自动的。而根据目标整合假设，长时记忆中的关键信息（如目标信息) 一直处于较为活跃的状态，即使当前工作记忆中的信息与长时记忆中的背景信息没有字面或语义上的重叠，在需要的时候也会恢复到工作记忆与当前信息进行整合，先前课文信息的恢复是在严格控制的资源消耗的方式下进行的，是主动的 (Richards & Singer, 2001)。

Suh 和 Trabasso (1993) 检验了主人公目标实现或未实现时目标信息的即时整合。在他们的实验故事中，几个填充句之后引入一个目标。含有目标的句子包括主人公完成目标的描述或者未完成目标的描述。主角要实现一个主要的目标，主要目标的获得需要首先满足一系列小的次级目标。当次级目标没有得到满足，它就会被另一个次级目标代替。例如，女孩送生日礼物给母亲，她想买一个礼物。如果没有买成，那么她会制作一个礼物。要求被试对有关人物目标的探测问题进行判断，引导他们通达目标信息。尽管目标引入和探测之间的课文距离在两个条件下是一样的，但是对未实现目标信息的反应时快于对实现目标信息的反应时，表明未实现的目标有较高水平的通达性，能够更快速地恢复到工作记忆中参与信息的整合。

Lutz 和 Radvansky (1997) 进一步探讨了未实现目标信息比实现目标信息更容易通达的原因是由未实现目标通达性的增加导致的，还是由实现目标信息通达性的降低导致的，或者由两者共同造成的。实验增加了一个条件，即中性故事信息。该条件包含与目标条件相同的信息，只不过读者不需要通过它建立与接下来的信息之间的联系。Lutz 和 Radvansky 发现与中性信息相比，对已实现的目标探测反应时间较短，表明已实现的目标信息比中性信息更容易通达。可以说已达成的目标信息比中性信息更容易恢复到工作记忆。

（二）最低限度假设理论及其经典研究

最低限度假设理论是在关于文本阅读过程中的推理问题对建构主义理论提出质疑的基础上形成的。该理论关注的是，在自然阅读过程中，哪些推理是自动的，哪些推理是策略的，并将推理过程的观点推演到一般的信息加工过程。该理论认为，在自然阅读情况下（无明确阅读目的），读者利用在工作记忆中的信息，为了达到保持局部连贯性的最低需要，自动产生推理，不需要耗费额外的资源。读者的阅读过程完全是一个自动化的过程，读者只要能够保持局部连贯，就不需要即时激活已进入长时记忆的文本信息。只有当明确陈述的工作记忆的信息和一般知识都不能形成课文的局部联贯表征时,读者才会进行策略推理以保持课文的局部联贯。

McKoon 和 Ratcliff（1992）的研究是最低限度假设理论的经典研究。该实验材料是若干篇短文,每篇短文有两个段落,一个介绍段落和一个继续段落,如在刺杀总统故事的介绍段落里,描述了一个总目标（如刺杀总统）和一个次级目标（使用来复枪）。在继续段落里,有三个版本：实现版本、重试版本和替代版本。在实现版本里,两个目标都实现了（总统被射中了）,一个新目标被引入（刺客"向西跑去"）。在重试版本里,在实现次级目标时出现了问题,刺客试图重新实现这个目标（用另一种方式,如使用来复枪）。在替代版本里,在实现次级目标时也遇到了问题,但是与重试版本不同,刺客用新的次级目标（如使用手榴弹）代替了原来的次级目标（使用来复枪）,来达到最初的总目标（刺杀总统）。要求被试在读完短文的最后一个句子之后对总目标探测词（杀）和次级目标探测词（来复枪）进行再认,以检验目标的通达性。对课文的总目标,最低限度假设理论和建构主义理论做了不同的预期。所有的继续版本都是局部连贯的,理解它们的任何一个都不需要总目标,因此,根据最低限度假设理论,在理解继续版本中的任何一个时,都不会使用总目标,所以总目标的通达性在不同的版本中将是一样的,对总目标探测词的反应时无论在速度上还是正确率上三个版本都没有差异。相反,根据建构主义理论,对总目标探测词的反应时在重试版本和替代版本里比实现版本快,这是因为课文中的人物在重试版本和替代版本结尾仍然试着实现总目标,而实现版本的结尾不是这样（实现版本结尾引入了一个新目标）。对次级目标,最低限度假设理论和建构主义理论做了相同的预期。局部上,最初的次级目标只有对理解重试版本是必需的；无论对实现版本还是替代版本,最初的次级目标对理解主人公的行为都不是必需的。对于建构主义,在重试版本里,主人公仍然试图实现次级目标,所以,重试版本条件下对探测词的反应比实现版本反应要快。在替代版本里,可能有也可能没有促进作用,有无促进作用依赖于对新的次级目标的转换是否消除了对次级目标的所有促进。整个实验结果证明了最低限度假设理论的预期。

（三）记忆基础文本加工理论及其经典研究

记忆基础文本加工理论是在建构主义理论和最低限度假设理论论争的

背景下，对最低限度假设理论进行发展而形成的。该理论坚持了最低限度假设理论否定阅读过程即时建构情境模型的基本立场。但是，它也不赞同最低限度假设理论关于新阅读的句子只要能与保持在工作记忆中刚读过的几个句子维持局部连贯，则不会激活已经进入了长时记忆的文本信息的观点；而是认为，在阅读过程中，即使在局部连贯性不中断的情况下，读者也会通达背景信息：新阅读的句子进入工作记忆后，该句子所蕴含的概念和命题以及存在于工作记忆中的信息都自动向长时记忆发送信号，非策略地、被动地、快速地激活长时记忆中的与这些信号匹配的文本信息（共振），读者不仅要将当前进入的文本信息与工作记忆中保持的文本信息进行整合，维持局部连贯性，而且要与通过"共振"的方式激活的长时记忆文本信息进行整合，维持整体连贯性。这种激活是快速而消极的，激活的机制是共振。新阅读的信息要与工作记忆保持着的信息以及所激活的长时记忆的文本信息发生整合，但是这种整合只是维持已阅读信息的连贯性，而不是建构情境模型。研究者认为，那些强调在文本阅读过程中，长时记忆中的背景信息通过消极的共振而得以激活的理论都应该归结在这一理论框架之下（Myers & O'Brien, 1998）。

1. 非先行代词的自动激活研究

记忆基础文本加工理论可以解释读者对"非先行代词（unheralded pronouns）"的理解，即使它们的前因在文本背景中并不先行出现（Greene, Gerrig, McKoon, & Ratcliff, 1994；McKoon, Gerrig, & Greene, 1996）。例如，在一个段落中，Jane 和 Gloria 谈论到自己收到一个邀请，她要去参加其表妹的晚宴（个人化的目标）；当 Jane 离开去表妹处时，Gloria 则留在家；最后，一个重新集合的句子使 Gloria 和 Jane 回到一起，Gloria 问 Jane："她给你放迪斯科舞曲了吗？"这里的代词"她"（指表妹，自从介绍部分之后就没有提及过）是非先行的。从探测再认任务的结果来看，Greene 等人（1994）表明当在结尾部分提到 Gloria 和 Jane 时，它们成为通达所有长时记忆的线索，它们将唤起"表妹"，使"表妹"在提到代词"她"之前就被通达了，概念"表妹"在重新集合句之后促进了其通达性的增长。这说明重新集合的句子再次激活了"表妹"一词，指代词被通达不是由于代词本身而是由于语篇中的其他线索，通过记忆基础的回忆加工而实现的，因而证明了记忆基础文本加工理论。

McKoon 等人（1996）证明了概念从记忆中被唤起的过程是消极的和

平行的,在结尾部分的线索唤起介绍部分的所有概念,即不仅"表妹"被唤起,而且还有介绍部分的所有其他概念,例如"害怕"这一概念也被激活,再次为记忆基础文本加工理论提供了强有力的证据,说明在阅读过程中,即使在局部连贯性不中断的情况下,读者也会通过"共振"的方式非策略地、被动地、快速地激活长时记忆的文本信息进行整合。

2. 进入长时记忆的文本信息的自动激活研究

O'Brien 等人在 1998 年的研究中通过巧妙的实验设计首次对建构主义的更新追随假设、最低限度假设理论和记忆基础文本加工理论同时进行了检验,实验结果批驳了最低限度假设理论和建构主义的更新追随假设,证明了记忆基础文本加工理论(O'Brien, et al., 1998)。他们在实验中使用了若干篇文章,每篇文章有一致性、不一致性和恢复一致性三种版本:一致性版本中先前描述的主人公特征与其后来的目标行为是一致的,如"玛丽很喜欢这家餐馆,这儿有很美味的煎炸食品。玛丽喜欢那种能快速填饱肚子的方便食品。她每星期至少有 3 天会在快餐店里吃。玛丽从来不偏好哪种食品,也不忌讳油腻的食物";不一致性版本中先前描述的主人公特征与其后来的目标行为是不一致的,如"玛丽很喜欢这家餐馆,这儿有很美味的健康食品。玛丽非常注意饮食健康。她一直都吃素食。她最喜欢的食物是椰菜花。玛丽很小心地选择食物,从不吃任何动物脂肪与肉类食品";而恢复一致性版本中先提供主人公与其后来的目标行为不一致的特征,但又通过一个简单否定句说明这些特征在当前并不起作用,如"玛丽耐心地等待朋友的到来。她想起自己过去有一段时间一直吃素食,那时她最喜欢吃椰菜花,从不吃任何动物脂肪与肉类食品。但现在她对饮食完全不讲究了,什么都可以吃"。特征描述段落之后都有一个屏蔽段落,以保证主人公的特征信息推入到了读者的长时记忆中去,使这些信息成为背景,但同时又使整个故事的内容保持连贯;然后是目标句,描述主人公做出某一行为,如"玛丽点了一份面包与炸鸡块"。

根据 O'Brien 等人的设想,如果一致性版本与不一致性版本和恢复一致性版本目标句的阅读时间没有显著差异,这表明在三种条件下读者在阅读目标句时并没有即时通达长时记忆中的文本信息,可以认为最低限度假设理论正确;反之,可以认为该假设不成立。如果按照更新追随假设,读者在阅读时随着阅读信息的进入建构了文本的整体心理表征并将它带到目标句的阅读中去,由于恢复一致性版本的整体信息与目标句并不矛盾,那么，一致性版本与恢复一致性版本对目标句的阅读时间就应该没有差异。反之，如果一致性版本目标句阅读时间显著短于恢复一致性版本，就可以否定更新追随假设，支持记忆基础文本加工理论。实验结果是一致性版本的目标句阅读时间显著快于恢复一致性版本，而恢复一致性版本的目标句的阅读时间又显著快于不一致版本，从而支持了记忆基础文本加工理论，否定了建构主义理论和最低限度假设理论。

（四）建构主义理论与记忆基础文本加工理论直接论争的研究

O'Brien 等人（1998）的研究为记忆基础文本加工理论奠定了坚实的基础，使很长一段时间里文本阅读研究基本上围绕记忆基础文本加工理论展开，继 O'Brien 等人（1998）研究之后，不少研究都进一步支持了记忆基础文本加工理论（Albrecht & Myers, 1998; Cook, Halleran, & O'Brien, 1998; Cook & Myers, 2004）。但是，建构主义理论支持者也在不断探索，获得了一些新的有利于建构主义理论而不利于记忆基础文本加工理论的实验证据。例如，Zwaan 等人（2004）指出 O'Brien 等人（1998）的研究中使用的实验材料存在一定的问题，不能证明他们的设想。以 Zwaan 等人的主动挑战为开端，展开了建构主义理论和记忆基础文本加工理论新一轮的论争。

Zwaan 等人认为 O'Brien 等人（1998）研究中使用的实验材料，目标行为发生的可能性和目标句与特征描述段落字词水平上的关联性在三个版本间没有得到很好地控制，如果是这样，建构主义的更新追随假设实际上也可以对实验结果做出合理解释（Zwaan & Madden, 2004）。根据这个思路，Zwaan 等人在研究中重新评定了 O'Brien 等人使用的实验材料，结果表明在目标行为发生的可能性上三个版本之间确实存在显著差异，一致性版本大于恢复一致性版本，恢复一致性版本又大于不一致性版本；在目标句与特征描述段落字词水平的关联性上，实验1的材料三个版本之间没有显著差异，实验5的材料一致性版本和不一致性版本没有显著差异，但恢复一致性版本小于一致性版本。Zwaan 等人据此认为 O'Brien 等人的研究确实存在着问题，因此，他们重新编制了实验材料，每一篇实验材料都描述主人公要从事一项活动，其中包含一个工具。所有的实验材料都有三个版本，可能版本、重新可能版本和不可能版本，分别对应于 O'Brien 等人一致性版本、恢复一致性版本和不一致性版本。在可能版本中，工具一直都可以用，如"博比取出了他的锤子，这时他想起他的锯丢了。他觉得锯不是非常重要，所以也就不担心了。他最需要锤子把鸟屋钉在一起。他非常高兴上次用过锤子后把它放的好好的"；重新可能版本中，工具起先不能用（或者丢了或者坏了），但后来又可以用了（或者找到了或者修好了或者用别的代替），如"博比取出了一把锯，这时他想起他的锤子丢了。他没法用它，也不知到哪里去找。他去地下室里找了，但空手而回。最后他在父亲的工具箱里找到了锤子"；在不可能版本中，工具一直不能用（或者丢了或者坏了），如"博比取出了一把锯，这时他想起他的锤子丢了。他没法用它，也不知到哪里去找。他去地下室里找了，但空手而回。找了一会儿仍然没有找到后，他就放弃了"。目标句描述主人公使用这个工具的行为，如"博比开始用锤子把木板钉在一起"。Zwaan 等人在实验中严格控制了三个版本之间的可能性和关联性，评定实验表明可能性方面可能版本和重新可能版本之间差异非常小，但都显著高于不可能版本，而关联性方面三个版本之间都没有显著差异。

　　Zwaan 等人按照 O'Brien 等人的实验方法重新进行了实验，实验结果是，不可能版本目标句阅读时间显著长于可能版本和重新可能版本，而可能版本和重新可能版本目标句的阅读时间没有显著差异。这一结果表明读者在阅读中会主动地建构和更新情境模型，与先前情境不一致但与当前情境一致的新信息跟完全没有不一致的信息同样容易整合，也就是读者在阅读中只激活更新后的信息并与当前信息进行整合，更新前的信息不再激活。这一结果推翻了记忆基础文本加工理论，重新支持了建构主义的更新追随假设，又掀起了两大派论争的新的热潮。

　　Zwaan 等人（2004）的研究直接指出了 O'Brien 等人（1998）的研究存在的问题，重新设计实验结果又证明了建构主义的更新追随假设。记忆基础文本加工理论的支持者对此也积极进行了回应，他们认为 Zwaan 等人的研究没有发现重新可能和可能条件上阅读时间的差异，是因为很多因素没有控制好造成的，比如，材料模式过于统一、材料中工具提及次数没有严格控制、缺少目标后句，以及使用 LSA 评定语义关联性不够严谨等等（O'Brien, Cook, & Peracchi, 2004）。总体上看，最近几年来，最低限度假设理论由于其局限性已经逐渐被记忆基础文本加工理论所取代，但是建构主义理论和记忆基础文本加工理论因为各自都有着很强的实验支持，两者之间的争议却日益激烈。如何解决这个争议成为研究者越来越关注的话题。

三、我国文本阅读双加工理论与实验

在全面总结国际心理学界有关文本阅读的研究成果，特别是关于建构主义理论、最低限度假设理论和记忆基础文本加工理论的研究成果的基础上，瞄准国际文本阅读信息加工的前沿问题展开系统的研究，我们提出了文本阅读双加工理论，力图对文本阅读的主要争议进行整合。

（一）文本阅读双加工理论的缘起

基于对文本阅读不同的派别关于阅读加工过程的本质的基本观点与实验证据的思考，引发了文本阅读加工过程的新思路。

最低限度假设理论与记忆基础文本加工理论都是建立在系统的实验研究基础上，而建构主义理论的观点也有大量的实验证据支撑，尽管双方都努力指责对方的实验结果是人为造成，但实际上都无法真正否定对方的实验证据。例如，建构主义理论研究者就认为，对立派别许多实验由于实验设计和任务的局限，使在那些实验中的被试没有必要发挥他们的积极性来对文本进行深层加工，也不需要他们使用整体的加工策略，因此只能表现出读者在阅读中只作消极被动的启动反应。这样，实际上等于承认，在一定的情境或条件下，读者会表现出消极被动的阅读加工过程。而最低限度假设理论与记忆基础文本加工理论对建构主义实验证据的指责也是如此。

正是由于双方的理论都是建立在大量的系统的实验研究的基础上，正是由于双方都无法否认对方的实验证据，而只能将对方的实验看成是不恰当的情境，而不是不存在的情境；这启示文本阅读加工过程的研究者们，有必要在更高层面寻找到一种整合的理论。这就是我们提出文本阅读双加工理论的缘起。近几年来，我们针对文本阅读双加工理论，进行了一系列的实验研究，取得了大量的研究成果，在国内外权威心理学刊物上发表近百篇实验报告，从不同方面逐步验证了该理论的基本观点，形成了比较完整的理论体系。

（二）文本阅读双加工理论的基本观点

文本阅读双加工理论关于文本阅读信息加工过程的本质的基本观点是，文本的自然阅读过程是连贯阅读与焦点阅读的双加工过程。

该理论认为，在自然阅读过程中，进行何种阅读加工，主要是由阅读材料的特点（包括形式特点或信息特点）引起的。读者所阅读的材料特点不同，引发的阅读信息加工活动也不同，读者会根据阅读文本的内容与形式的性质特点，交替发生不同的加工活动。在文本阅读中，可以有类似最低限度假设理论与记忆基础文本加工理论提出的维持局部连贯的加工活动与通过共振激活长时记忆的信息并进行整合这样的加工活动，也可以有建构主义理论提出的与目标行为有关而产生的目标整合的加工活动，或者围绕主人公进行的追随建构的加工活动。前一种加工是被动的、消极的，其目的在于维持阅读信息的连贯性，称为"连贯阅读加工"；后一种加工是一个主动的、积极的建构过程，充分体现出阅读过程的主体性与策略性，称为"焦点阅读加工"。

文本阅读双加工理论认为，连贯阅读与焦点阅读的信息加工活动不同，不同性质的阅读过程，会引发不同的推理整合，从而会建构不同类型的文本表征。

1. 连贯阅读的信息加工过程：推理、整合与文本表征的建立

在自然阅读过程中，由于没有特定的阅读任务与要求，因此，如果进入的文本信息是没有引发焦点的信息，或者是与焦点无关的信息，读者进行的就是连贯阅读加工活动，其主要功能是维持文本语义的局部连贯或整体连贯。最低限度假设理论与记忆基础文本加工理论实际上主要关注的是连贯阅读加工的性质与特点。

连贯阅读信息加工活动主要包括两个方面：第一方面，读者要使新进入的信息与保持在工作记忆中的文本信息发生联系，维持连贯性（局部连贯），只要新信息与保存在工作记忆中的信息维持局部连贯，阅读就不会中断；但是，如果新信息需要与先前信息发生专门的加工整合才能维持局部连贯（如当前信息中有代词等），此时，读者必须即时地进行推理以维持局部连贯。这就是 Mckoon 与 Ratcliff 等人关于最低限度假设理论的实验所得出的结果与结论。第二方面，随着当前阅读的新信息的进入，该信息所蕴含的概念和命题以及存在于工作记忆中的信息都自动向长时记忆发送信号，背景信息则依据与这些信号的匹配程度快速地得到不同程度的重新激活，这样，读者不仅要将当前进入的新信息与工作记忆中保持的文本信息进行整合，维持局部连贯性，而且要对通过"共振"的方式激活的、已经进入了长时记忆的背景信息进行扫描，维持整体连贯性。如果这些激

活的信息与当前信息吻合，那么就不用进行整合；但如果所激活的背景信息与当前信息有局部不吻合，读者就会进行整合。这就是 O'Brien 等人关于记忆基础文本加工理论的实验结果与结论。总的来看，连贯阅读是自动化的、无意识的，但是，一旦文本出现矛盾，或者读者发生理解困难，都会使连贯中断，此时，读者就会有意识地激活相应的背景信息进行整合，力图消除矛盾，维持连贯性。

在连贯阅读过程中，读者主要目的是维持文本的语义连贯，建立连贯的文本表征，因此，由维持文本连贯的需要而进行的主要是两类连贯性推理：第一，自动的局部语义连贯推理。如果他们读到的句子不能与文本中最接近的语境毫无困难地联系起来，他们就会在他们的记忆中搜索一个合适的先前语境或构建一种推理来连接"缺口"（Bloom, Fletcher, van den Broek, Reitz, & Shapiro, 1990），即由于局部连贯的中断自动引发维持局部连贯的推理。第二，自动的整体语义连贯推理。如果读者当前阅读的文本句子不能与共振激活的文本背景信息或语境毫无困难地联系起来，他们就会继续搜索一个合适的先前语境或构建一种推理来连接"缺口"，即由于自动激活的背景文本信息与当前信息出现缺口而自动引发的维持文本整体前后语义连贯的推理。

在文本表征建立方面，在连贯阅读过程中，当新进入的文本信息与工作记忆的文本语境完全吻合情况下，读者进行的就是流畅性连贯阅读，即时建立起课文基础表征。而当新句子进入之后，与文本原来的信息的语义连贯出现缺口或裂缝，就会自动发生整合，称为"协调性整合"。协调性整合分为两种：

第一种是通过局部连贯推理进行局部连贯的语义整合。当新句子进入之后，与保存在工作记忆中的几个句子之间的语义连贯出现缺口或裂缝，读者就会自动地即时发生维持局部连贯的语义整合，维持语义连贯性，形成文本的局部语义连贯情境模型，如代词推理、回指词推理等，就是属于这种局部的语义整合以及形成局部语义连贯的情境模型。

第二种是自动激活已经进入长时记忆的文本信息进行的语义整合。当新进入的文本信息与通过共振激活相关的背景信息语义连贯出现缺口或裂缝时，读者就会自动地即时发生语义整合，即进入协调性整合状态。例如，O'Brien 等人（1998）对当前句子与所激活的意义不完全吻合的背景信息句子之间意义进行的整合。通过这种文本长距离信息的协调性整合，读者建立了文本的整体语义连贯表征。需要强调的是，这种长距离的信息协调整合，也是自动性，因为文本新旧信息之间的缺口或裂缝比较小，读者完全可以在很短时间自动完成整合。而一旦新进入的文本句子与保留在工作记忆的若干句子语义出现严重的不一致，读者无法经过短暂的协调性整合实现连贯，就会进入意识性连贯阅读的状态，有意识地激活相应的背景信息或世界知识进行整合，力图消除不一致，维持连贯性。

2. 焦点阅读的信息加工过程：推理、整合与文本表征的建立

在自然阅读过程中，尽管没有特定的阅读任务与要求，但是，由于阅读材料的内容或形式方面的某些性质或特点，就可能引发读者的专门关注，形成阅读焦点。例如，文本中的目标系列的信息、因果系列的信息都可能会自动引发阅读焦点，阅读焦点一旦形成，就会引发读者的焦点阅读加工过程。焦点阅读使读者能把握阅读文本的基本要旨，形成文本的局部或整体的关系逻辑连贯，丰富文本的有关内容。建构主义理论实际上主要关注的是焦点阅读加工的性质与特点。

在阅读推理方面。焦点阅读过程中，读者不仅要维持文本的语义连贯，更重要的是要深入把握文本逻辑联系、对文本进行解释等等，不仅会自动地进行上述两种自动的连贯性推理，更重要的要主动地进行建构性、解释性的两类精加工推理：第一，实现对局部或整体逻辑联系的目的而主动引发的推理，包括为了实现文本前后逻辑连贯而主动恢复或激活与当前文本信息构成逻辑联系的背景信息与世界知识，进行逻辑连贯推理。如长距离的目标推理，长短距离的因果推理等，目的在于建立文本局部的或整体的逻辑联系。第二，实现深入的理解或解释目的的丰富化推理，包括解释事件、行为的精加工和预测事件结果的预期推理。

在文本表征的建构方面。文本阅读双加工理论认为，焦点阅读是建构性阅读，通过建构整合形成的体现文本各种关系、深化文本内容的意义连贯情境模型。建构性整合也有两种：追随性建构整合与恢复性建构整合。

第一种是显性焦点监控下的追随性建构整合。当文本信息成为读者阅读的焦点，而该焦点信息维持在工作记忆中，称为显性焦点。显性焦点引起读者对后续相关信息的意义的期待和关注，随后的阅读不仅是维持文本的连贯，更主要是围绕这个焦点有目的地将随后进入的文本信息进行组织，并根据需要进行精加工推理等，解释课文中提到的行为、事件和状态的原因，不断建立起文本当前信息的情境模型，又不断追随新阅读的信息

对已建立的文本表征进行更新,并将更新后的模型带到下一步的阅读中去,维持一个连续渐进不断更新的情境模型或网络表征。这种连续渐进的情境模型,每个片段或界面,就是体现了文本局部意义连贯的情境模型;从整个系列来看,就构成了体现了文本整体意义连贯的情境模型。

第二种是隐性焦点监控下的恢复性建构整合。在文本阅读过程中,如果文本内容发生变化,新的文本信息取代原来的焦点成为当前的显性焦点,原来的焦点信息被推进长时记忆成为隐性焦点,隐性焦点会继续监控着新进入的信息,并保持易化状态,一旦文本出现与该隐性焦点相关的信息,就会立即激活恢复背景的隐性焦点信息,与当前相关信息进行建构整合。这种整合是通过主动恢复长时记忆的焦点信息,同时引发各种精加工推理(主要是文本关系推理),进行整体水平的建构整合,称为恢复性建构整合。恢复性建构整合过程建立的是文本整体意义连贯的情境模型。

以上就是我国心理学工作者提出的文本阅读双加工理论的基本观点,及其对文本阅读信息加工过程的两大争论问题(阅读过程推理的性质问题与阅读过程文本表征建立的问题)所提出的解答。

总的来说,文本阅读双加工理论认为,文本自然阅读过程是连贯阅读与焦点阅读的双加工过程,读者所阅读的文本特点不同,所引发的信息加工活动也不同,读者会根据阅读文本信息的性质交替发生不同的阅读加工活动,不同的阅读加工过程在推理、情境模型的建构等方面都表现出不同的特点。

(三) 文本阅读双加工理论的主要实验证据

文本阅读双加工理论的研究者们经过系统的实验研究,已经基本验证了文本阅读双加工理论的主要观点,丰富和拓展了文本阅读双加工理论的内容。

1. 文本连贯阅读加工与协调整合的实验研究

文本阅读双加工理论将连贯阅读过程中自动地、非策略进行的局部语义连贯整合加工与整体语义连贯整合加工统称为"协调性整合",并进一步提出,协调性整合是连贯阅读加工的主要特点。协调性整合的概念提出后,文本阅读双加工理论的研究者围绕协调性整合进行了一系列的研究,揭示了整体的协调性整合与局部的协调性整合的性质、过程与机制,这些研究成果验证并支撑了文本阅读双加工理论的核心观点,构成了文本阅读双加工理论的主要组成部分，并进一步丰富了文本阅读双加工理论的内容，推动了文本阅读双加工理论的完善和发展。

第一方面，文本连贯阅读协调性整合的性质研究。

研究者首先对协调性整合的性质进行了一系列探讨（莫雷、王瑞明、何先友，2003；王瑞明、莫雷、李利、金花，2008）。莫雷等人（2003）探讨了当前信息是否能通过共振激活长时记忆中的背景信息进行协调性整合。他们设想，如果修改 O'Brien 等人的研究材料，在一致性与恢复一致条件的版本第一目标句之后再增加性质相同的第二目标句，那么，对于第一目标句，恢复一致条件下的阅读时间会显著长于一致条件下的阅读时间；然而，如果这种协调性整合的结果会使整合过程所涉及的命题（信息点）建构成命题组块（信息块），那么，在恢复一致条件下第一目标句阅读时发生的整合，就将激活的特征描述信息建构为信息块，下一步当阅读第二目标句时再激活这些信息，它们就会以信息块的形式出现，这个整体信息与第二目标句没有任何不协调，因此就不会发生协调性整合。这样，恢复一致版本第二目标句的阅读时间与一致性版本第二目标句的阅读时间就不会有显著差异。实验结果发现，在第一目标句的阅读时间上，恢复一致条件长于一致条件，而在第二目标句的阅读时间上，恢复一致和一致没有显著差异。这个结果表明，文本阅读过程中当前信息与长时记忆中激活的有关信息有局部的不一致或不协调时会引发协调性整合；协调性整合是一种建构性的整合，这种整合会使有关的信息表征方式得到改变，并且改变后的表征方式可以带到下一步的阅读中去。在此基础上，莫雷等人（2003）还证明了当前信息跟工作记忆中的文本信息有局部不一致或不协调时也会发生协调性整合。另外，王瑞明等人（2008）又证明了协调性整合是一种自动化地、非策略地进行的整合加工，读者在阅读过程中不能意识到这种信息整合方式的发生。

第二方面，文本连贯阅读协调性整合的过程研究。

很多研究者认为，文本阅读中的信息加工过程应该包括激活和整合两个阶段。文本阅读双加工理论提出，文本阅读过程是连贯阅读与焦点阅读相统一的过程，协调性整合是连贯阅读加工的主要特点，因此从理论上说，协调性整合也应该包括激活和整合两个阶段。王瑞明等人结合使用移动窗口技术和眼动技术设计系列实验对协调性整合的过程进行了探讨（王瑞明、莫雷、吴俊、崔磊，2007）。在第一个实验中，他们首先探讨了激活过程是否存在，实验中从每篇文章（包括一致和恢复一致版本）的特征描述部分选择主人公特征描述句中出现的一个词语作为再认探测词。实验结果发现，不管在一致条件还是恢复一致条件下，目标句后探测的反应时都显著快于目标句前探测的反应时，这说明目标句阅读时都确实激活了先前的有关信息。在第二个实验中，他们设置了三种实验条件，一致条件、恢复一致条件和控制条件，其中控制条件中的特征描述段落并没有描述与主人公目标行为有关的任何特征。实验结果表明，恢复一致条件下目标句的阅读时间显著长于一致条件下目标句的阅读时间，这与先前的研究结论一致，说明恢复一致条件下发生了协调性整合。关键是，控制条件下目标句的阅读时间与一致条件没有显著差异，但低于恢复一致条件下目标句的阅读时间，这说明一致条件下目标句阅读与控制条件比较，并没有额外消耗阅读时间，只有在恢复一致条件下目标句阅读时发生了协调性整合，才会导致阅读时间的延长。结合两个实验的结果，可以证明协调性整合包含激活和整合两个阶段，先前有关信息的激活过程并不消耗额外的阅读时间，阅读理解速度的减慢主要发生在整合阶段。在第三个实验中，研究者又使用眼动技术，进一步确证了上述研究结果。

第三方面，文本连贯阅读协调性整合的条件研究。

协调性整合的发生是为了协调当前信息跟先前信息的局部不一致，还是仅仅为了协调先前有关信息中前后两种发生了改变的特征信息；先前研究中的当前信息跟先前信息都是与同一个主人公有关的信息，如果是不同主人公的信息，是否会发生协调性整合。这些问题涉及协调性整合的条件，文本阅读双加工理论的研究者对这些问题也进行了探讨（王瑞明、莫雷，2004；王瑞明等，2008；王瑞明、莫雷、王穗苹、罗漫，2009）。总的研究结果表明，文本阅读过程中当前信息必须与长时记忆中激活的有关信息或直接存在于工作记忆中的有关信息有局部不一致或不协调时才能引发协调性整合，如果先前信息中仅仅有前后两种发生了改变的有关信息（即协调性信息），并不能发生协调性整合；另外，当前信息跟先前信息的相关性为事件相关，而非语义相关，也就是说，当前信息跟先前信息仅有语义相关时，可以共振激活先前信息，但只有当前信息跟先前信息具有事件相关时，才能进一步发生协调性整合。

2. 文本焦点阅读加工与建构整合的实验研究

文本焦点阅读加工是文本阅读双加工理论提出的阅读过程两种加工之

一，它是继承了建构主义理论的观点在双加工的理论框架下进行创新而提出的，是构成文本阅读双加工理论的主要成分。文本阅读双加工理论的研究者根据对焦点结构类型和信息所处的记忆阶段的分析，将文本阅读中焦点信息的建构整合分为两类：恢复性建构整合与追随性建构整合。然后设计一系列实验对"目标"焦点信息的建构整合进行探讨，揭示了整个焦点阅读加工与建构整合的过程与实质。

第一方面，长时记忆中隐性焦点影响下的恢复性建构整合研究。

长时记忆中的焦点信息为隐性焦点，隐性目标焦点监控下的恢复性建构整合又分为目标串行结构的焦点恢复性建构整合和目标平行结构的焦点恢复性建构整合。

冷英和莫雷（2006a）首先对阅读过程目标焦点的串行恢复整合进行了研究。他们的研究目的是探讨目标愈合信号是否会激活长时记忆中的目标焦点信息，即在子目标实现条件下，目标句1是否作为目标愈合信号，激活总目标信息，进行焦点信息的恢复性建构整合。该实验设计了两种条件：第一种是子目标实现条件。在这个条件下，主人公已经完成子目标1，当读到目标句1时就会发生目标信息的整合。因此，目标句阅读时间就应该长于未实现条件下的目标句阅读时间。而第二种条件是子目标未实现条件。在这个条件下，主人公没有实现子目标1，因此，当读到目标句1时就不会发生目标信息的整合。实验结果发现，目标实现版本与未实现版本目标句1的阅读时间差异不显著，目标实现版本目标句2的阅读时间显著长于目标未实现版本。该结果表明，当读者阅读具有串行上下位目标结构的文本时，对焦点信息进行串行激活，在目标实现的条件下，随着阅读的进行，上位的总目标进入长时记忆称为隐性焦点，如果有启动目标整合的句子（目标愈合句），当读者阅读到该句时，该句就会激活已经进入到长时记忆的文本隐性目标信息，然后在启动目标整合句子之后进行目标焦点的恢复整合。实验结果支持文本阅读双加工理论的观点，在自然阅读过程中，如果阅读材料的内容或形式方面有某些性质或特点，就可能引发读者的专门关注，形成阅读焦点，阅读焦点一旦形成，就会引发读者随后的阅读过程成为焦点加工过程。

冷英和莫雷（2006b）还对阅读过程目标焦点的平行恢复整合进行了研究，结果表明，当读者阅读具有平行目标结构的文本时，未实现的目标进入长时记忆仍处于活跃状态，仍是阅读的焦点，比实现了的目标更容易通达；而这种通达受前后信息的相关程度的影响，当目标行为与原目标的相关较强时，也就是焦点信息更为突出时，与当前目标行为平行的原目标更容易恢复到工作记忆进行信息整合。

第二方面，工作记忆中焦点信息监控下的追随性建构整合研究。

工作记忆中的焦点信息为显性焦点，显性目标焦点监控下的建构整合为追随性建构整合。莫雷和冷英（2005）对阅读过程目标焦点的追随性建构整合进行了研究，他们对子目标直接实现与子目标曲折实现两种条件下目标启动句的阅读时间进行对比。在这两种条件下，被试阅读目标启动句时都会激活已进入长时记忆的背景目标信息进行目标整合。然而，在曲折实现条件下，如果被试阅读子目标1完成过程时没有进行追随建构，那么，阅读目标启动句时就会激活子目标1的分散信息，其中的某些不吻合信息就会引发协调性整合，这样，曲折实现条件下目标启动句阅读时间就会长于直接完成条件下的目标启动句阅读时间；相反，如果读者阅读曲折实现版本的子目标完成过程时随着阅读过程进行建构，那么，当阅读目标启动句时所激活的就是子目标进行的整体信息或信息块，这个整体块与目标启动句完全符合，因此就不会引起协调性整合，这样，曲折实现条件下与直接完成条件下目标启动句阅读时间就会相同。实验结果是目标曲折实现版本与目标直接实现版本目标启动句1的阅读时间差异不显著，两种版本目标启动句2阅读时间也没有显著差异。该结果表明读者随着阅读过程的进行会即时地对焦点信息进行追随性建构整合，并且将建构的整体信息或信息块这样的结果带到后面的阅读中去。验证了焦点阅读理论关于追随性建构整合是焦点阅读中的主动进行的建构性整合的观点。

冷英和莫雷（2008）又用眼动技术对阅读过程目标焦点的追随性建构整合进行了研究，进一步验证了在阅读过程中，读者所阅读的信息不同，产生的信息加工活动也不同，在阅读含有目标焦点信息的文本时，读者会追随目标焦点信息建构情境模型，而且还进一步证明了读者在阅读过程中对目标信息进行的追随性建构是在目标焦点形成后即时进行的，为阅读双加工理论提供了新的支持证据。

3. 文本阅读双加工理论整合两大派别的实验研究

文本阅读双加工理论认为，文本阅读过程是连贯阅读与焦点阅读双加工交织进行的过程，不同的阅读加工活动中会表现出不同的特点与进行方式。在记忆基础文本加工理论研究者设计的实验情境下，读者进行的主要是连贯阅读，因此，更多地表现出消极被动的阅读方式，得出支持记忆基础文本加工理论的数据与结果；同样，在建构主义理论研究者设计的实验情境下，读者进行的主要是焦点阅读，因此，更多地表现出主动积极的阅读方式，得出支持建构主义理论的数据与结果。

如果文本阅读双加工理论这个假设成立，那么，如果将O'Brein等人（1998）所进行的记忆基础文本加工理论的经典实验的材料做一些技术处理，使读者阅读时转为焦点阅读，那么，这个实验就会得出支持建构主义理论否证记忆基础文本加工理论的结果与证据；反之，如果将Zwaan等人（2004）所进行的得出否证记忆基础文本加工理论的证据的影响重大的实验材料做一些技术处理，使读者阅读时转为连贯阅读，那么，这个实验就会得出支持记忆基础文本加工理论否证建构主义理论的结果与证据。

基于这个思路，文本阅读双加工理论的研究者设计了系列实验研究，在更高层面上对西方阅读两大派系的论争进行整合，直接支持了文本阅读双加工理论。

第一方面，焦点消除条件下背景信息协调性整合再现的研究。

O'Brien等人（1998）验证了记忆基础文本加工理论的合理性，不支持建构主义理论。Zwaan等人（2004）认为O'Brien等人的实验材料存在一定的问题，他们重新编制了实验材料，并按照O'Brien等人的实验方法重新进行了实验，实验结果又推翻了记忆基础文本加工理论，支持了建构主义理论。基于文本阅读双加工理论的主要观点，王瑞明、莫雷等人（2006）认为，Zwaan等人的实验研究之所以会得出否证O'Brien等人的研究结论的证据，可能不是因为该实验材料的内容与O'Brien等人的研究材料不同，而是因为其所用的阅读材料引发的是焦点阅读。王瑞明、莫雷等人（2006）对Zwaan等人2004年的实验材料进行了修改，去掉了文章开始部分的焦点信息。实验的结果是，不管是目标句还是目标后句，都是不可能条件下目标句的阅读时间显著长于可能条件下的阅读时间，也显著长于重新可能条件下的阅读时间，而重新可能条件下目标句的阅读时间又显著长于可能条件下的阅读时间。这一结果与Zwaan等人的研究结果不一致，而与O'Brien等人的研究结果一致。研究结果说明在文本阅读中，读者自动地、非策略性地激活了长时记忆中与当前信息有关的所有信息，并将当前信息跟激活的背景信息进行整合，特别是在重新可能条件下发生了协调性整合。该结果表明，被试在阅读过程中产生了协调性整合，协调性整合是连贯阅读加工的主要特点,该实验结果重新支持了记忆基础文本加工理论。结合 Zwaan 等人最初的研究结果,可以证明,文本中有无焦点信息确实是影响信息整合方式的重要因素,这为文本阅读双加工理论提供了最直接的实验证据。

第二方面,焦点增设条件下追随性建构整合启动的研究。

冷英与莫雷等人(2008)从另外一个角度出发,将 O' Brien 等人(1998)所进行的记忆基础文本加工理论的经典实验的材料进行某些改动,做一些技术处理,使读者阅读转为焦点阅读,结合使用了移动窗口技术和眼动技术,设计系列实验探讨了在焦点增设条件下,读者是否会发生追随性建构整合。他们对 O' Brien 等的实验故事模式进行了改编,每一篇实验故事分为四个部分:介绍部分、屏蔽部分、目标部分和结尾部分。在介绍部分对主人公特征的描述采用了"目标启动+目标整合"的方式,首先提出主人公的一个目标,如"玛丽去餐馆买早餐";然后描述主人公的特点,如喜欢吃什么,主人公特点的描述与后面目标部分的目标句构成一致、恢复一致和不一致三种关系;接下来描述主人公目标的实现,如"如玛丽很快就买到了喜欢吃的食品",使介绍部分的最后一句成为目标整合句。与 O' Brien 等的材料范式不同的是,在描述主人公特性的各种版本中,都加进了主人公的目标,使读者在阅读主人公行为的描述时是在目标焦点的监控下进行的。屏蔽部分、目标部分和结尾部分与 O' Brien 的实验材料模式相同。实验结果是,不一致条件下的阅读时间显著长于一致条件下的阅读时间,不一致条件下的阅读时间显著长于恢复一致条件下的阅读时间,而一致条件和恢复一致条件下的阅读时间没有显著差异。该实验结果支持了在目标焦点监控下的阅读,会随着阅读进程对有关目标的信息进行追随建构的设想,可以认为,由于目标焦点的作用,读者不断对有关目标的信息进行建构,并将建构结果带到后面的阅读中去,这样,在恢复一致条件下信息的激活就不会出现协调性整合,因此恢复一致和一致两种条件下的目标句阅读时间差异不显著。

该实验改编了 O' Brien(1998)的实验材料,将介绍部分改为主人公的目标和目标行为的信息,这样,读者的阅读是在目标信息的监控下进行的,对有关目标的信息进行了追随性的建构整合。总之,在文章开始部分增设一个目标焦点信息,读者在阅读过程中会追随目标信息建构情境模型。冷英与莫雷等人(2008)的实验结果进一步体现了文本阅读双加工理论对西方文本阅读的两大派别的整合。

四、总结与展望

人类社会历史发展中自从有了文字，就有了阅读活动。文字把人类的声音信息转化为视觉信息，使人类社会发展中的许多知识经验得以长期保存下来；而阅读则使人类社会发展中的宝贵经验得以继承和发展，从而使人类社会不断地创造出光辉灿烂的文化。现代社会已经进入信息时代，社会生活的各个方面的正常运转更是离不开阅读活动。儿童青少年的学习活动离不开阅读，成人的可持续发展更离不开阅读，阅读成为个体不断社会化的一个重要组成部分。正因为阅读对个体发展和人类进步都如此重要，因此阅读一直是心理学家研究的重要内容。阅读心理的研究，不仅有助于揭示人类认知活动的本质和规律，还可以为中小学阅读教学实践提供指导，为机器阅读、人工智能等技术的发展提供心理学基础，促进认知心理学、教育心理学和心理语言学等学科的发展。因此，阅读心理研究，既有重要的理论意义和学术价值，也有重要的实践意义和应用价值。

阅读活动，不仅包括对字母、单词、句子的理解，更重要的是要求读者能够将当前阅读的句子中的信息跟先前阅读的句子中的信息进行整合以达到整篇文章的理解，即篇章水平的理解，也就是文本阅读。日常生活中，单纯阅读孤立的字母、单词、句子的现象是很少的，阅读活动主要是文本阅读。因此，文本阅读研究一直是阅读心理研究的一个重要内容，是心理学界十分重视和关注的一个重要课题。从20世纪初期开始，研究者就对文本阅读信息加工过程的研究投入了巨额的时间和精力，取得了重大成果，尤其是20世纪70年代以来，随着计算机技术和人工智能研究的迅猛发展，认知心理学研究日益深入，语言学研究的不断丰富，对文本阅读信息加工过程的研究进入了加速期，吸引了大批研究者，研究成果呈几何级数剧增，成为当前认知心理研究的热点与兴奋点，形成了各种理论和流派剧烈论争、百家争鸣的局面。

基于国内外文本阅读信息加工过程研究的系统总结和深入分析，可以预见，在未来的文本阅读研究领域，会有如下一些发展趋势。

第一，研究问题方面，不是重点转移，而是重点的继续深入。

文本阅读研究的百年发展，经历遍地开花的迅速发展期后进入了方向凝练、重点突出、火力集中的成熟初期，总体上看，国际心理学界是围绕文本阅读过程中心理表征的建构这个中心问题形成若干热点，包括阅读推理的性质、建立文本连贯表征的水平、实现文本整体连贯的机制等重大问题展开研究，形成不同的派别纷争，取得丰硕成果。文本阅读信息加工下一步研究往哪里拓展？是重点转移，还是按照目前的热点继续深入？我们认为，未来十几年乃至数十年，文本阅读信息加工的研究主要不是重点转移，而是重点的继续深入。因为，国际心理学界关于文本阅读心理研究近百年来，从全面铺开到重点聚焦，研究者已经明确了这个领域研究的本质与关键问题，一方面，目前为止，研究者已经深刻体会到，文本阅读心理目前所聚焦研究的这几个重点问题，确实是把握文本阅读本质与规律的关键问题，多年来人们在阅读心理领域提出的各种新问题的研究，最终都可以统合或回归到这几个重大问题的探讨，都可以用对这几个重大问题的研究结果与结论进行解释；因此，至少目前为止，研究者们基本上都是按照这几个重大问题不断进行新的研究，而不是将研究重点转移到新的问题。另一方面，文本阅读信息加工是人类高级的、极其复杂的认知过程，尽管文本阅读心理学界对这几个重大问题的研究取得了丰硕成果，但距离这些问题的基本解决还相差甚远，因此，在新一轮的研究中，主要还是这些重大问题研究的深入。

第二，研究方法方面，不是认知神经科学独秀，而是多种方法百花竞放。

早期的文本阅读研究主要采用传统实验心理学的延时研究范式，只能让研究者了解阅读理解的结果，为了了解阅读加工的过程，研究者不得不通过结果来推知过程，或者不得不暂时放弃对许多重要过程的研究。而后来的认知实验心理学的实时探测范式，直接对过程进行考察，使客观地、科学地探讨主观过程成为可能，因此，大大地推进了文本阅读信息加工过程的研究。近年来，眼动技术的采用，尤其是认知神经科学方法与技术的应用，研究者可以更深入、更可靠、更科学地以及更接近自然状态地探讨阅读过程内部认知加工。另外，最近开始发展起来的计算机模拟技术，可以模拟构建复杂的量化的文本阅读加工模型，成为下一步文本阅读信息加工过程研究方法变革的一个重要走向。这些新的研究方法和技术的使用，必将推动文本阅读信息加工领域的研究进入新的高度。但是，根据文本阅读研究问题的性质与特点，作为认知实验心理学的行为研究范式仍然需要保留并继续发挥作用。文本阅读领域的大量研究问题，还是需要认知实验心理学的行为研究范式。因此，未来文本阅读信息加工过程的研究方法，不会像有的人主张那样，由认知神经科学的方法一统天下，而是多种方法百花竞放，根据不同的研究问题与不同的研究目的，灵活地采用各种方法。总而言之，在未来文本阅读心理的研究中，行为研究还占据不可忽视的地位，由此，认知实验心理学的实时探测的行为研究范式还需要不断完善与创新，继续发挥其在文本阅读领域研究的重要作用。

第三，研究结论方面，不是各种派别相互取代，而是走向融合，出现更有统整性的理论。

文本阅读的理论从互不交锋到派别论争，从各占山头自立旗号到聚集要塞展开派别论争，尽管当前各派之间还是壁垒分明，论争未绝，战火不息，然而近期还是逐步出现融合迹象。通过对文本阅读信息加工不同派别的分歧与论争的分析与总结，可以发现，文本阅读过程是非常复杂的，信息加工活动是如此复杂，以致每一种理论都不能覆盖这个信息加工的所有过程，每一种理论从不同的角度提出了各自对文本阅读过程的看法，有分歧必然就有整合，未来文本阅读信息加工理论的发展，不是一种理论推翻另一种理论，而是随着研究的不断深入，人们必然会在以往文本阅读的理论之上产生新的认识，各种理论不断相互吸取精华而形成新的解释力和预测力更强的整合性理论。我国心理学工作者在全面系统地总结分析国际心理学界关于文本阅读信息加工过程研究的基础上，对西方三大流派阅读理论进行整合，提出了文本阅读双加工理论的基本设想，并追踪国际研究前沿，系统地展开一系列的实验研究，取得了重要成果，验证并形成了文本阅读双加工理论。该理论不是对记忆基础文本加工理论和建构主义理论的观点进行综合而成的折中主义理论，而是建立在系统的实验研究基础上的，有其创新的理论观点、理论框架与范畴体系的原创性的理论。当然，作为一个新理论，虽然文本阅读双加工理论已经得到了比较多的实验证实，但该理论的有些观点还需要进一步检验，该理论的有些内容还需要进一步丰富。

参考文献

[1] Albrecht J. E., Myers J. L. Accessing distant text information during reading: Effects of contextual cues [J]. Discourse Processes, 1998, 26: 87 – 107.

[2] Bloom C. P., Fletcher C. R., Van Den Broek P. W., Reitz L., Shapiro B. P. An on-line assessment of causal reasoning during comprehension [J]. Memory & Cognition, 1990, 18: 65 – 71.

[3] Bower G. H., Morrow D. G. Mental models in narrative comprehension [J]. Science, 1990, 247: 44 – 48.

[4] Cook A. E., Halleran J. G., O' Brien E. J. What is readily available during reading? A memory-based view of text processing [J]. Discourse Processes, 1998, 26: 109 – 129.

[5] Cook A. E., Myers J. L. Processing discourse roles in scripted narratives: The influences of context and world knowledge [J]. Journal of Memory and Language, 2004, 50: 268 – 288.

[6] Graesser A. C., Lang K. L., Roberts R. M. Question answering in the context of stories [J]. Journal of Experimental Psychology: General, 1991, 120: 254 – 277.

[7] Graesser A. C., Millis K. K., Zwaan R. A. Discourse comprehension [J]. Annual Review of Psychology, 1997, 48: 163 – 189.

[8] Graesser A. C., Singer M., Trabasso T. Constructing inferences during narrative text comprehension [J]. Psychological Review, 1994, 101: 371 – 395.

[9] Greene S. B., Gerrig R. J., McKoon G., Ratcliff R. Unheralded pronouns and management by common ground [J]. Journal of Memory & Language, 1994, 33: 511 – 526.

[10] Kintsch W., van Dijk T. A. Toward a model of text comprehension and production [J]. Psychological Review, 1978, 85: 363 – 394.

[11] Leng Y., Mo L. Research on the condition of accessibility of goal information in long-term memory in text reading [J]. Psychological Development and Education, 2006a, 22 (4), 35 – 43.

[12] Leng Y., Mo L. The instantaneous accessibility of goal-based information in long-term memory [J]. Psychological Science, 2006b, 29: 1119 – 1122.

[13] Leng Y., Mo L., Wu J. The construction of the situation model with goal-focus information during text comprehension [J]. Acta Psychologica Sinica, 2008, 40, 788 – 799.

[14] Lutz M. F., Radvansky G. A. The fate of completed goal information in narrative comprehension [J]. Journal of Memory and Language, 1997, 36: 293 – 310.

[15] McKoon G., Gerrig R. J., Greene S. B. Pronoun resolution without pronouns: Some consequences of memory-based text processing [J]. Journal of Experimental Psychology: Learning, Memory, and Cognition, 1996, 22: 919 – 932.

[16] McKoon G., Ratcliff R. Inference during reading [J]. Psychological Review, 1992, 99: 440-466.

[17] McKoon G., Ratcliff R. Memory-based language processing: Psycholinguistic research in the 1900s [J]. Annual Review of Psychology, 1998, 49: 25-42.

[18] Mo L., Leng Y. Construction and integration of goal information under control of goal-focus [J]. Acta Psychologica Sinica, 2005, 37, 41-50.

[19] Mo L., Liu H. L., Jin H., Ng Y. B., Lin C. D. Passive reactivation of background information from long-term memory during reading [J]. Neuro Report, 2006, 17, 1887-1891.

[20] Mo L., Wang R. M., He X. Y. Research on the mode of information integration in text-reading [J]. Acta Psychologica Sinica, 2003, 35: 743-753.

[21] Morrow D. G., Bower G. H., Greenspan S. L. Updating situation models during narrative comprehension [J]. Journal of Memory and Language, 1989, 28: 292-312.

[22] Morrow D. G., Greenspan S. L., Bower G. H. Accessibility and situation models in narrative comprehension [J]. Journal of Memory and Language, 1987, 26: 165-187.

[23] Myers J. L., O'Brien E. J. Accessing the discourse representation during reading [J]. Discourse Processes, 1998, 26: 131-157.

[24] O'Brien E. J., Cook A. E., Peracchi K. A. Updating situation models: Reply to Zwaan and Madden [J]. Journal of Experimental Psychology: Learning, Memory, and Cognition, 2004, 30: 289-291.

[25] O'Brien E. J., Rizzella M. L., Albrecht J. E., Halleran J. G. Updating a situation model: A memory-based text processing view [J]. Journal of Experimental Psychology: Learning, Memory, and Cognition, 1998, 24: 1200-1210.

[26] Rapp D. N., Taylor H. A. Interactive dimensions in the construction of mental representations for text [J]. Journal of Experimental Psychology: Learning, Memory, and Cognition, 2004, 30: 988-1001.

[27] Richards E., Singer M. Representation of complex goal structures in narrative comprehension [J]. Discourse Processes, 2001, 31: 111-135.

[28] Rinck M., Bower G. H. Temporal and spatial distance in situation models [J]. Memory & Cognition, 2000, 28: 1310-1320.

[29] Suh S. Y., Trabasso T. Inferences during reading: Converging evidence from discourse analysis, talk-aloud protocols, and recognition priming [J]. Journal of Memory and Language, 1993, 32: 279-330.

[30] van Dijk T. A., Kintsch W. Strategies of discourse comprehension [M]. New York: Academic Press, 1983.

[31] Wang R. M., Mo L. The condition of coordinating integration in text-reading [J]. Acta Psychologica Sinica, 2004, 36: 15 – 23.

[32] Wang R. M., Mo L., He X. Y., Smythe I., Wang S. P. The resolution of activated background information in text comprehension [J]. International Journal of Psychology, 2010, 45: 241 – 249.

[33] Wang R. M., Mo L., Jia D. M., Leng Y., Li L., Li X. J. Mechanism of constructing and updating situation model in text-reading [J]. Acta Psychologica Sinica, 2006, 38: 30 – 40.

[34] Wang R. M., Mo L., Li L., Jin H. Mechanism of the coordinating integration in text-reading [J]. Acta Psychologica Sinica, 2008, 40: 1165 – 1177.

[35] Wang R. M., Mo L., Wang S. P., Luo M. A research on the coordinating integration in working memory [J]. Psychological Science, 2009, 32 (1): 6 – 9.

[36] Wang R. M., Mo L., Wu J., Cui L. Course of background information processing in text reading: Activation and integration [J]. Acta Psychologica Sinica, 2007, 39: 589 – 601.

[37] Zwaan R. A., Madden C. J. Updating situation model [J]. Journal of Experimental Psychology: Learning, Memory, and Cognition, 2004, 30: 283 – 288.

莫雷自选集

第三部分

类别与推理研究

规则策略和样例策略在归类过程中的运用

一、问题与目的

人们依据什么进行归类,一直是心理学界注重探讨的课题,20 世纪 90 年代以来,成为认知心理学研究的热点。目前主要有两种归类理论:规则策略(rule-based strategy)理论与样例策略(example-based strategy)理论。规则理论认为,人们根据必要且充分的条件来标定事物,并将其归为相应类别;而样例理论则认为,有些概念不能用必要且充分的条件来界定,类别是以家族相似性为基础的,人们存储了各种类别的特定样例,运用这些浓缩的独立样例作为对新事物进行归类的标准,依据新事物与样例的相似程度进行归类。[1]

规则理论和样例理论都有一系列的实验证据。Rips 的研究为规则理论提供了支持[2],他向被试描述一项事物,如"一个直径为 3 英尺(3×2.54cm)的圆形物体",然后向被试提出两种问题,"该物体更像比萨饼(pizza)还是 2.5 美分硬币(aquarter)"或者"该物体更可能是比萨饼还是 2.5 美分硬币"。如果是第一种问题,被试认为该物体更像硬币;如果是第二种问题,被试则认为该物体更可能是比萨饼。

Rips 认为,根据对第二种问题的回答可见,规则超越了被试的相似性判断。另外,Bruner、Bellugi 和 Austin,Medin、Wattenmaker 和 Hampson 等人的研究均提供了支持规则说的证据。[3,4] 然而,样例理论也获得了许多支持。Allen 和 Brook,Regehr 和 Brook 等人运用复杂的类别结构区分了样例相似性效应和严格的距离-边界效应。[5,6] 他们在实验中所用的材料为假想的动物,在 5 个维度上变换特征,5 个维度中 3 个是有关维度,只要 3 个维度中有 2 个维度的特征满足某一类别的要求即可归入此类。但被试即使知道此规则,当刚刚呈现的刺激与其高度相似且属于不同的类别时,被试容易进行错误归类。该实验支持了样例理论。另外,Nosofsky,Kruschke,Shin 和 Nosofsky 以及 Nosofsky 和 Palmieri 等人的研究也提供了

支持样例理论的证据。[7-11]

近年来，有的研究者提出了人们在归类过程中交替使用规则策略与样例策略的思路并进行了实验研究，Erickson 和 Kruchke 1998 年对归类过程的规则策略与样例策略相互关系进行了研究，结果表明，单一的规则模型或样例模型都不能描述人类的归类行为，人类的归类学习以规则和样例为支撑，二者不断地进行交互作用。[12]

Erickson 和 Kruchke 在研究中用计算机呈现一个 10×10 的矩形，见图 1。然后在矩形上有标号的位置上逐个呈现符号"*"作为刺激，要求被试对不同位置上所呈现的刺激归类。这些位置的刺激分别归属于 4 种不同的类别，分类标准如下：在纵坐标 4.5 以下（下半区），2×2 除外的 5 个位置的刺激属于 J 类，上半区对应位置的刺激则为 S 类；而下半区中 2×2 位置的刺激为 L 类（例外类别），上半区对应 7×7 位置的刺激则为 F 类（例外类别）。被试作出反应之后，立即给予正误反馈。

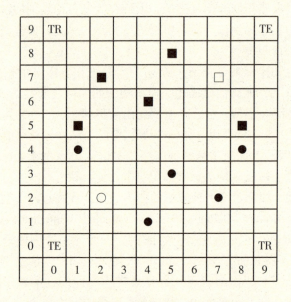

图 1　Erickson 和 Kruchke 的研究材料

被试接受 29 轮训练后进行迁移测试：在先前没有呈现过刺激的位置上呈现刺激点（迁移刺激），要求被试归类，然后进行统计。实验结果表明，距离例外类别越近的刺激点，被归为例外类别的可能性就越大，即迁移刺激与例外训练刺激的位置越相似，被试将其归入例外类别的可能性就越大；迁移刺激与例外训练刺激的位置相似性越小，则被试将它归入例外类别的可能性就越低；这符合样例理论的预测，说明被试是按照样例策略而不是规则来进行归类的。研究者进一步比较了被试对 TE 位置和 TR 位置刺激点反应的差异。由于 TE 位置刺激点比 TR 位置刺激点距离 2×2 位置的例外类别刺激点更近，因此，依据样例理论，被试就会将 TE 位置的刺激更多地判断为例外类别；而依据规则理论，被试对 TE 和 TR 两个位置刺激的归类应该没有显著差异。但实验结果表明，被试对两个位置刺激的归类反应没有差异，这又支持了规则理论。据此，研究者指出，单独的样例或者规则都不能有效地表述人类的归类行为，归类同时会交错地使用规则和样例两种策略。

Erickson 和 Kruchke 的研究对于该领域研究的深入开展是富有启发的。然而，该研究还有值得商榷的地方，因为，他们所用的训练材料中不存在可以明确将例外类别区分出来的规则，例外类别刺激点的边界是模糊的，被试在学习过程中难以形成清晰的规则界限，因此研究中所表现出来的样例倾向性可能只是被试在较难形成规则时的一种替代策略。可以设想，如果增加例外类别刺激点边界的清晰性，形成较清晰的潜在规则界限，被试可能转而运用规则策略。本研究试图从这个问题入手，对 Erickson 和 Kruchke 研究结论的可靠性进行检验，并进一步探讨人们在归类学习中归类策略和样例策略运用的规律。

我们的基本设想是：在归类学习中很可能人们首选的是规则策略，即首先倾向于发现并运用规则进行归类，只有当学习情境潜在的规则不明确或非常复杂难以形成时，人们才转而运用样例策略进行归类。

基于上面的分析，本研究主要探讨在不同的学习情境下，被试对规则策略和样例策略的运用状况。本研究包括 3 个实验：实验 1 准备改变 Erickson 和 Kruchke 研究所用的实验材料，提高潜在的规则的清晰度，考察在这种学习情境下，被试是否会主要运用规则策略进行归类；实验 2 则从另一个方向改变 Erickson 和 Kruchke 的研究材料，增大掌握例外类别的规则的难度，考察在这种学习情境下，被试对 TE 和 TR 位置刺激点的归类是否主要表现出样例策略而不是规则策略；实验 3 进一步探讨，当存在多个规则可以选择时，人们是否会倾向选择概括程度较高、普遍性较强的规则，而弃用比较具体的、范围较限定的规则。

二、实验1

本实验探讨在归类学习中,当学习材料中潜在的规则易于掌握的情况下,被试是否会倾向运用规则策略进行归类。

本实验也使用了与 Erickson 和 Kruchke 的研究相似的 10×10 的矩形,矩形上有标号的各个位置上呈现的刺激点所属类别与 Erickson 和 Kruchke 的研究相同,在纵坐标 4.5 以下(下半区),2×2 除外的 5 个位置的刺激属于 J 类,上半区对应位置的刺激则为 S 类;而下半区中 2×2 位置的刺激为 L 类(例外类别),上半区对应位置的刺激则为 F 类(例外类别)。但是,本实验在下半区的例外刺激旁边安排了 2 个规则刺激,见图 2。

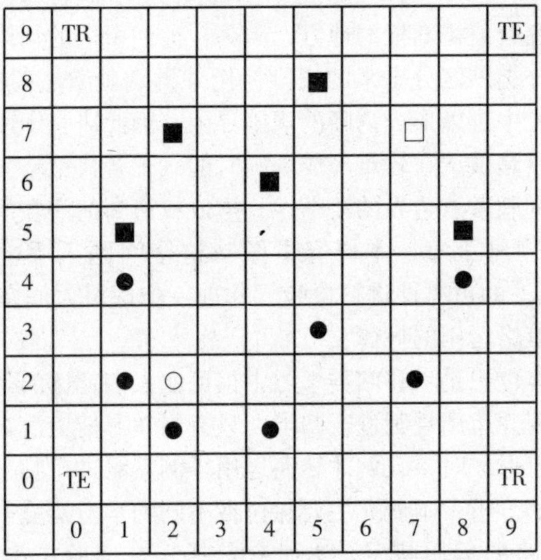

图2 实验1例外类别规则较明确的材料

根据我们的设想,Erickson 和 Kruchke 的研究中被试之所以对例外类别位置周围的刺激表现出样例策略的归类倾向,是因为例外类别的界限相对模糊,被试难以有效地把握规则。本实验在下半区的例外类别旁边安排了 2 个规则类别的刺激,起到使例外类别的规则清晰化的作用,不仅有利于促进被试对下半区归类时运用规则策略,并且可以迁移到上半区的归类中去。

本研究将被试在上下半区所作的与本半区规则类别一致的反应称为规则反应，而与本半区例外类别一致的反应称为例外反应，例如，对于图2中下半区2×1位置的刺激，如果判断为J类（按规则该半区的刺激属于J类），则是规则反应；而如果判断为L类（该半区的例外类别），则称为例外反应。所有实验均以被试的规则反应比例作为分析指标。

根据本实验的设计，如果被试在迁移阶段主要运用的是规则策略，那么，他们对TE和TR两个位置的刺激作出的规则反应比例应该无差异，同时，被试对例外类别位置旁边的刺激作出的规则反应也不会随距离而有变化。如果被试主要运用的是样例策略，由于TE靠近例外刺激而TR远离例外刺激，那么，对TF位置的刺激作出规则反应将会比对TR位置少，同时，被试对例外类别位置旁边的刺激作出的规则反应将会随距离而有变化。如果被试同时运用了样例策略和规则策略，则会出现与Erickson和Kruchke的研究类似的结果，即对TE位置的刺激作出规则反应与对TR位置没有差异，对例外类别位置旁边的刺激作出的规则反应将会随距离而有变化。

(一) 研究目的

考察在归类学习中，当规则较清晰且容易掌握时，人们是否首先选择规则策略，而不是样例策略。

(二) 方法

1. 被试

从华南师范大学大学一年级学生中选取26人作为被试。删除未按照要求完成操作者4人，有效被试22人。

2. 材料

见图2。对Erickson和Kruchke的研究材料进行了改变，在下半区的例外刺激旁边即在下半区例外类别（L类）的位置旁边安排了2个规则刺激（J类），提高了例外类别规则的清晰度。

3. 设计与实施程序

本实验采用被试内设计，所有的被试均完成全部的处理。实验分学习训练与迁移测试2个阶段。在学习训练阶段，按照图2中矩形上有标号的位置逐个随机呈现符号"＊"作为刺激，要求被试对所呈现的刺激归入

"S、F、J、L"4类,并快速按键盘上相应的键"S、F、J、L"。要求被试尽快进行反应,每次按键后,计算机立即给予正误反馈;若被试在6秒内仍没有作出反应,则电脑会提示其应快速,并将正确的反应呈现1秒钟。其中S、J两类(规则类别)刺激各呈现1次,F、L两类(例外类别)刺激各呈现2次。每轮16次,被试共接受29轮训练。每训练3轮,被试可以适当休息。

在迁移测试阶段,矩形内所有空格位置均随机呈现一次刺激符号"*",要求被试依据先前的学习将新呈现的刺激归入"S、F、J、L"4类之中。对于被试的反应不再有时间要求,同时也不对被试的反应进行反馈。

(三) 结果与分析

按照 Erickson 和 Kruchke 的做法,从两个方面的结果来考察被试运用策略的情况:第一,比较被试对上下半区 TE 和 TR 位置的刺激作出规则反应的比例,由于 TE 靠近例外刺激而 TR 远离例外刺激,如果被试主要运用样例策略,那么,对 TE 作出规则反应的概率要大大低于 TR。第二,比较被试对上下半区例外刺激的近距离点与远距离点作出规则反应的比例,如果被试主要运用样例策略,那么,对于离例外刺激较近的刺激作出规则反应的概率就会低于距离例外刺激较远的刺激。在上半区,将 6×7、7×6、7×8 和 8×7 四个位置作为例外刺激的近距离点,将 5×7、7×5、7×9 和 9×7 作为例外刺激的远距离点,分别计算出被试对近距离点与远距离点的刺激作出规则反应的平均比例;在下半区,将 2×3 和 3×22 个位置作为近距离点,将 2×4 和 4×2 两个位置作为远距离点,计算方法同上。表1列出了被试在上述不同情况下作出规则反应的平均比例。

表1 被试对与例外刺激距离不同的刺激作规则反应的平均比例

	TE	TR	近距离点	远距离点
下半区	0.77 ± 0.43	0.83 ± 0.35	0.84 ± 0.32	0.93 ± 0.23
上半区	0.59 ± 0.50	0.77 ± 0.43	0.70 ± 0.28	0.68 ± 0.36

对上下半区的 TE 和 TR 作出规则反应的平均比例进行相关样本 t 检验,差异均不显著,下半区检验结果是:$t(21) = 1.45$,$p = 0.162$;上半区检验结果是:$t(21) = 1.16$,$p = 0.257$。其次,对被试上下半区例外刺

激近距离点和远距离点作出规则反应的平均比例进行相关样本 t 检验，差异也不显著，下半区检验结果是：$t(21)=1.07$，$p=0.296$；上半区检验结果是：$t(21)=0.40$，$p=0.693$。

上述结果表明，在本实验条件下，被试对上下半区 TE 和 TR 两个位置的刺激作出规则反应的比例差异不显著；在例外刺激周围也并没有表现出距离效应，尤其值得注意的是，本实验只是在下半区的例外刺激旁边增加 2 个规则刺激以使规则较为明确，而在上半区没有任何改动，但是，被试对上半区例外刺激邻近刺激的反应也同样表现出规则策略而没有表现出 Erickson 和 Kruchke 研究中的混合策略。由此可见，在改变了 Erickson 和 Kruchke 的研究条件，使学习材料中潜在规则较确定且可以掌握时，被试就倾向于运用规则策略进行归类，与本研究的预期相符。

三、实验 2

实验 1 的结果已表明，当学习情境的潜在规则较明确时，被试会倾向运用规则策略，而不用样例策略。本实验准备增大学习材料中潜在规则的复杂程度，以考察被试是否会改用样例策略。具体材料见图 3。

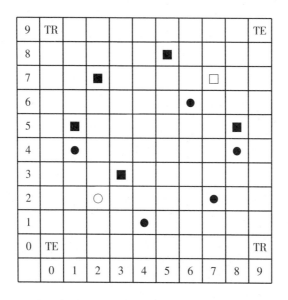

图 3 实验 2 潜在规则较复杂的材料

从图3可以看出，例外刺激的判别规则与实验1相同，但规则刺激的判别规则复杂化了，S类的规则是：上半区6×6和7×7以外位置的刺激以及3×3位置的刺激；J类的规则是：下半区2×2和3×3以外位置的刺激以及6×6位置的刺激。根据本实验的设想，由于学习材料的潜在规则较复杂，掌握规则难度较大，因此，被试可能倾向用样例策略进行归类，这样，对TE位置的刺激作出规则反应会比TR少；同时，对例外刺激周围的刺激作规则反应的概率将会随距离而变化。

（一）研究目的

探讨在学习材料的潜在规则复杂较难把握的情况下，人们是否会倾向用样例策略进行归类，而不用规则策略。

（二）研究方法

1. 被试

从华南师范大学大学一年级学生中选取25人作为被试。删除未按照要求完成操作者4人，有效被试21人。

2. 实验材料

见图3。对Erickson和Kruchke的研究材料进行改动，学习材料的潜在规则较为复杂。

3. 设计与实施程序

与实验1相同。

（三）结果与分析

在上半区，将6×7、7×6、7×8和8×7四个位置作为例外刺激的近距离点，将5×7、7×5、7×9和9×7四个位置作为例外刺激的远距离点；在下半区，将1×2、2×1、2×3和3×2四个位置作为例外刺激的近距离点，将0×2、2×0、2×4和4×2四个位置作为例外刺激的远距离点，分别统计出被试在上下半区对远距离点与近距离点作出规则反应的平均比例。同时，统计出被试对上下半区的TE和TR两个位置的刺激作出规则反应的比例。有关数据见表2。

表2 被试对与例外刺激距离不同的刺激作规则反应的平均比例

	TE	TR	近距离点	远距离点
下半区	0.19±0.40	0.48±0.51	0.29±0.28	0.42±0.27
上半区	0.29±0.46	0.76±0.44	0.25±0.24	0.39±0.33

对上下半区的TE和TR两个位置的刺激作出规则反应的平均比例进行相关样本t检验，差异均显著，下半区检验结果是：$t(20)=2.34$，$p=0.030$；上半区检验结果是：$t(20)=3.21$，$p=0.004$。其次，对被试上下半区例外刺激的近距离点和远距离点作出规则反应的平均比例进行相关样本t检验，差异也达到显著性水平，下半区检验结果是：$t(20)=2.45$，$p=0.024$；上半区检验结果是：$t(20)=2.10$，$p=0.049$。

由于学习材料中TE位置的刺激靠近例外刺激，而TR位置的刺激靠近规则刺激，因此，对TE位置的刺激作出规则反应的平均比例显著低于TR位置，表明了被试进行归类时更多地采用了样例策略。而被试对例外刺激周围的刺激的规则反应表现出随距离变化的趋势，进一步表明他们在归类时更多地采用样例策略。由此可见，在归类学习中，当学习材料中规则把握的难度增大时，被试会倾向于运用样例策略进行归类。

根据实验1与实验2的结果，可以认为，人们在归类学习中首选的是规则策略，即首先倾向于发现并运用规则策略，而只有在学习材料中潜在规则难于掌握时，才会转而运用样例策略；学习材料中潜在规则把握的难度越大，被试运用样例策略的可能性也随之增大。Erickson和Kruchke关于人们归类所采用的是混合策略的结论，并不能准确地反映出归类学习中策略运用的规律。

四、实验3

人们在归类学习中首先选择规则策略，而在学习材料的规则较难把握的情况下会转而采用样例策略，这种模式体现了人类认知过程的经济性原则。所谓认知过程经济性原则，指人们的认知过程倾向于选择最少使用脑力资源的策略或方法。因为规则比样例更有概括性与准确性，依据规则进行归类比依据样例进行归类更简单、明确，减轻人们信息加工的负荷量，因此，人们在归类学习中首先选用规则策略。然而，当学习材料的潜在规则较复杂或较隐蔽时，把握规则可能需要更多的脑力资源，在这种情况下，被试会转用样例策略。

据此，可以进一步设想，人们在运用规则策略时，对不同规则的选择也可能遵循着这种经济性原则，也就是说，当同时存在概括规则和具体规则时，人们倾向于运用概括规则；当同时存在普遍性规则和限定性规则时，人们倾向于选择普遍性规则。本实验试图验证这个设想。

（一）实验 3A

1. 问题与目的

探讨同时可以运用较概括的规则和较具体的规则进行归类的情况下，人们是否会倾向选用概括规则而弃用具体规则。

图 4 是本实验所用的学习材料。矩形上面刺激的分类可以采用 2 个规则，第一个是较概括的分类规则：若刺激满足条件 $x \neq y$ 且 $y < 4.5$，则属于类别 J；若 $x \neq y$ 且 $y > 4.5$，则属于类别 S；若 $x = y$ 且 $y > 4.5$，则属于类别 F；若刺激满足条件 $x = y$ 且 $y < 4.5$，则属于类别 L。第二个是较具体的分类规则：位置 2×2 和 3×3 的刺激属于类别 L；位置 7×7 属于类别 F；当不满足类别 F 和类别 L 的条件，且 $y < 4.5$，属于类别 J；当不满足类别 F 和类别 L 的条件，且 $y > 4.5$，属于类别 S。由于迁移刺激 TE 的位置是 0×0 与 9×9，即 $x = y$；而迁移刺激 TR 的位置 0×9 与 9×0 是 $x \neq y$，这样，如果被试选用了概括规则，那么对 TE 作出规则反应的比例要低于 TR；若被试选用的是具体规则，则对 TE 和 TR 的规则反应的比例将不存在差异。

2. 研究方法

（1）被试。从华南师范大学一年级学生中选取 29 人作为被试。
（2）材料。见图 4。
（3）设计与实施程序。与实验 1 相同。

3. 结果与分析

统计出迁移阶段被试对 TE 和 TR 位置的刺激作出规则反应的比例，见表 3。

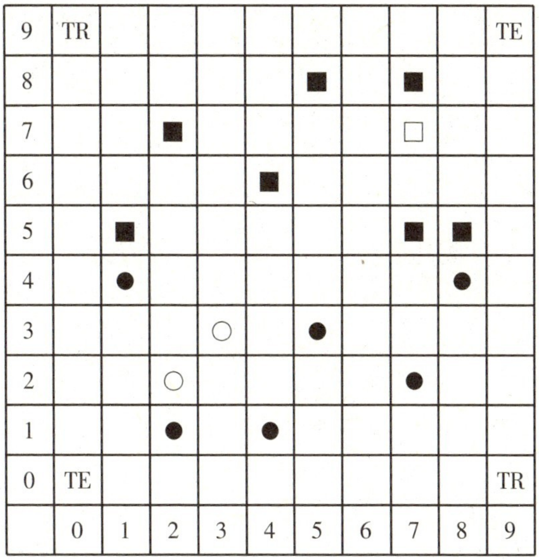

图4 可以采用概括规则与具体规则进行归类的材料

表3 被试对 TE 和 TR 位置的刺激作规则反应的比例

	TE	TR
下半区	0.34 ± 0.48	0.69 ± 0.47
上半区	0.21 ± 0.41	0.83 ± 0.34

对上下半区的 TE 和 TR 作出规则反应的平均比例进行相关样本 t 检验，差异均显著，下半区检验结果是：$t(28) = 3.02$，$p = 0.005$；上半区检验结果是：$t(28) = 6.77$，$p = 0.000$。

上述结果与本实验的设想一致。但仅仅根据这个结果尚不能完全确定被试就是运用了概括规则，因为，如果采用样例策略，也可以得出这样的结果。因此，要进一步比较被试对例外刺激的近距离点与远距离点作出规则反应的比例，以考察被试是否运用了样例策略。将 $1×1$ 和 $8×8$ 两个位置作为例外刺激的近距离点，将 $0×0$、$9×9$ 两个位置作为例外刺激的远距离点，分别统计被试对上下半区的远、近距离点的刺激作出规则反应的比例。见表4。

表4　被试对上下半区与例外刺激不同距离点作规则反应的比例

	近距离点	远距离点
下半区	0.28 ± 0.45	0.34 ± 0.48
上半区	0.21 ± 0.41	0.28 ± 0.45

对被试上下半区例外刺激的近距离点和远距离点作出规则反应的平均比例进行相关样本 t 检验，差异均不显著，下半区检验结果是：$t(28) = 0.71$，$p = 0.489$；上半区检验结果是：$t(28) = 0.81$，$p = 0.424$。该结果表明，被试在迁移阶段进行归类时并不是运用样例策略；结合表3的结果，可以确定被试是运用了概括规则进行归类。

(二) 实验3B

1. 问题与目的

探讨同时可以采用较普遍的规则和较限定的规则进行归类的情况下，人们是否会倾向选用普遍性规则而弃用限定性规则。

下面图5是本实验所用的材料。矩形上面刺激的分类也是可以采用2个规则，第一种是限定性的分类规则：将例外刺激所出现的位置理解为具有限定特征的位置，这样，就会将下半区例外类别位置（2×2）上的刺激归为类别L，上半区例外类别位置（7×7）上的刺激归为类别F；当不满足类别F和类别L的条件，且 $y < 4.5$，属于类别J；当不满足类别F和类别L的条件，且 $y > 4.5$，属于类别S。第二种是普遍性的分类规则：将例外类别的刺激所出现的位置理解为具有某种普遍特征的位置，这样，就会把例外刺激（2×2）及其对称位置（2×7，以"❶"标示）的刺激均归为类别L，把例外刺激（7×7）及其对称位置（7×2，以"❷"标示）的刺激均归为类别F。如果被试在归类中采用了限定性规则，那么对"❶"与"❷"位置的刺激就会倾向于作出规则反应；如果被试选择普遍性规则，那么对"❶"与"❷"位置的刺激就会倾向于作出例外反应。

2. 研究方法

（1）被试。从华南师范大学大学一年级学生中选取30人作为被试。删除未按照要求完成操作者6人，有效被试24人。

（2）材料。见图5。

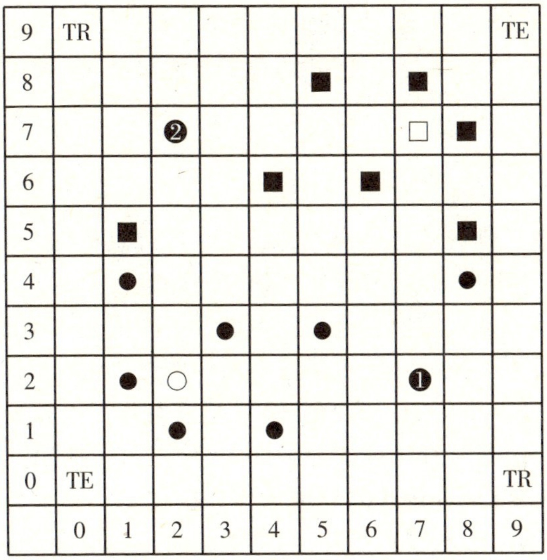

图5 可以采用普遍性规则与限定性规则进行归类的材料

（3）设计与实施程序。与实验1相同。

3. 结果与分析

统计被试对上下半区例外类别的对称位置（"❶"与"❷"）的刺激作出规则反应的比例，同时统计下半区"❶"位置的4个邻近位置（7×1，7×3，6×2，8×2）与上半区"❷"位置的4个邻近位置（1×7，3×7，2×6，2×8）的刺激作出规则反应的比例。见表5。

表5 被试对上下半区对称位置及其邻近位置刺激点作规则反应的比例

	对称位置	邻近位置
下半区	0.46 ± 0.51	0.70 ± 0.31
上半区	0.42 ± 0.51	0.63 ± 0.33

分别对上下半区对称位置的刺激与邻近位置的刺激作出规则反应的平均比例进行相关样本 t 检验，差异显著，下半区检验结果是：$t(23) = 2.11$，$p = 0.045$；上半区检验结果是：$t(23) = 2.91$，$p = 0.008$。据此可以认为，被试在迁移阶段进行分类时主要是运用普遍性规则而不是限定性规则。

总的看来，实验 3A 和 3B 的结果表明，被试在归类过程中对规则的选用也表现出经济性原则，倾向于选择更有概括性、普遍性的规则。

五、总讨论

归类领域中规则说和样例说争论已久，各种观点都有许多实验研究支持。Erickson 和 Kruchke 在 1998 年对这个问题进行了深入的研究，根据研究结果提出，单一的规则模型或样例模型都不能描述人类的归类行为，人们的归类过程实际上是混合使用了规则与样例两种策略。

Erickson 和 Kruchke 的研究及其结果是富有启发性的，但是，他们的研究可能只是反映了某种特定学习条件下归类策略的情况。本研究从分析 Erickson 和 Kruchke 研究设计的局限入手，提出了下述假设：在归类过程中，人们首选的是规则策略，即人们首先倾向于运用规则进行归类，只有当学习情境中潜在的规则不明确或比较复杂而难以形成时，人们才转而运用样例策略进行归类。这个设想可以称为"归类策略的选择模型"。根据这个设想，本研究从三个方面对归类策略问题进行探讨。

第一，主要验证在规则明确且容易掌握的情况下，人们是否会首选规则策略进行归类。本研究提出，Erickson 和 Kruchke 的研究材料中，例外类别的规则界限不清晰，被试难以形成例外类别的规则，因此得出规则策略和样例策略混合使用的结果。根据这种分析，本研究在实验 1 中适当提高了例外类别规则界限的清晰度。结果表明，被试对例外类别临近位置的刺激进行归类时同样运用了规则策略。由此可见，当材料中的潜在规则易于把握的条件下，人们在归类就会运用规则策略。

第二，实验 2 增大了归类材料中潜在规则的难度，考察规则较为复杂的情况下被试运用的归类策略。结果表明，提高了归类情境的规则复杂程度的情况下，被试表现为主要运用样例策略进行归类。

上面两个方面的研究结果验证了本研究提出的归类策略的选择模型的基本设想，同时表明，Erickson 和 Kruchke 的研究结果只是反映了某种特定学习条件下的归类策略运用状况，并不能作为一种普遍性的结论。本研究认为，人们归类过程的策略选择模型，体现了认知过程的经济性原则，即人的认知过程会倾向选择最少使用脑力资源而获得最大效益的策略或方法。

第三，进一步探讨当运用规则策略进行归类时，对不同规则的选用是否也体现这个认知过程经济性原则。实验3结果表明，当存在两个以上可选择的分类规则时，人们会倾向于选取概括性较强的、普遍性较广的规则，在分类规则的选择上同样也表现出认知过程的经济性原则。当然，实验3主要通过考察被试在迁移阶段对不同位置刺激反应的差异来说明被试对不同规则的选用状况，为了更好地研究此问题，在下一步的研究中应通过考察被试的反应概率进一步进行验证。

本研究根据对分类过程策略选择的研究结果提出的认知过程经济性原则，对于我们认识人的分类过程信息加工活动的本质，乃至对于认识人的认知过程的本质，都有一定的启示。该原则很可能表现在人的许多信息加工活动之中。例如，有关文本阅读的信息加工活动过程的研究结果表明，在文本阅读过程中是否即时发生推理，取决于进行这个推理的意义与难度：比较容易进行的推理，会即时发生；如果不是十分必要而难度较大的推理，则不会即时发生；为了维持连贯而需要进行的推理，即使比较难也会即时发生。显然，在这个阅读推理的信息加工过程就体现了这个经济性原则。

根据人类认知过程的经济性原则，可以预测在不同的情境、不同的条件下，不同的人群进行归类时策略的选择与规则的选择，这对于把握心理学界对归类策略研究的不同结果与结论有重要的启示。当然，本研究只是初步的结论，对于这个重大问题还需要进一步进行研究才能得出确定的结论。

六、结论

本研究结果表明：当归类情境的潜在规则清晰且易于掌握时，被试会倾向于首选规则策略进行归类；当潜在规则较难以掌握时，被试则倾向于选用样例策略进行归类；当同时可以运用不同规则时，被试会选用更概括、更有普遍性的规则而弃用较具体、适用范围较限定的规则。

参考文献

[1] Wittgenstein L. Philosophical investigations [M]. New York: Macmaillan, 1993.
[2] Rips L. J. Similarity, typicality and categorization [M]. In: Vosniadou S.,

Ortony A. ed. Similarity and analogical reasoning, 1989.

[3] Bruner J. S. , Bellugi J. , Austin G. A. A study of thinking [M]. New York: Wiley, 1986.

[4] Medin D. L. , Wattenmaker W. D. , Hampson S. E. Family resemblance, conceptual cohesiveness and category construction [J]. Cognitive Psychology, 1987, 19: 242 – 279.

[5] Allen S. W. , Brook L. R. Specializing the operation of an explicit rule [J]. Journal of Experimental Psychology: General, 1991, 120: 3 – 19.

[6] Regehr G. , Brook L. R. Perceptual manifestations of an analytic structure: The priority of holistic individuation [J]. Journal of Experimental Psychology: General, 1993, 122: 92 – 114.

[7] Nosofsky R. M. On exemplar-based exemplar representations: Reply to Ennix [J]. Journal of Experimental Psychology: General, 1988, 117: 412 – 414.

[8] Nosofsky R. M. On Further tests of an exemplar-similarity approach to relating identification and recognition memory [J]. Journal of Experimental Psychology: Human Perception and Performance, 1991, 17: 3 – 27.

[9] Kruschke J. K. Alcove: An example-based connectionist model of category learning [J]. Psychological Review , 1992, 99: 22 – 44.

[10] Shin H. J. , Nosofsky R. M. Similarity-scaling studies of "dot-pattern" classification and recognition [J]. Journal of Experimental Psychology: General, 1992, 121: 278 – 304.

[11] Nosofsky R. M. , Palmieri T. J. An exemplar-based random walk model of speeded classification [J]. Psychological Review, 1997, 104: 266 – 300.

[12] Erickson M. A. , Kruschke J. K. Rules and Exemplars in Category Learning [J]. Journal of Experimental Psychology: General, 1998, 127: 107 – 140.

类别特征的相似性与竞争性对归类的影响

一、问题与目的

归类是一项非常重要的认知活动,它指的是将某个事物纳入到某一群体的操作。[1]近年来,关于归类的研究已成为国际心理学界研究的热点。

归类研究可以归结为三方面,第一方面是类别形成的研究,主要探讨类别形成的信息加工过程与机制,即探讨人们如何对不同类别的成员进行加工处理以形成相应的类别,也可以称为模式形成的研究。[2]第二方面是类别判断的研究,主要探讨人们根据已形成的类别模式去识别新项目的类别归属的信息加工过程,也可以称为模式识别的研究。第三方面是关于特征推理的研究,主要探讨人们根据已形成的类别模式对新项目的某个特征作出预测的信息加工活动的特点与规律,尤其是归类不确定条件下特征预测的特点,也可以称为模式愈合的研究。

尽管没有一个人见过世界上所有的狗,但是,大多数人都能够识别没有见过的狗,从而将它纳入"狗"的类别,到底是依据什么?这个过程会受到哪些因素的影响?这就是心理学界所要探讨的类别判断问题,也称为模式识别问题。长期以来,心理学界对于人们根据什么将一个从来没有经验过的新事物归入自己已知的某种模式(类别)的问题,一直表现出极大的兴趣,投入了大量的精力,取得了许多重要成果,并形成各种不同的理论。

早期的规则理论[3]认为:概念和类别是由一些充分且必要的特征构成的,根据这些充分且必要的特征,可以明确地识别新的事物是否属于某个类别。后来提出的原型说[4]则认为,在我们的大脑中储存着各种类别的抽象的、概括的表征,即原型(prototype),原型包含了所在类别的主要特征,对某个新事物的归类是由该事物与原型的相似性所决定的,根据特征匹配可以估算出新事物与原型的相似性。如果相似性超过某一阈限,它就可以被看作是该类别的一个成员,如果该事物可以归入多种可能的类别中，那么与之特征匹配率最高的类型就是其所属的类型。近20年来，样例说[5]逐步占了优势，该理论认为，认知系统中存储的是一组特定的例子和情景，而不是原型，为了对新项目进行归类，人们会将它与头脑中所有的类别样例进行比较，而并非仅仅只与原型进行比较。

Medin等人1990年的研究[6]，Komatsu等人1992年的研究[7]，以及Goldstone等人1994年的研究[8]都一致认为，类别的原型观和样例观都是建立在类别成员之间彼此相似这一基础之上。Medin 1989年提出了确定相似性的几个准则[9]：第一，两个事物之间的相似性应随着其共有特征数量的增加而增大，随着共有特征数量的减少而降低；第二，特征与特征之间应相互独立，它们必须以相加的方式来增加相似性；第三，构成相似性的特征处于同一抽象水平上，Medin等人[10]以及Markman等人[11]对于类别的层次结构的研究也证明了这一点；第四，这些特征应足以描述一个概念或类别的结构，概念在某种程度上应当是由一系列特征组成的。

目前，研究者比较一致认为，相似性是由新事物与类别成员匹配特征的数量决定的。Smith 1989年的研究[12]，Kruschke 1992年的研究[13]，Malt等人1999年的研究[14]都指出，归类是根据刺激项目与对本类成员的记忆痕迹之间重叠的特征的数目来进行的。

同时，研究结果也表明，对新事物标上其所属的类别名称，称为类别标签，也影响人们对该事物的归类。Yamauchi和Markman在2000年的研究中[15]专门探讨了相似性和类别标签对被试归类任务和推理任务的影响。他们在研究中使用了两类虚拟的人工昆虫（称为Monek与Plaple），在归类任务中，要求被试根据学习过程形成的关于这两类昆虫的特征模式来判断与类别成员具有不同相似性新昆虫的类别（即判断它属于Monek还是Plaple），通过改变新昆虫和类别成员之间的匹配特征数量，来探求相似性的影响作用，同时还结合给予或不给予新昆虫类别标签这两种条件，来探讨类别标签对归类的影响作用。研究结果表明：相似性和类别标签都影响归类过程。

本研究认为，心理学界关于归类的研究，包括Yamauchi和Markman 2000年的研究，重点探讨的是新项目与类别成员之间特征的匹配数量，这固然十分重要，但是，从相似性角度考虑新项目与类别成员的特征关系，至少要考虑以下三个方面。

第一方面，匹配特征的数量。新项目具有的特征与类别成员相同，称为匹配特征，匹配特征越多，相似性就越大，归类的概率就越高。

第二方面，非匹配特征中对立特征的数量。新项目具有的与类别成员不同的特征，称为非匹配特征。非匹配特征有两种：一种是对立特征，新项目所具有的某种特征是与其所属类别对立的另一类别的特征，称为对立特征；另一种是中性特征，某一类别成员所具有的某种特征，既不是本类别的特征，也不是对立类别的特征，这类特征称为中性特征。某项目具有的非匹配特征中对立特征越多，竞争性就越大，归类概率就越低。

第三方面，特征概率。匹配特征在该类别成员中出现的频率，称为匹配特征概率，新项目匹配特征的概率越高，相似性就越大，将它归为该类别的概率就越大。对立特征在对立类别中出现的概率，称为对立特征概率，对立特征概率越高，竞争性就越大，归类一致性概率就越低。

我们的基本设想是：对新项目进行归类，主要受相似性与竞争性的综合影响，匹配特征数量与匹配特征概率相结合，就构成了新项目与类别成员的相似性，相似性越大，归类概率就越高；对立特征数量与对立特征概率构成新项目与类别成员的竞争性，竞争性越高，归类概率就越小。即使在已经给出新项目的类别的情况下，即已经给予该新项目类别标签的情况下，该新项目的相似性与竞争性归类的影响同样会在归类确信度方面表现出来。本研究准备根据上述设想设计实验，探讨新项目与类别成员之间的特征关系对归类的影响。

二、实验1：特征相似性对归类的影响

本实验探讨特征相似性对项目归类的影响。对 Yamauchi 和 Markman 2000 年研究的人工昆虫图片材料进行改编，作为学习材料，包括两类虚构的昆虫，第一类称为"Monek"，第二类称为"Plaple"，各有 6 个类别成员。两类昆虫均具有 6 个特征维度，每个维度有两种特征：触角（长/短）、头（圆/方）、躯干（斑点花纹/螺旋花纹）、翅膀（双翅/单翅）、腿（8 条/4 条）、尾巴（黑/白），Monek 的类别原型在上面 6 个维度中全部具有第一个特征（简称 1），而 Plaple 的类别原型在上面 6 个维度中全部具有第二个特征（简称 0）。下面图 1 是 Monek 与 Plaple 的原型。

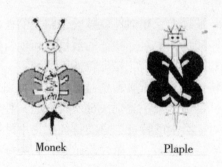

图1 两类昆虫的原型

两类昆虫的成员所具备的特征并不完全与原型相同,这样就有不同相似性的成员,相似性是由该成员具有多少与原形相同的特征(匹配特征的数量)以及这些匹配特征的出现概率决定。学习材料中不同成员所具备的匹配特征与特征概率见表2。

表1 两类昆虫成员的学习材料

项目	触角	头	腿	身	翅膀	尾	项目	触角	头	腿	身	翅膀	尾
M1	1	1	0	0	1	1	P1	0	0	1	1	0	0
M2	1	0	1	1	0	1	P2	0	1	0	0	1	0
M3	0	1	1	1	1	0	P3	1	0	0	0	1	1
M4	1	1	1	0	0	1	P4	0	1	0	0	1	0
M5	1	1	0	1	1	0	P5	0	0	1	0	0	1
M6	1	1	1	1	0	0	P6	0	0	0	0	1	1
匹配特征概率	5/6	5/6	4/6	4/6	3/6	3/6	匹配特征概率	5/6	5/6	4/6	4/6	3/6	3/6

注:M1 - M6 分别为 Monek 类别的 6 个成员;P1 - P6 为 Plaple 类别的 6 个成员。

以 M1 和 P1 为例,它们分别有 4 个特征是匹配特征,有 2 个特征(头与腿)是对立特征,见图2。

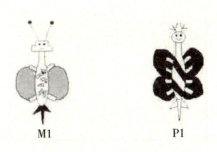

图2 两类昆虫的成员样例

本实验主要考察新项目与类别成员的相似性对归类的影响。被试首先学习上述类别成员的材料，然后完成归类任务。如果项目的相似性会促进被试作出类别一致的反应（即与类别原型一致），那么，在其他条件相同的情况下，匹配特征的数量越多，匹配特征的概率越高，被试作出类别一致判断的概率就越大。

本实验包括两个分实验。实验1A与实验1B之间的区别在于是否有类别标签，在实验1A中，要求进行归类的项目上方没有标出类别标签，要求被试根据项目的6个特征来判断它的类别，而在实验1B中，项目上方已经标出了它的类别标签，要求被试作出确信度判断。

（一）实验1A

1. 目的

探讨在新项目与类别成员匹配特征数目和匹配特征概率不同的条件下，新项目的归类概率变动情况。即探讨特征相似性对归类的影响。

2. 方法

（1）被试。从华南师范大学二年级自愿参加实验的本科生中选出20名被试，男生8人，女生12人，被试的视力或矫正视力正常。

（2）材料。包括学习材料与测试材料，学习材料是两张昆虫的图片，每张各有1种昆虫的6个成员样例，成员的特征构成见上面表1与图2。测试材料则是48项归类任务，每种类别24个项目，共有6种相似性水平，每种水平4个项目，要求被试逐个将对象归为相应的类别。

表2 不同条件下 Monek 类别测试项目的匹配特征与平均匹配概率*

	高匹配概率						低匹配概率					
匹配特征较多（4）	1	1	1	0	1	*	1	*	1	0	1	1
	1	1	0	1	*	1	1	1	0	1	1	1
	1	1	1	0	*	1	*	1	1	0	1	1
	1	1	0	1	1	*	*	1	0	1	1	1
平均匹配概率			0.708						0.625			
匹配特征中等（3）	1	1	1	0	*	*	*	1	1	0	1	1
	1	1	0	1	*	*	*	1	0	*	1	1
	*	1	*	0	1	1	*	1	1	0	1	*
	1	*	0	1	1	*	*	1	0	1	1	*
平均匹配概率			0.708						0.625			
匹配特征较少（2）	*	*	1	0	*	1	*	1	0	1	*	
	*	1	0	*	1	*	*	*	0	*	1	
	1	*	1	0	*	1	*	1	0	*	1	
	1	*	0	*	*	1	*	1	*	0	1	*
平均匹配概率			0.708						0.625			

注："*"表示中性特征。

（3）设计。本实验采用3（匹配特征数目）×2（匹配特征概率）被试内、材料内设计。匹配特征数量分较多（4个）、中等（3个）、较少（2个）三种水平，匹配特征概率分高、低两种水平。这样，共有6（3×2=6）种实验处理，通过中性特征的协调，使各种处理的竞争性相同。表2列出了 Monek 测试项目的匹配特征及其概率（Plaple 的类推）。

实验分学习与测试两个阶段。在学习阶段，发给每个被试学习材料，

---

* 平均匹配概率＝各匹配特征概率总和/匹配特征数。"各匹配特征概率"指的是在学习材料中各个特征在本类别成员中出现的概率。如在"匹配特征较多"行中，"高匹配概率"列的平均匹配概率为：$(5/6 \times 4 + 5/6 \times 4 + 4/6 \times 2 + 4/6 \times 2 + 3/6 \times 2 + 3/6 \times 2) \div 12 = 0.7083$；"低匹配概率"列的平均匹配概率为 $(5/6 \times 2 + 5/6 \times 2 + 4/6 \times 2 + 4/6 \times 2 + 3/6 \times 4 + 3/6 \times 4) \div 12 = 0.6250$；下同。

让被试认真观察两类昆虫成员图片；5 分钟后，进入第二阶段测试，在计算机上随机逐个呈现 48 项归类任务，每项任务是呈现一个新项目，要求被试判断它是 Monek 还是 Plaple，作出按键反应（按 M 键或 P 键）。在实验过程中可以对照学习材料的样例进行判断，30 分钟以内完成实验任务。

3. 结果与分析

统计被试在不同匹配特征数目与不同匹配特征概率条件下类别一致的回答率，见表 3。

表3 不同匹配特征数目与不同匹配特征概率的类别一致回答率

匹配特征	匹配概率高	匹配概率低
较多（4）	0.89 ± 0.05	0.88 ± 0.05
中等（3）	0.83 ± 0.06	0.53 ± 0.08
较少（2）	0.52 ± 0.07	0.39 ± 0.04

用 SPSS10.0 统计软件对表 2 的数据进行 3×2 的重复测量方差分析，结果表明，匹配特征数目有主效应，$F(2, 38) = 30.22$，$MSE = 0.019$，$p = 0.000$；匹配特征概率有主效应，$F(1, 19) = 76.038$；$MSE = 0.022$，$p = 0.000$，交互作用显著，$F(2, 38) = 3.508$，$MSE = 0.023$，$p = 0.04$。

进一步对交互作用作简单效应分析，结果表明，在匹配特征数较多的情况下，在高与低匹配概率的类别一致回答率差异不显著，$F(1, 19) = 1.61$，$MSE = 0.03$，$p = 0.219$；在匹配特征数中等与匹配特征数较少的条件下，两种匹配概率的类别一致回答率有显著差异，检验结果分别是：$F(1, 19) = 18.36$，$MSE = 0.03$，$p = 0.000$；$F(1, 19) = 14.43$，$MSE = 0.01$，$p = 0.000$。之所以在匹配特征较多条件下，匹配概率高低并没有对被试的归类产生明显的影响，是因为匹配特征较多的情况下，被试不需要考虑匹配特征概率就足以作出类别一致的判断。只有在中等或较少匹配特征条件下，匹配特征概率的影响作用才表现出来。以上结果表明，新项目与类别成员匹配特征的数目及匹配特征概率均影响了新项目的归类概率，与本实验设想一致。

（二）实验1B

1. 目的

探讨在有类别标签的情况下，新项目与类别成员匹配特征数目和匹配特征概率不同对其归类确信度的影响。

2. 方法

（1）被试。从华南师范大学二年级自愿参加实验的本科生中选出20名被试，男生11人，女生9人。

（2）材料。学习材料与实验1A相同，但测试材料中每个项目的上方标出了它所属的类别，要求被试以概率的形式反应他心目中认为这个对象属于该类别的确定程度。

（3）设计与程序。与实验1A基本相同，但是不是要求被试判断新项目所属类别，而是对该对象属于标签类别的确信度作出判断（0～100%），并在键盘上输入。30分钟以内完成实验任务。

3. 结果与分析

分别统计出被试对与类别成员有不同匹配特征数目与不同匹配特征概率的新项目属于标签类别的确信度，结果见表4。

表4 不同匹配特征数目与不同匹配特征概率条件下的类别确信度

匹配特征	匹配概率高	匹配概率低
较多（4）	0.89 ± 0.12	0.75 ± 0.17
中等（3）	0.75 ± 0.16	0.50 ± 0.12
较少（2）	0.44 ± 0.13	0.29 ± 0.06

用SPSS10.0统计软件对表4的数据进行3×2的重复测量方差分析，结果表明，匹配特征数目有主效应，$F(2, 38) = 28.594$，$MSE = 0.022$，$p = 0.000$；匹配特征概率有主效应，$F(1, 19) = 194.033$，$MSE = 0.014$，$p = 0.000$；二者的交互作用不显著，$F(2, 38) = 0.12$，$MSE = 0.023$，$p = 0.98$。

本实验结果与实验1A基本吻合。在本实验中，虽然已经给出了新项目的类别标签，但是，随着匹配特征的数目的降低以及匹配特征的概率的降低，被试对项目的类别确信程度还是随之降低。同时，在本实验有类别标签的条件下，匹配特征数量与匹配特征概率两个因素的交互作用的消失，可能是由于在本实验中被试面临的任务不是要他们确定新项目的类别，而是要求他们确定新项目属于某类别的程度，这样会促使他们在匹配特征多或者匹配特征少两种条件下，都注意考察匹配概率因素，因此，在匹配特征较多的情况下也表现出匹配特征概率的影响作用。

三、实验 2：特征竞争性对归类的影响

（一）实验 2A

1. 目的

探讨在新项目与类别成员对立特征数目和对立特征概率不同的条件下，新项目的归类一致性概率变动情况。即探讨特征的竞争性对归类的影响。

2. 方法

（1）被试。从华南师范大学二年级自愿参加实验的本科生中选出 20 名被试，男生 7 人，女生 13 人。

（2）材料。学习材料与实验 1A 相同。测试材料中，所有新项目与原型的相似性都相同，匹配特征与平均匹配概率均相同；但是项目的竞争性不同，即在非匹配特征项目中属于对立特征的数目与对立特征概率两个维度上有不同的水平，对立特征数目分为较多（2 个）与较少（1 个）两种水平，竞争概率也分为高竞争概率和较低竞争概率两种，这样可以得到 4 种组合水平的测试项目。测试项目共 64 项，每种类别 32 项，每种水平 8 项。表 5 列出了 Plaple 测试项目的竞争特征及其概率。

（3）设计与程序。本实验采用 2（对立特征数）×2（对立特征概率）被试内、材料内设计。整个实验程序与实验 1A 相同。

3. 结果与分析

统计被试对不同的对立特征数目和不同的对立特征概率的新项目归类情况，见表 6。

表 5 不同条件下 Plaple 类别测试项目的竞争特征分布与平均概率

	高竞争概率						低竞争概率					
对立特征较多（2）	1	0	1	0	*	0	*	0	1	0	1	0
	0	1	0	1	0	*	0	*	0	1	0	1
	0	1	1	0	*	0	0	*	1	0	0	1
	1	0	0	1	0	*	*	0	0	1	1	0
	1	0	1	0	*	0	*	0	1	0	0	1
	0	1	1	0	0	*	0	*	0	1	1	0
	1	0	0	1	*	0	*	0	0	1	0	1
	1	0	1	0	*	0	*	1	0	1	1	0
平均竞争概率			0.75						0.58			
对立特征较少（1）	0	1	0	*	0	*	0	*	*	0	1	0
	1	0	0	*	0	*	0	0	1	0	0	*
	*	0	1	0	*	0	0	*	0	1	*	0
	0	*	1	0	0	*	0	*	0	1	0	0
	1	0	0	*	0	*	0	*	0	*	0	1
	0	1	0	*	*	0	*	0	*	*	0	1
	0	*	1	0	*	0	0	*	0	1	*	0
	*	0	0	1	*	0	*	0	0	*	0	1
平均竞争概率			0.75						0.58			

注：①平均竞争概率 = 各竞争特征概率总和/竞争特征数。计算方法与表 2 相同。②"1"是 Plaple 的竞争特征。

表 6 不同对立特征数量与对立特征概率条件下的类别一致回答率

对立特征	低对立特征概率	高对立特征概率
较少（1）	0.85 ± 0.16	0.83 ± 0.17
较多（2）	0.81 ± 0.13	0.54 ± 0.11

用 SPSS10.0 统计软件对表 6 的数据进行 2 × 2 的重复测量方差分析，

结果表明,对立特征数有主效应,$F(1,19)=121.53$,$MSE=0.04$,$p=0.000$;对立特征概率有主效应,$F(1,19)=151.14$,$MSE=0.02$,$p=0.000$;二者的交互作用显著,$F(1,19)=68.98$,$MSE=0.03$,$p=0.000$。

进一步对交互作用作简单效应分析。在对立特征数量水平上的简单主效应分析表明,在对立特征较多的条件下,两种对立特征概率水平的类别一致回答率差异非常显著,$F(1,19)=132.69$,$MSE=0.05$,$p=0.000$;而在对立特征较少的情况下,两种对立特征概率水平上的类别一致回答率差异不显著,$F(1,19)=0.25$,$MSE=0.006$,$p=0.623$。这个结果与实验1A的结果类似,之所以在对立特征较少条件下,对立特征概率并没有对被试的归类产生明显的影响,可能是因为对立特征少,被试根本不用考虑对立特征的概率就可以作出类别一致的判断;而只有对立特征到了一定的数量,匹配特征概率的影响作用才表现出来。

(二)实验2B

1. 目的

探讨在有类别标签的情况下,新项目与类别成员对立特征数目和对立特征概率不同对其归类确信度的影响。

2. 方法

(1)被试。从华南师范大学二年级自愿参加实验的本科生中选出20名被试,男生10人,女生10人。

(2)材料。学习材料与实验1A相同,但测试材料中每个项目的上方标出了它所属的类别,要求被试以概率的形式反映他心目中认为这个项目属于该类别的确定程度。

(3)设计。与实验1A基本相同,但不是要求被试判断新项目所属类别,而是对该对象属于标签类别的确信度作出判断(0~100%),并在键盘上输入。30分钟以内完成实验任务。

3. 结果与分析

统计被试对与类别成员有不同对立特征数目和不同对立特征概率的新项目属于标签类别的确信度,结果见表7。

表7　不同对立特征数量与不同对立特征概率条件下的类别确信度

对立特征	低对立特征概率	高对立特征概率
较少（1）	0.80 ± 0.17	0.72 ± 0.22
较多（2）	0.77 ± 0.13	0.51 ± 0.10

用SPSS 10.0统计软件对表7的数据进行2×2的重复测量方差分析，结果表明，对立特征数目有主效应，$F(1, 19) = 40.74$，$MSE = 0.015$，$p = 0.000$；特征竞争概率有主效应，$F(1, 19) = 11.11$，$MSE = 0.027$，$p = 0.003$；二者的交互作用不显著，$F(1, 19) = 4.14$，$MSE = 0.034$，$p = 0.76$。

本实验结果表明，虽然已经给出了新项目的类别标签，但是，随着对立匹配特征的数目的增加以及对立特征概率的提高，被试对项目的类别确信程度还是随之降低。同时，在本实验有类别标签的条件下，对立特征数量与对立特征概率两个因素的交互作用消失。这个结果与实验1B的结果类似，可能是由于在本实验中被试面临的任务不是要他们确定新项目的类别，而是要求他们确定新项目属于某类别的程度，这样会促使他们在对立特征较多或者对立特征较少两种条件下，都注意考察对立特征概率因素，因此，在对立特征较少的情况下也表现出对立特征概率的影响作用。

四、讨论

本实验对前人关于特征性质对归类的影响研究进行了总结与分析，然后提出，以往的研究主要关注新项目与类别成员匹配特征的数量，没有关注这些匹配特征在类别成员中的出现概率，这是不完整的；同时，以往的研究只考虑新项目与类别成员的匹配特征，而没有充分考虑到它们非匹配特征的性质，这也是片面的。据此，本实验提出了基本设想：对新项目进行归类，主要受新项目在特征方面与类别成员的相似性与竞争性的影响，相似性由匹配特征的数量与匹配特征概率决定；而竞争性则由非匹配特征中的对立特征的数量与对立特征概率决定。实验结果初步证实了上述设想。

实验1主要考察了特征的相似性对归类任务的影响，实验1A和1B

分别考察了在有类别标签和没有类别标签的条件下相似性对归类的影响。实验结果表明，在没有类别标签的情况下，被试对项目进行归类同时会受到匹配特征数目与匹配特征概率的影响；在有类别标签的情况下，通过被试的归类确信度也反映出匹配特征数量与匹配特征概率对归类的影响，与实验1A的结果基本一致。实验2则探讨特征的竞争性对归类任务的影响，实验2A与2B分别考察了在有类别标签与没有类别标签的条件下竞争性对归类的影响。结果表明，在两种条件下特征的竞争性对归类有显著的影响。根据本研究的结果，可以得出下面关于特征影响归类概率的公式：

$$p = \sum(a_1b_1X_1 + a_2b_2X_2 + \ldots + a_Nb_NX_n) - \sum(c_1d_1Y_1 + c_2d_2Y_2 + \ldots + c_md_mY_m)$$

（P为归类概率；X_n为匹配特征；a_n为匹配特征权重；b_n为匹配征在类别原型中出现的概率；Y_m为竞争特征；C_m为竞争特征权重；d_m为竞争特征在对立类别原型中出现的概率）。

类别概率P直接决定了归类任务，在新项目没有类别标签的情况下，P值越大，人们就越容易将它归入相应的类别；而在新项目已经有类别标签的情况下，P值越大，人们对该项目属于标签类别的确信度就越高。P值达到何种程度人们才会作出归类的决策，这可能会受到被试的主观判断概率的影响，因此，如果用信号检测方法会更准确地揭示这个判断基线。

应该特别指出的是，当给予新项目类别标签的情况下，不等于在被试心目中该项目就必然属于所标签的类别。我们认为，类别标签对新项目所属类别在总体上作出规定的情况下，类别概率还是会受匹配特征的数量与概率、竞争特征的数量与概率的影响，这个影响作用是以对新项目属于某类别的确信度的形式表现出来。心理学界以往在归类研究中发现一个重要的现象，即类别典型性的现象，可能进一步设想，这种类别确信度可能就是类别典型性的内部机制。当然，这有待于进一步进行专门研究以证明。

心理学界在以往关于对类别特征推理的研究中，提出了"归类不确定情境"的概念，开拓了对"归类不确定情境的特征推理"的研究领域，探讨在项目归类不确定条件下人们对其特征进行推理的特点与规律。[16,17] 根据本研究的结果并结合前人的有关研究，本研究对归类问题提出"特征不确定情境"的概念。我们认为，在类别形成过程中，类别成员的特征有两种类型：第一种是所有的成员都具有而其他类别都不具有的特征，称为"确定性特征",确定性特征的特征概率为100%,而对立概率为0。确定性特征是归类的充分条件,新项目只要具备1个确定性特征,都会使被试正确进行归类。第二种特征是"不确定特征",这种特征不是所有类别成员而只是多数成员所具有,不确定特征的对立概率等于或大于0。当要求分类的新项目只是具备非确定性的类别特征,则称为"特征不确定情境",心理学界以往对归类的研究包括本研究,实际上就是探讨在这种特征不确定情境下的归类的特点与规律。本研究结果表明,不确定特征对归类的贡献是由特征概率与对立概率共同决定的,前者与归类概率成正比,后者与归类概率成反比。可以认为,关于"特征不确定情境的归类研究"这个概念的提出,不仅可以对前人有关的研究进行清晰的总结与分析,而且可以进一步开拓新的归类研究问题,如特征不确定情境的归类是否符合贝叶斯规则等,是有意义的。

五、结论

本研究结果表明:匹配特征数量及其概率是相似性的两个构成因素,它们与新项目的归类概率成正比;而对立特征数量及其概率则是竞争性的两个构成因素,它们均与新项目的归类概率成反比。

参考文献

[1] Anderson J. R. The adaptive nature of human categorization [J]. Psychological Review, 1991, 98 (2): 409 – 429.

[2] Mo L., Chen Z. S. Rule-based categorization strategy and example-based categorization strategy in categorization (in Chinese) [J]. Acta Psychologica Sinica, 2003, 35 (1): 29 – 39.

[3] Bruner J. S., Goodnow J., Austin G. A. A study of thinking [M]. New York: Wiley, 1956.

[4] Rosch E. H. Cognitive representations of semantic categories [J]. Journal of Experimental Psychology: General, 1975, 104: 192 – 233.

[5] Medin D. L., Smith E. E. Concepts and concept formation [J]. Annual Review of Psychology, 1984, 35: 113 – 138.

[6] Medin D. L., Goldstone R. L., Gentne D. Similarity involving attributes and relations: Judgments of similarity and difference and not inverses [J]. Psychological

Science, 1990, 1: 64 – 69.

[7] Komatsu L. K. Recent view of conceptual structure [J]. Psychological Bulletin, 1992, 112: 500 – 502.

[8] Goldstone R. L. The role of similarity in categorization: Providing a groundwork [J]. Cognition, 1994, 52: 125 – 157.

[9] Medin D. L. Concepts and conceptual structure [J]. American Psychologist, 1989, 44: 1469 – 1481.

[10] Medin D. L., Goldstone R. L., Gentner D. Respects for similarity [J]. Psychological Review, 1993, 100: 254 – 278.

[11] Markman A. B., Wisniewski E. J. Similar and different: The differentiation of basic level categories [J]. Journal of Experimental Psychology: Learning, Memory & Cognition, 1997, 23: 54 – 70.

[12] Smith E. E. Concepts and induction [M]. In Poster M. I., ed. Foundations of cognitive science. Cambridge, MA: MIT Press, 1989: 501 – 526.

[13] Kruschke J. K. Alcove: An exemplar-based connectionist model of category learning [J]. Psychological Review, 1992, 99: 22 – 44.

[14] Malt B. C., Sloman S. A., Gennari S., Shi M., Wang Y. Knowing versus naming: Similarity and the linguistic categorization of artifacts [J]. Journal of Memory and Language, 1999, 40: 230 – 262.

[15] Yamauchi T., Markman A. B. Inference using categories [J]. Journal of Experimental Psychology: Learning, Memory, and Cognition, 2000, 26 (3): 776 – 795.

[16] Malt B. C., Ross B. H., Murphy G. L. Predicting features for members of natural categories when categories is uncertain [J]. Journal of Experimental Psychology: Learning, Memory, and Cognition, 1995, 21 (3): 646 – 661.

[17] Mo L., Zhao H. Y. Influence of association and separation in the dimensions on the predictions in the uncertain circumstance of classifying (in Chinese) [J]. Acta Psychologica Sinica, 2002, 34 (5): 470 – 479.

类别成员跨维度特征关系对类别学习的影响

一、问题与目的

把事物归到相应的心理类别并利用反馈信息不断地修正，形成事物正确的类别归属，是人们日常生活中一项基本的认知任务，而且也是构成其他更复杂认知任务的基本成分，因此，类别学习的心理加工过程一直倍受认知心理学家的关注。

早期关于类别或概念学习的经典理论是规则理论，该理论认为，类别或概念是由一些充分或必要的特征构成，通过对这些特征的规则性描述，可以明确地区分不同的概念和类别，人们是在形成并检验假设的基础上来习得类别或概念的，即学会识别类别的核心特征。根据这个理论，类别是由标准特征来定义的。标准特征是概念的一个组成部分，是用来确认某一具体样例属于该类别的必要或充分条件。[1]

随着研究的深入，人们开始对规则理论提出了批评，他们认为，传统的规则理论很难解释人们的类别形成，尤其是自然类别的形成。自然概念不是以标准特征或决定性特征为基础而组织起来的，自然类别没有必不可少的特征，也没有充分的特征，自然类别中没有一个特征能够保证可以用某种特定方式对特定样例进行分类。自然类别具有"家族相似性"（Family Resemblance）的特征。所谓家族相似性，是指一个家族成员的容貌都有一些相似，但彼此相似的情况又不一样，这种家族相似性很像特征的集合，家族成员都会有某些家族特征，有的人多一些，有的人少一些，没有全部成员都有或必须有的共同特征，所有自然类别的成员是由相互重叠的特征的网络联系在一起的，因此，自然类别之间没有明确、固定的划分界限，其边界是模糊的，类别形成是一种基于相似性的模糊决策的过程。[2,3]基于上述对类别的分析，心理学家在家族相似性概念的基础提出了类别形成的相似性理论，并将这种相似性理论引进人工类别的研究，探讨类别的学习与形成。自 20 世纪八九十年代以来，这种以相似性理论为基础的类别形成的研究已成为心理学界的热点与前沿。[4~9]

相似性理论认为，当类别内成员相似性增加时，类别学习变得更容易；相反，当类别间成员（即不同类别的成员）相似性增加时，类别学习将变得困难。根据这个理论，人们在进行类别学习时，类别成员共同特征越多，它们之间就越具有相似性，就越容易形成相应的类别。[10,11]

进一步，人们逐步注重探讨类别的特征维度对相似性的影响，并结合特征的维度性质来探讨特征相似性对类别学习的影响。不少研究结果表明，特征相同对类别形成的作用是与其所在维度的性质有密切的关系，人们在判断相似性时，倾向于把相同维度上的特征进行比较来确定相似性。例如，Markman 和 Gentner 1993 年的研究[12]，Goldstone 等人 1994 年的研究[13]，都证明了在相似性比较过程中存在着同维度匹配的过程。

Lassaline 和 MurPhy 1998 年的研究进一步系统探讨了类别成员相同特征出现在相同维度或不同维度对于类别学习的影响。研究者将特征分为同维度匹配特征（MIP）与异维度匹配特征（MOP）：所谓同维度匹配特征（MIP），是指类别成员在相同维度出现的相同特征，例如，若干相同类别的鸟的翅膀（维度）都是黑色的（特征）；而异维度匹配特征（MOP）则指类别成员在不同维度上出现的相同特征，例如，若干相同类别的鸟都有黑色的特征，但是，有的翅膀（维度）是黑色的，有的尾巴是黑色的，等等。研究结果表明，类别成员同维度匹配特征（MIP）比异维度匹配特征（MOP）更能增加类别内相似性，使类别形成变得容易；而异维度匹配特征（MOP）也能在一定程度上增加了类别内相似性，对类别形成有所促进。相反，类别间成员的同维度匹配特征（MIP）与异维度匹配特征（MOP）都会在不同程度上增加类别间混淆性，而使类别形成过程变得困难。[14]

心理学界关于特征维度在类别学习过程中作用的研究是十分有意义的，尤其是 Lassaline 和 MurPhy 的研究，深入地探讨同维度特征相同与异维度特征相同对于类别学习的影响问题，对于探讨维度在类别学习中的作用问题有重要的启示。然而，西方心理学界在该领域有关研究主要探讨的是特征的维度特点对于类别学习的影响。实际上，另一个与之有关的问题也非常值得研究，这个问题就是：在归类学习中，特征的相似性是否会影响人们对类别维度的确定，也就是说，成员特征的相似性是否会对人们形成考察类别的维度有影响。这个问题的探讨对于全面揭示维度与特征的关系及其对类别学习的影响作用同样是十分重要的。迄今为止，还没有见到关于特征的相似性对归类维度的确定的影响作用的研究。本研究准备系统设计实验探讨这个问题，以促进类别学习研究的深入。

如上述，在 Lassaline 和 MurPhy 的研究中，为了探讨类别成员的相同特征所在的维度是否相同对类别学习的影响，研究者将成员的类别特征分为同维度匹配特征（MIP）与异维度匹配特征（MOP）。而本研究所探讨的是类别成员在两个以上的维度均具有相同特征的情况下学习者对维度的确定情况，根据这个研究目的，本研究将成员的类别特征分为三种：多维度相同特征、多维度匹配特征与非匹配特征。所谓多维度相同特征，是指类别成员在两个或两个以上维度都具有相同一种特征，例如，某类鸟成员的头部与身体均有小圆点这个特征；多维度匹配特征，是指类别成员在两个或两个以上维度都具有固定配搭的两种特征，例如，某类鸟成员的头部都是黑色而身体均有小圆点；第三类特征是非匹配特征，是指类别成员在两个维度没有相同一种特征或没有具有固定配搭的两种特征。

本研究的基本设想是，类别内成员如果具有多维度相同特征，可能会促使被试将这几个维度合并成一个维度进行考虑，从而简化了类别学习的过程，促进类别的学习；反之，如果这种多维度相同的特征发生在类别间成员，将增加类别间的混淆性，从而阻碍类别形成。本研究准备设计实验验证上述设想，从而对特征性质影响归类维度确定的问题进行探讨。

二、实验1

若干类别学习的研究都指出，单维度类别比多维度类别更容易获得[15-17]，例如，Shepard, Hovland 和 Jenkins 的研究结果表明，能够根据一个维度上的特征来区分的类别是最容易学习的。因此，本研究设想，类别内的成员如果具有跨维度的相同特征，可能会促使被试模糊两个维度的界限，将它们看成是一个维度，从而会简化分类过程，促进类别的学习。

（一）实验1A

1. 目的

探讨具有双维度相同特征的类别材料是否比具有双维度匹配特征的类

别材料更可能促进类别学习。

2．方法

（1）被试。从华南师范大学本科生一年级自愿参加实验的学生中选出 28 名，男女各 14 名，随机分成两组。

（2）材料。为了便于与前人的研究进行联系与比较，本研究采用了 Lassaline 和 MurPhy 1998 年的研究材料的形式，根据本研究目的进行了新的设计：实验材料包括两套不同特征结构的鸟的图片，每套材料包括类别 A 与类别 B 两种类型的鸟的成员图片各 4 张。每只鸟有 4 个部分成为归类所依据的维度，这四个维度分别是头部（D1）、翅膀（D2）、身体（D3）、尾巴（D4），每个维度可以取 8 种特征中的一种，8 种特征分别是：V1（白色）、V2（圆点）、V3（斜线）、V4（灰色）、V5（点图案）、V6（黑块）、V7（方格）和 V8（黑色），背景色使用蓝色，鸟的其他部分使用肉色。

材料 1 的两个类别都具有双维度相同的类别特征，类别内多数成员在 D2（翅膀）与 D3（身体）两个维度有相同的类别特征，类别 A 4 个成员中有 3 个成员在翅膀和身体维度上的特征都是白色（V1），而类别 B 4 个成员中有 3 个成员在翅膀和身体维度上的特征都是斜线（V3）。

材料 2 的两个类别具有双维度匹配的类别特征，类别内成员在 D2（翅膀）与 D3（身体）两个维度的类别特征是配对出现，类别 A 4 个成员中有 3 个成员翅膀维度的白色特征（V1）与身体维度的圆点特征（V2）固定搭配，而类别 B 4 个成员中有 3 个成员则是翅膀的斜线特征（V3）与身体的灰色特征（V4）固定搭配。两类材料类别成员的特征情况见表 1。

表 1　实验 1A 两类材料类别成员特征情况

类别	D1（头）	D2（翅膀）	D3（身体）	D4（尾巴）
类别 1				
类别 A1	5	1	1	8
类别 A2	6	1	1	7
类别 A3	5	1	1	7
类别 A4	6	3	5	8
类别 B1	5	3	3	8

续表 1

类别	D1（头）	D2（翅膀）	D3（身体）	D4（尾巴）
类别 1				
类别 B2	6	3	3	7
类别 B3	5	3	3	7
类别 B4	6	1	5	8
类别 2				
类别 A1	5	1	2	7
类别 A2	6	1	2	8
类别 A3	5	1	2	8
类别 A4	6	4	5	7
类别 B1	5	3	4	7
类别 B2	6	3	4	8
类别 B3	5	3	4	8
类别 B4	6	2	5	7

图 1 是材料 1 两种类别成员的图形。

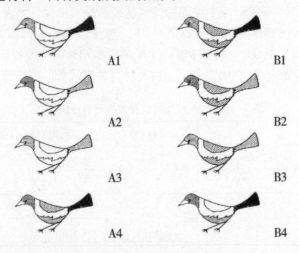

图 1　具有双维度相同的类别特征的材料

（3）程序与做法。本实验采用单因素被试间设计，自变量是类别特征类型，分为双维度相同的类别特征与双维度匹配的类别特征两种水平。

实验分为学习阶段和测试阶段。在学习阶段，每套材料为一个学习单元，8只鸟的图片在计算机屏幕上随机呈现，要求被试按键作出鸟的类别归属的判断，告知被试不需要考虑反应速度。被试作出反应后，屏幕上的鸟消失并呈现反馈信息，然后出现下一个项目，这样不断反复，直到被试在一个学习单元内对所有8只鸟都正确归类才算达到标准，计算机自动记录被试达到标准的学习单元数和学习错误数。接下来是测试阶段，材料的构成与呈现方式与学习阶段相同，但没有反馈，要求被试尽可能快并且准确地通过按键对屏幕上出现的鸟所属类别作出判断，共呈现5个单元的材料。计算机记录被试每个项目的反应时（从项目出现到被试按键作出反应的时间间隔）和测试错误数。全部实验在相同品牌的586微机上进行。

3. 结果与分析

表2分别列出被试在双维度相同特征与双维度匹配特征两种类别结构条件下达到标准所需要的学习单元数、学习过程的错误次数、测试阶段的反应时与错误次数的平均数。其中统计反应时的数据时，错误反应的反应时不计入，反应时在平均数3个标准差以外的数据也予以删除，然后计算每个被试的平均反应时。

表2 双维度相同特征与双维度匹配特征条件下学习与测试结果

特征类型	学习单元	学习错误	反应时（ms）	测试错误
双维度相同	11.64	29.93	950.67	4.00
双维度匹配	18.64	52.07	1024.27	7.79

分别对上述四类结果进行单因素方差分析。双维度相同特征条件下学习单元与学习错误显著少于双维度匹配特征条件，$F(1, 26) = 6.62$，$p < 0.05$；$F(1, 26) = 5.61$，$p < 0.05$；两种条件下测试反应时与错误次数差异不显著，$F(1, 26) = 1.14$，$p > 0.05$；$F(1, 26) = 3.94$，$p > 0.05$。

由上可见，双维度相同特征材料的学习无论从达到标准所需要的单元数还是学习过程错误次数来看，都显著少于双维度匹配特征材料的学习。根据这个结果，可以初步认为，对双维度相同特征的类别材料的学习，由于类别成员在两个维度都具有相同的特征，被试可能倾向将这两个维度看成是一个维度；而在双维度匹配特征材料的学习时，则存在着两种可能性，一种是被试没有将特征匹配的两个维度合并成一个维度，另外一种可能性是被试需要经过更多的尝试之后，才能发现这种类别材料的特点，转而将其合并成一个维度处理，这两种可能性都使双维度相同特征的材料的类别形成难度小于双维度匹配特征的材料。实验1B准备对双维度匹配特征材料的学习过程是没有发生维度合并还是延缓维度合并这两种可能性作出检验。

另外，本实验结果也表明，双维度相同特征条件下测试阶段的反应时和测试错误数与双维度匹配特征条件下差异未达到显著性水平，这可能是由于被试在学习阶段已经进行了充分的学习（在一个学习单元内对所有项目能够正确归类）而导致。这个结果可以证明，双维度相同特征材料的学习过程表现出的优势并不是由于降低了掌握程度而形成的。

（二）实验1B

1. 目的

探讨学习具有双维度匹配特征的类别材料成员是否也能够在一定程度上促进被试合并这两个维度，从而比非匹配特征的类别材料的学习较为容易。

2. 方法

（1）被试。从华南师范大学本科生一年级自愿参加实验的学生中选出24名，男女各半，随机分成两组。

（2）材料。实验材料也是包括两套不同特征结构的鸟的图片。材料1两个类别的特征都是非匹配特征，而材料2两个类别的部分特征是双维度匹配特征。见表3。

（3）程序与做法。与实验1A相同。

3. 结果与分析

表4分别列出被试在双维度匹配特征与非匹配特征两种特征材料条件下达到标准所需要的学习单元数、学习过程的错误次数，测试阶段的反应时与错误次数的平均数。反应时数据的统计规则与实验1A相同。

分别对上述四类结果进行单因素方差分析，双维度匹配特征与非匹配特征两种类别材料的学习单元与学习错误差异不显著，$F(1, 22) = 0.035$, $p > 0.5$；$F(1, 22) = 0.788$, $p > 0.5$；测试反应时与错误次数差异也不显著，$F(1, 22) = 0.688$, $p > 0.5$; $F(1, 22) = 0.047$, $p > 0.5$。

表3 实验1B两类材料类别成员特征情况

类别	D1（头）	D2（翅膀）	D3（身体）	D4（尾巴）
材料1（非匹配特征）				
类别A1	5	6	1	7
类别A2	6	2	1	8
类别A3	5	2	6	7
类别A4	6	4	5	8
类别B1	5	6	3	7
类别B2	6	4	3	8
类别B3	5	4	6	7
类别B4	6	2	5	8
材料2（双维度匹配特征）				
类别A1	5	2	1	8
类别A2	6	2	1	7
类别A3	5	2	1	7
类别A4	6	4	5	8
类别B1	5	4	3	8
类别B2	6	4	3	7
类别B3	5	4	3	7
类别B4	6	2	5	8

表4 双维度匹配特征与非匹配特征条件下学习与测试结果

特征类型	学习单元	学习错误	反应时	测试错误
双维度匹配	18.73	53.73	1270.04	8.82
非匹配	19.30	57.10	1168.12	8.30

根据本实验的设想，如果被试学习双维度匹配特征的类别材料可以逐步将两个维度合并为一个维度，而由于学习非匹配特征的类别材料始终要考察两个维度，那么，双维度匹配材料的类别学习就应该优于非匹配特征材料的类别学习；相反，如果被试对双维度匹配特征材料的类别学习过程始终要考察两个维度，那么，其类别学习成绩就应该与非匹配特征材料的学习成绩基本相等。实验结果表明，两种材料的类别学习效果差异不显著，据此可以认为，被试对双维度匹配材料的类别学习过程始终考察两个维度。

需要说明的是，在 Lassaline 和 MurPhy 的研究中，是将"同维度匹配特征"与"异维度匹配特征"相比较，也就是将相同特征发生在某类别一个维度上的类别材料与相同特征发生在某个类别不同维度上的类别材料的学习进行比较。而本研究中所谓的"非匹配特征"，实际上也是两个"同维度匹配特征"，只不过这两个维度的特征没有固定的搭配关系而已，这样，在"双维度匹配特征"条件下，如果被试没有将两个维度看成是一个维度的话，那么他要形成两个类别的难度就会与"非匹配特征"相同，因此两种类别结构材料的学习成绩没有显著差异。

实验1A与实验1B的结果证明，在类别成员具有双维度相同特征的条件下，可以促使被试将两个维度合并为一个维度，从而促进了类别学习；而双维度匹配特征则起不到影响维度合并的作用。

为了进一步证实双维度相同特征材料的学习优于双维度匹配特征材料的学习，是由于被试在前一种学习条件下将两个维度看成是一个维度，本研究再进行了补充实验：选取20名被试，随机分成两组，一组学习双维度相同特征材料，另一组学习双维度匹配特征材料，然后进行分类测试，并且要求他们说出分类理由。结果表明，双维度相同特征材料学习组大多数人被试的归类理由是"这些鸟（A类成员）这块地方（即翅膀与身体）都是圆点，而那些鸟（B类成员）这块地方（即翅膀与身体）是方格"，显然，他们是将类别成员不同维度上的两个相同特征看成是一个维度上的相同特征；而双维度匹配特征材料学习组多数被试的归类理由是"这些鸟（A类成员）的翅膀都是圆点，身体都是方格；而那些鸟（B类成员）的翅膀都是黑的，身体是斜条纹"，可见他们是将类别成员跨维度两个匹配特征看成是两个不同维度上的特征。

在实验1中，双维度相同特征是发生在两个位置相邻的维度，如果发生在不相连接的两个维度上,这种分离双维度的相同特征能否还会使被试将两个维度合并为一个维度,实验2准备探讨这个问题。

三、实验2

1. 目的

探讨类别成员的双维度相同特征如果发生在位置非邻近的两个维度时,是否也会促使被试将这两个维度合并为一个维度,从而促进类别学习。

2. 方法

(1) 被试。从华南师范大学本科生一年级自愿参加实验的学生中选出28名,男女各半,随机分成两组。

(2) 材料。实验材料包括两套不同特征结构的鸟的图片。第一套材料中类别成员都有双维度相同特征,但相同特征出现在头部和尾巴两个分离的维度上;第二套材料中类别成员都有双维度匹配特征,匹配特征也是出现在头部和尾巴两个分离的维度上。见表5。

表5 实验2两类材料类别成员特征情况

类别	D1（头）	D2（翅膀）	D3（身体）	D4（尾巴）
材料1（分离双维度相同特征）				
类别A1	1	5	8	1
类别A2	1	6	7	1
材料1（分离双维度相同特征）				
类别A3	1	5	7	1
类别A4	3	6	8	5
类别B1	3	5	8	3
类别B2	3	5	7	3
类别B3	3	5	7	3
类别B4	1	6	8	5

续表 5

类别	D1（头）	D2（翅膀）	D3（身体）	D4（尾巴）
材料 2（分离双维度匹配特征）				
类别 A1	1	5	7	2
类别 A2	1	6	8	2
类别 A3	1	5	8	2
类别 A4	4	6	7	5
类别 B1	3	5	7	4
类别 B2	3	6	8	4
类别 B3	3	5	8	4
类别 B4	2	6	7	5

（3）程序与做法。与实验 1A 相同。

3. 结果与分析

表 6 分别列出在被试对分离双维度相同特征与分离双维度匹配特征两种材料的类别学习达到标准所需要的学习单元数、学习过程的错误次数，测试阶段的反应时与错误次数。反应时数据的统计规则与实验 1A 相同。

分别对上述四类结果进行方差分析，分离双维度相同特征与分离双维度匹配特征两种条件下的学习单元与学习错误差异不显著，$F(1, 26) = 0.291$，$p > 0.5$；$F(1, 26) = 0.01$，$p > 0.5$；测试反应时与错误次数差异也不显著，$F(1, 26) = 0.269$，$p > 0.5$；$F(1, 26) = 0.6377$，$p > 0.5$。由此可见，两种特征结构的材料的类别学习效果差异不显著。

表 6　分离双维度相同特征与分离双维度匹配特征条件下学习与测试结果

特征类型	学习单元	学习错误	反应时	测试错误
分离双维度相同	16.15	39.92	991.25	6.46
分离双维度匹配	18.00	40.86	1022.21	5.36

上述结果表明，在维度空间上分离的情况下，被试对双维度相同特征材料的类别学习效果没有表现出实验 1A 那种优势，据此可以认为，当双维度相同特征发生在空间上分离的两个维度时，被试没有将这两个维度合

并成一个维度,而是与双维度匹配特征的类别学习一样,因此,两种条件下的类别学习就没有表现出任何差异。

四、实验3

1. 目的

探讨不同类别的成员(即类别间成员)具有双维度相同特征是否可能使被试将两个维度合并成一个维度,从而增加了类别学习的难度,使得类别形成过程变得较为困难。本实验从类别间成员的角度来验证实验1A的结果。

2. 方法

(1) 被试。从华南师范大学本科生一年级自愿参加实验的学生中选出24名,男女各半,随机分成两组。

(2) 材料。实验材料也是两套不同特征结构的鸟的图片。材料1是类别间双维度相同特征的材料,类别A的第四个项目和类别B的第四个项目分别与另外一个类别的三个项目具有相同特征。材料2是类别间双维度匹配的材料,类别A的第四个项目和类别B的第四个项目分别与另外一个类别的三个项目具有匹配特征。

(3) 程序与做法。与实验1A相同。

表7 实验3两类材料类别成员特征情况

类别	D1(头)	D2(翅膀)	D3(身体)	D4(尾巴)
材料1(类别间双维度相同特征)				
类别A1	7	1	1	8
类别A2	8	1	1	7
类别A3	8	1	1	5
类别A4	5	3	3	8
类别B1	7	3	3	8
类别B2	8	3	3	7
类别B3	8	3	3	5
类别B4	5	1	1	8

续表 7

类别	D1（头）	D2（翅膀）	D3（身体）	D4（尾巴）
材料 2（类别间双维度匹配特征）				
类别 A1	7	2	1	8
类别 A2	8	2	1	7
类别 A3	8	2	1	6
类别 A4	5	4	3	8
类别 B1	7	4	3	8
类别 B2	8	4	3	7
类别 B3	8	4	3	6
类别 B4	5	2	1	8

3. 结果与分析

表 8 分别列出被试在类别间双维度相同与双维度匹配两种特征结构条件下达到标准所需要的学习单元数、学习过程的错误次数，测试阶段的反应时与错误次数的平均数。反应时数据的统计规则与实验 1A 相同。

表 8　类别间双维度相同特征与类别间双维度匹配特征条件下学习与测试结果

特征类型	学习单元	学习错误	反应时	测试错误
类别间双维度相同	22.82	64.36	1299.36	4.18
类别间双维度匹配	15.92	40.67	1438.40	5.58

分别对上述四类结果进行方差分析，类别间双维度相同特征条件下学习单元与学习错误显著多于双维度匹配特征条件，$F(1, 22) = 4.42$，$p < 0.05$；$F(1, 22) = 4.61$，$p < 0.05$；两种条件下测试反应时与错误次数差异不显著，$F(1, 22) = 2.70$，$p > 0.05$；$F(1, 22) = 0.58$，$p > 0.05$。

上述结果表明，在学习掌握阶段，当类别间成员具有双维度相同特征的情况下，被试可能会倾向于将具有相同特征的两个维度看成是一个维度，因此，与类别间成员具有双维度匹配特征的材料相比，类别学习的难度更大。这个结果从新的角度证实了实验 1A 的结果与结论。在测试阶段两种实验处理条件反应时和错误数之间差异不显著,这个结果与实验1A也是一致的。

五、讨论

以往关于类别学习的研究注重探讨的是类别成员特征的维度性质对类别学习的影响,亦即类别成员的相同特征是否出现在相同维度上对类别学习的影响,取得了较多的成果。

本研究则是从一个新的角度探讨了特征与维度的关系对类别学习的影响,即探讨当类别成员在两个维度上均具有同一种特征的条件下对类别学习的影响。研究结果表明,类别成员两个相邻维度都有同一种特征,即类别成员具有双维度相同特征时,会促进类别学习;当类别成员在两个相邻维度上具有匹配特征,即类别成员具有双维度匹配特征时,对于类别学习起不到特别的促进效果;当类别成员在两个不相邻维度具有同一特征时,对于类别学习也没有起到特别的促进作用。相反,如果类别间成员具有双维度相同特征,则对类别学习产生消极影响。

根据本研究的结果,可以认为,之所以类别成员具有双维度相同特征能促进类别学习,是因为人们遇到两个相邻维度上具有同一特征的类别材料时,会倾向于将具有同一特征的两个维度看成是1个维度,减少归类过程要考虑维度的数量,产生维度简化效应,从而简化了分类过程,促进了类别学习。然而,如果类别成员在相邻两个维度只是具有匹配特征,由于特征不同使两个维度产生了分离性,人们倾向于将它们看成两个维度,因此,类别成员两个相邻维度具有匹配特征对类别学习没有特殊的促进作用。同样,当类别成员的两个不相邻维度具有相同特征时,由于相同特征所在的维度在空间位置上分离,也不会让人们认为是一个维度,因此类别成员跨分离维度相同特征对类别学习同样没有产生特定的促进作用。由此可见,类别成员的双维度相同特征可以促使人们简化分类维度。从而对类别学习起到促进作用,这是本研究的主要结果与结论。

根据本研究的结果,结合前人的有关研究,可以对类别学习过程类别特征对维度确立的影响问题作进一步的分析。

首先,可以认为,类别学习过程中类别维度的确定是一个自上而下的逻辑分析与自下而上的特性分析相结合的过程。类别学习过程中,类别维度的确定分为两步：第一步，确定维度模式或维度划分的角度。人们会依据先前经验提出多种维度模式，如从空间角度，从组成角度，或按性质等等来确定维度，这是自上而下的逻辑分析；同时，人们会进一步分析具体的类别成员的特征状况，从而确定采用最合适的维度模式或分类角度，这是自下而上的特征分析。关于类别模式确定过程的逻辑分析与特性分析相结合的问题，在前人较多的研究中已经得到证实。第二步，根据维度模式确定具体维度。这是本研究主要考察的问题。本研究结果表明，维度模式确定后，如何确定具体的维度，这也是一个自上而下的逻辑分析与自下而上的特性分析相结合的过程，人们既会有先前经验的定向，也会结合考虑当前材料的特征状况。以本研究的类别材料为例，人们确定了以组成部分为分类维度模式之后，就会根据已有经验如"头部""尾部""翅膀""身体"等来考虑具体维度的确定，但是，人们同时也结合了特征的状况，当翅膀与身体都具有同一种特征情况下，就倾向将翅膀与身体作为一个维度，这就体现了类别特征状况对原有维度经验的影响。由此可见，类别维度确定过程，既受到人们已有经验形成的先定逻辑的影响，也受到具体分类材料的类别特性状况的影响。

其次，根据本研究的结果，可以认为，类别学习过程对分类维度的确定遵循着认知"经济性"原则。莫雷等人2003年的研究中提出，人们归类过程的策略选择模型，体现了认知过程的经济性原则，即人的认知过程会倾向选择最少使用脑力资源而获得最大效益的策略或方法。[8]本研究的结果表明，在类别学习中类别维度的确定也遵循着这个经济性原则：由于能够根据一个维度上的特征来区分的类别是最容易学习的，因此，如果有可能，人们会首先希望利用一个维度的特征来进行分类，而不是增加工作记忆的负担来关注成员在两个维度上的特征或者特征关系，除非这种类别结构材料明显给予人们这种信息。

本研究探讨了类别成员双维度相同特征对类别学习的影响及其机制问题，并据此分析了类别学习过程类别特征对维度确立的影响作用，这有助于对分类过程维度确立的信息加工过程的理解。当然，本研究只是初步的探讨，对于这个重大问题还需要继续进行深入的研究。

六、结论

本研究的结果表明：①类别成员具有双维度相同特征时，人们在归类学习中会将这两个维度看成是一个维度，从而促进类别学习；类别成员具有双维度匹配特征，或者在两个不相邻维度具有相同特征时，对于类别学习没有起到这种特定的促进作用。②如果类别间成员具有双维度相同特征，则对类别学习会产生消极影响。本研究的结果表明，归类学习过程中，特征相似性状况对维度的确立也会产生影响。

参考文献

［1］ Bruner J. S., Goodnow J., Austin G. A. A study of thinking ［M］. New York: Wiley, 1956.

［2］ Medin D. L. Concepts and conceptual structure ［J］. American Psychologist, 1989, 44: 1469 – 1481.

［3］ Erickson M. A., Kruschke J. K. Rules and exemplars in category learning ［J］. Journal of Experimental Psychology: General, 1998, 127: 107 – 140.

［4］ Medin D. L., Goldstone R. L., Gentne D. Similarity involving attributes and relations: Judgments of similarity and difference and not inverses ［J］. Psychological Science, 1990, 1: 64 – 69.

［5］ Komatsu L. K. Recent view of conceptual structure ［J］. Psychological Bulletin, 1992, 112: 500 – 502.

［6］ Goldstone R. L. The role of similarity in categorization: Providing a groundwork ［J］. Cognition, 1994, 52: 125 – 157.

［7］ Mo L., Zhao H. Influence of association and separation in the dimensions on the predictions in the uncertain circumstance of classifying (in Chinese)［J］. Acta Psychologica Sinica, 2002, 34 (5): 470 – 479.

［8］ Mo L., Chen Z. Rule-based categorization strategy and example based categorization strategy in categorization ［J］. Acta Psychologica Sinica, 2003, 35 (1): 29 – 36.

［9］ Mo L., Chang J. The influence of category feature's similarity and rivalrousness on category ［J］. Acta Psychologica Sinica, 2003, 35 (5): 628 – 635.

［10］ Medin D. L., Goldstone R. L., Gentner D. Respects for similarity ［J］. Psychological Review, 1993, 100: 254 – 278.

［11］ Markman A. B., Wisniew ski E. J. Similar and different: The differentiation of basic level categories [J]. Journal of Experimental Psychology: Learning, Memory, and Cognition, 1997, 23: 54 – 70.

[12] Markman A., Gentner D. Splitting the differences: A structural alignment view of similarity [J]. Journal of Memory and Language, 1993, 32: 517 – 535.

[13] Goldstone R. L. Similarity, interactive activation and mapping [J]. Journal of Experimental Psychology: Learning, Memory, and Cognition, 1994, 20: 3 – 28.

[14] Lassaline M. E., MurPhy G. L. Alignment and category learning [J]. Journal of Experimental Psychology: Learning, Memory, and Cognition, 1998, 24: 144 – 160.

[15] Shepard R. N., Hovland C. I., Jenkins H. M. Learning and memorization of classification [J]. Psychological Monographys: General and Applied, 1961, 75: 13 – 51.

[16] Nosofsky R. M., Palmieri T. J. An exemplar-based random walk model of speeded classification [J]. Psychological Review, 1997, 104: 266 – 300.

[17] Yamauchi T., Markman A. B. Learning categories composed of varying instances: The effect of classification, inference, and structural alignment [J]. Memory and Cognition, 2000, 28: 64 – 78.

类别学习中两种学习模式的比较研究：
分类学习与推理学习

一、前言

在类别学习的实验研究中，通常预先将所有刺激（如一些奇怪的虫子或几何图形）分为两个类别，如 A 类、B 类，并逐个呈现完整刺激，要求被试判断该刺激属于哪个类别（被试每次判断后，主试即时给予反馈）；通过多次尝试，直到达到某个设定的学习标准（如 90%的正确率），被试就在实验条件下学到了一个新的类别知识。学习结束后，通过迁移探测，了解类别知识的表征模型，一般有规则、原型、样例，以及决策界限模型。以上模式可以称为分类学习模式。

以 Yamauchi 和 Markman 等为代表的研究者提出了一种新的推理学习模式，[1-3]即逐个呈现所有的刺激和它所属的类别标签（A 或者 B），但每个刺激不是完整地呈现出来，而是有一个缺失特征，要求被试推理该特征的属性（被试每次推理后，主试也即时给予反馈）；每个刺激的各个特征都经过推理后，并且所有的刺激经过多轮的推理后，也同样可以学习到新的类别知识。如图 1。

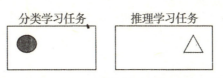

图 1　Yamauchi 和 Markman 2002 年实验 1 使用的分类学习和推理学习任务

Anderson 研究表明[4]，类别表征的主要用途是推理，即推理某个新事物具有什么特征，而先前关于类别学习的实验研究，主要关注了分类任务，忽视了推理任务。Yamauchi 和 Markman，[1-3] Anderson，Ross 和 Chin-Parker，[5] Chin-Parker 和 Ross[6,7] 从以下三个方面，对两种学习方式进行了深入的对比研究：

第一，比较了两种学习任务的难易程度。Yamauchi 和 Markman 的研究表明，推理学习比分类学习容易。[1] Yamauchi 和 Markman 比较了不同类别结构对分类学习和推理学习的影响，[3] 在线性分离结构（linearly separable category，类别内各样例和原型的相似性均等）中，推理学习优于分类学习，而在非线性分离结构（类别内各样例和原型的相似性不均等）中，分类学习优于推理学习。统计达到 90% 的正确率标准所需要的平均学习轮次，对于线性分离结构，推理学习需要 6.5 轮，分类学习则平均需要 12.3 轮；对于非线性分离结构，推理学习需要 15.8 轮，分类学习则平均需要 10.5 轮。

第二，比较了两种学习任务的学习性质，Yamauchi 和 Markman 的研究，[3] Anderson，Ross 和 Chin-Parker 的研究[5] 认为推理学习是原型记忆，分类学习是样例记忆。如表 1。

表 1　Yamauchi 和 Markman 2002 年实验 2 材料的类别结构

	A					B			
	形状	大小	颜色	位置		形状	大小	颜色	位置
A1	1	1	1	1	B1	1	1	0	1
A2	1	1	0	0	B2	0	1	1	0
A3	0	0	1	1	B3	1	0	0	0
A0	1	1	1	1	B0	1	1	0	0

刺激 A2 是 A 类的成员，却是 B 的原型。如果推理的学习是原型记忆，那么接受推理学习的被试，对 A1 的分类要优于 A2；如果分类学习是样例记忆，那么接受分类学习的被试在 A1 和 A2 的分类成绩上应该差异不显著。

接受分类学习的被试，在 A1 和 A2 的分类测试成绩上差异不显著（0.88 对 0.92，$Z=0.02$，$p>0.10$），说明分类学习是样例记忆，原型不起作用。接受推理学习的被试，对 A1 和 A2 的分类测试成绩差异显著

(0.83 对 0.46，$Z=2.41$，$p<0.01$），说明推理学习是原型记忆，原型起了作用。

第三，比较了两种学习任务的信息加工过程，Chin-Parker 和 Ross 的研究表明，推理学习关注类别内的相同信息（within-category information），而分类学习则关注类别间的区分性信息（diagnostic information）。[6,7]类别内的相同信息指的是同一类别内的不同样例间，有什么特征是相同的；类别间的区分性信息指的是属于不同类别间的不同样例间，有什么特征是不同的。他们设计了由 5 个特征组成的虫子构成学习材料，2 个类别的原型是重叠的（A：0, 0, 0, 0, 0）和（B：0, 0, 1, 1, 1）。所有学习的项目都只有一个特征和原型不同，构成家族相似性结构。如果分类学习对区分性特征敏感，那么开始的两个维度特征由于不能用来区分两个类别，所以它们起的作用应该不会很重要。如果推理学习对区分性特征不太敏感（因为它导致关注的是类别的内部结构）。那么开始的两个特征和其他的特征应该同样重要。学习后，要求被试对某些新样例进行属于该类别的典型性判断。设计了三种不同区分性特征重叠的新样例，例如，某个新样例有 3 个特征和原型 A 重叠，可能重叠的都是区分性特征（1, 1, 0, 0, 0），也可能重叠的有 2 个区分性特征和 1 个非区分性特征（1, 0, 0, 0, 1），也可能是 1 个区分性特征和 2 个非区分性特征（0, 0, 0, 1, 1）。结果表明，分类学习对这三种不同区分性的更敏感，三种不同区分性的 7 级典型性判断分别为 2.93，4.51，5.88；而推理学习分别为 3.66，4.07，4.63。

此外，一些研究者还探讨了类别学习的分类策略。Rouder 和 Ratcliff，[8] Ashby 和 Maddox[9] 的研究表明，类别学习中存在三种分类策略：一种是"单一规则策略"，即寻求某个标准特征来对所有的样例进行归类；一种是"规则加例外策略"，寻求标准特征对绝大多数的样例进行归类，同时记住某些例外的样例，最后完全正确归类；一种是"信息整合策略"，通过多重规则的整合形成联合规则，或者通过特征的叠加抽象出原型，进而对所有的样例正确归类。

我们认为，类别学习中的信息加工除了需要关注 Chin-Parker 和 Ross 研究的类别内的相同信息和类别间的区分性信息外，类别内的相关信息也特别重要。所谓类别内的相关信息，指的是在某个类别中哪些特征更容易结合在一起。如学习文科的人，可能更爱好艺术，学习理科的人，更多的是男性学生。自然界中，食肉动物常常有尖尖的牙齿。这些相关信息对类别学习、表征和运用起关键性的作用。[4]在类别学习中，掌握相关信息至关重要，并且，如果推理学习比分类学习更精细，更为关注类别的内部信息，那么推理学习应该比分类学习更容易掌握这种特征的相关信息。

我们将在学习的进程中探测学习者是否运用了上述三种策略，两种不同学习方式的分类策略运用如何变化，以探索产生不同学习效果的内在原因。

另外，Yamauchi 和 Markman 的研究设计了 8 个样例、原型典型性为 3/4 的类别学习[1,2]（原型典型性也指相似性比例，即在某个类别中，所有样例含有原型特征数占总特征的比例）；2002 年的研究设计了 6 个样例，原型典型性为 2/3 的类别学习。[3]Chin-Parker 和 Ross 对这两个研究结论的可靠性提出质疑，[6,7]认为前者设计中没有排除任务间的无关迁移效应，后者学习样例太少。我们设计 10 个样例，原型典型性为 3/5 的非线性分离结构的类别（排除了任务间的无关迁移效应），探索两种类别学习方式的心理加工差异将如何变化。

二、方法

（一）被试

48 名本科生参加了本实验并获得了报酬，其中男女各 24 人。

（二）设计

2×2 混合设计，变量为学习任务（被试间，两个水平为分类学习、推理学习），迁移任务（被试内，两个水平为分类迁移、推理迁移）。各 24 人接受分类学习，推理学习。学习完了进行填充任务后，每种学习任务的 24 名被试中各有 12 名接受"先推理迁移后分类迁移"和"先分类迁移后推理迁移"。迁移包括原型迁移、新样例迁移和特征类别判断，均没有反馈。

（三）材料

材料如表 2。

表2 实验材料的类别结构

	A					B			
	专业	性格	爱好	性别		专业	性格	爱好	性别
	学习阶段					学习阶段			
A1	1	1	1	1	B1	0	0	0	0
A2	1	0	1	0	B2	1	0	1	1
A3	0	1	0	1	B3	0	1	0	0
A4	0	1	1	0	B4	1	1	0	1
A5	1	0	0	1	B5	0	0	1	0
A0	1	1	1	1	B0	0	0	0	0
	迁移阶段					迁移阶段			
A6	0	1	1	1	B6	1	0	0	0
A7	1	1	1	0	B7	0	0	0	1
					B8	0	0	1	0
					B9	1	1	0	0

注：高相似刺激 A3 和 A6、A2 和 A7、A5 和 B6、A3 和 B7、B2 和 B8、B3 和 B9。

10张卡片分别表示10个学生基本情况（如图2、图3 实际大小均为 7cm×10cm），其中图中上半部分的学生将分配到 A 部门，下半部分的学生分配到 B 部门。

考虑4种不同特征的组合，一共有12种原型（A0、B0），如原型 A0 可能是图2中的（文科、外向、艺术、男生），也可以是（文科、外向、艺术、女生）或（文科、外向、体育、女生）等等共有12种。这样，只有两个学生接受相同的学习任务，以平衡各种不同的具体特征所产生的影响。

根据表2，学习刺激维度1（专业）和维度4（性别）在10个学习样例中的特征相关系数为0.6，其他维度间均为0.2。在 B 类别的5个样例中，维度1和维度4相关系数是1（表示在 B 部门里理科的学生都是女生）。通过操纵学习材料特征间的相关，研究两种学习方式在这种相关信息上学习的差异。同时也关注学习样例增多，两种学习方式达到学习标准的情况。

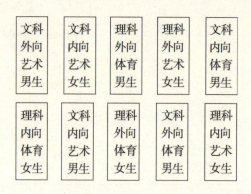

图2 分类学习的材料

（四）程序

学习阶段：告知被试有10张卡片分别表示10个大学生的基本情况，涉及专业（文科、理科）、性格（外向、内向）、爱好（艺术、体育）、性别（男、女）四种特征。这些大学生将要参加某个社团，并且根据他们的具体情况，平均分到两个部门（A、B部门）去参加工作，每个部门5人。对于分类学习者，告知会逐个呈现10个学生的基本情况，如图2，需要他们一个个地猜测到底分配到哪个部门，通过主试的反馈进行学习，直到学习掌握了实验者安排这10个学生到两个部门的根据是什么。对于推理学习者，告知会逐个呈现10个学生的4个基本情况中的3个情况，如图3，并且同时告诉该学生分配到了哪个部门工作，需要被试猜测每个学生的缺失情况，通过主试的反馈进行学习，也是直到学习掌握了实验者安排这10个学生到两个部门的根据是什么。直到被试连续的4轮中的正确率达到90%时停止学习，即连续4轮的40次反应中低于或等于4次错误时停止学习。如果被试40轮仍然未能达到90%的正确率标准，也停止学习。

迁移阶段：学习完以后，每个被试都要进行分类迁移和推理迁移。材料和学习阶段的样式一样，增加了原型的迁移，迁移阶段不予反馈。

48个被试中，由于有两种学习条件（分类和推理），并且12种材料组合，这样，48个被试中有两个被试会接受相同的材料并且以相同的方式学习。在迁移的阶段，让其中的一个被试先分类迁移后推理迁移，另一个被试先推理迁移后分类迁移。

外向 艺术 男生 文科或理科?	内向 艺术 女生 文科或理科?	理科 体育 男生 外向或外向?
理科 内向 女生 体育或艺术?	文科 内向 男生 体育或艺术?	理科 外向 体育 男生或女生?

图3 部分推理学习的材料（共40张）

特征概率判断阶段：迁移测试完成后，马上进行特征概率判断测试。呈现一张A4纸，其中有8个特征类别判断题，每个维度每个特征各一题，如问："男生最有可能分配到哪个部门工作，概率是多少"，并进行5级信心评判。

（五）预测

通过比较两种学习方式达到90%的正确率的被试数目和所需要的学习轮次，可以考察两种学习方式的学习效率。

从学习材料的特征概率上看，以"单一规则策略"（根据某个特征维度进行分类，如把所有文科的归到A部门）可以做出60%的正确率判断；以"规则加例外策略"（根据某个特征维度进行分类后，再记住某个样例）可以作出70%的正确率判断；以"信息整合策略"（如原型、3个维度的特征整合）可以作出90%以上的正确率。以学习单元为单位（一个学习单元等于四轮），通过比较两种学习在达到某种学习标准需要的学习单元的数量差异，可以发现两种学习方式在学习过程中策略运用的差异。

通过比较两种学习任务的迁移阶段在A6～A7与B6～B7之间的差异，可以探索两种学习究竟是最终形成了原型还是样例。如果被试是进行原型记忆，那么A6～A7与B6～B7之间迁移成绩应相同（两者与各自从属的类别原型具有相同的相似性）；如果被试进行的是样例记忆，那么

A6～A7 的迁移成绩应高于 B6～B7 的迁移成绩。因为迁移刺激 A6～A7 只和本类别的学习刺激高度相似（4 个特征中有 3 个是相同的），而 B6～B7 不仅和本类别的学习刺激高度相似，而且和类别 A 中的学习刺激高度相似，如果是样例记忆，迁移成绩就会受到这种学习样例的不同影响。

三、结果与分析

（一）两种学习方式学习效率的比较

统计达到 90% 学习标准，在不同学习条件下达到标准被试的数目。24 个分类学习被试中，有 19 个被试在 40 轮内（含 40 轮）达到了连续 4 轮 90% 正确率的学习标准，24 个推理学习被试中，有 12 个在 40 轮内达到了 90% 正确率的学习标准。Kruskal-Wallis 检验表明，两种学习方式从达到该标准人数上差异显著（$\chi^2 = 4.371$, $df = 1$, $p < 0.05$）。这个结果和 Yamauchi 和 Markman 在 2002 年的研究结果相一致。说明了在非线性分离类别结构中，当学习样例增加时，分类学习仍然比推理学习更容易达到学习的标准。

为了达到 90% 的正确率标准，分类学习平均需要学习 17.84 轮，而推理学习平均需要 34.33 轮，$t(29) = -6.219$, $p < 0.01$。这说明分类学习比推理学习更高效地掌握非线性分离结构的类别。

（二）两种学习方式的过程和策略的比较

通过比较两种学习在达到某种学习标准需要的学习单元的数量差异，可以探索两种学习方式在学习过程中策略运用的差异。

表 3　两种学习方式达到三种标准所需的平均学习单元

学习方式	90%	70%	60%
分类学习	4.68	3.53	3.37
推理学习	8.58	6.67	2.92

表 3 的结果表明，两种学习在开始阶段同样快地达到 60% 正确率的

标准，$t(29) = -0.980$，$p > 0.05$，在开始就使用了单维度策略进行学习；随着学习的深入，两种学习在策略的运用上出现了差异，分类学习很快就转变了策略，从单维度策略进入了规则加例外策略，$t(29) = -5.282$，$p < 0.01$，然后进入信息整合策略，$t(29) = -7.062$，$p < 0.01$。而推理学习在三种分类策略上，是渐进性的转变，转变的速度较慢。统计两种学习各个轮次的平均正确率（90%正确率达标的被试停止学习后的未学轮次正确率为1），如图4。

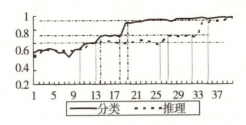

图4 两种学习在各轮次反应的平均正确率

由图4可以看出，对于分类学习的被试，学习过程可以分为三个阶段：①1～14轮，正确率从40%上升到70%；②14～18轮，正确率稳定在70%；③19～40轮，正确率稳定在90%。这说明分类学习的被试在14轮以前并没有采用特定的策略，在14～18轮采用了"规则加例外的策略"，在19轮后采用了"信息整合策略"。

对于推理学习的被试，学习过程可以分为四个阶段：①1～11轮，正确率从40%上升到60%；②11～25轮，正确率稳定在60%；③26～33轮，正确率稳定在70%；④34～40轮，正确率稳定在90%。这说明推理学习的被试在11轮以前并没有采用特定的策略，在11～25轮采用了"单一规则策略"，在25～33轮采用了"规则加例外的策略"，在34轮后采用了"信息整合策略"。

(三) 两种学习方式的学习结果分析

分类迁移和推理迁移都只考虑新样例的迁移，即A6～A7、B6～B7、B8～B9、A0和B0的迁移。正如预测部分分析，如果被试是进行原型记忆，那么A6～A7与B6～B7之间迁移成绩应相同；如果学习的结果是样例记忆，A6～A7的分类和推理迁移（特征一致性）的正确率会显著高于 B6～B7 的分类和推理迁移。

如果某种学习的方式更利于掌握原型，那么在推理原型一致性迁移上有更高的比率。

表4 两种学习方式 A6～A7 和 B6～B7 的分类和推理迁移

学习方式	分类迁移		推理迁移	
	A6～A7	B6～B7	A6～A7	B6～B7
分类学习	0.715	0.329	0.763	0.487
推理学习	0.615	0.667	0.528	0.594

表4 显著性检验表明，在 A6～A7 和 B6～B7 的分类迁移差异检验上，两对刺激的分类迁移主效应显著，$F(1, 29) = 6.953$，$p < 0.05$；两种学习方式的分类迁移主效应差异显著，$F(1, 29) = 4.741$，$p < 0.05$；交互作用差异显著，$F(1, 29) = 11.960$，$p < 0.05$。进一步简单效应检验表明，对于分类学习的被试，A6～A7 的分类迁移显著好于 B6～B7 的分类迁移，$t(18) = 6.143$，$p < 0.01$，而对于推理学习的被试，两种刺激的分类迁移差异不显著，$t(11) = 0.415$，$p > 0.05$，再次说明分类学习是样例记忆，而推理学习是原型记忆。由于 B6～B7 和对立类别 A 的两个学习样例相似，A6～A7 则只和本类别 A 的两个学习样例相似，分类学习的被试关注到这种样例的相似性的差异，因此影响了 B6～B7 的分类迁移判断，使 A6～A7 的分类迁移好于 B6～B7 的分类迁移；而对于推理学习的被试，由于学习的过程中关注原型，这种样例相似性的差异受到忽略，使两种迁移刺激的分类迁移差异不显著（见图5）。

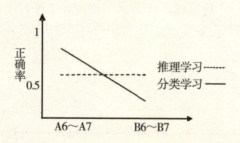

图5 两种学习方式 A6～A7 和 B6～B7 的分类迁移

这一结果与前面分类学习在 19 轮后就采用了"信息整合策略"的结论不一致。因为，如果分类学习是样例记忆，被试如何能达到 90% 的正确率呢？可能的解释是，分类学习既包括了样例记忆，也包括了原型记忆。但在完成 B6～B7 这类双重相似特殊实例时，样例记忆会对归类判断产生干扰。

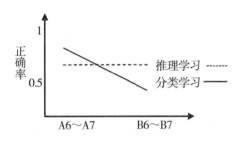

图 6　两种学习方式 A6～A7 和 B6～B7 的推理迁移

在 A6～A7 和 B6～B7 的推理迁移差异检验上，两种刺激推理迁移主效应差异边缘显著，$F(1, 29)=3.952$，$p=0.056$；两种学习方式的推理迁移主效应差异不显著，$F(1, 29)=1.079$，$p>0.05$；交互作用差异显著 $F(1, 29)=10.376$，$p<0.01$。进一步简单效应检验表明，对于分类学习的被试，A6～A7 的分类迁移显著好于 B6～B7 的分类迁移，$t(18)=4.191$，$p<0.01$，而对于推理学习的被试，两种刺激的分类迁移差异不显著，$t(11)=0.786$，$p>0.05$，也再次说明分类学习是样例记忆，而推理学习是原型记忆。影响推理迁移正确率的因素很多，推理某个刺激的特征属性，既可以受到类别原型的影响，也可以受到学习刺激特征之间的相关影响，因此，特征推理的正确率（原有特征正确率）不能很好地说明学习的结果，同样，我们改用特征推理原型一致性比率作为因变量指标。

表 5　两种学习方式分类迁移的标签一致率和推理迁移的原型一致率

学习方式	分类迁移		
	B8～B9	原型	所有刺激
分类学习	0.711	0.790	0.636
推理学习	0.417	0.458	0.539

续表 5

学习方式	推理迁移		
	B8～B9	所有刺激特征一致性	所有刺激原型一致性
分类学习	0.493	0.504	0.522
推理学习	0.646	0.538	0.441

表 5 结果表明，中性刺激 B8 (0, 0, 1, 1) 和 B9 (1, 1, 0, 0) 和两个类别的原型都有相同的相似性，但 B8 和 B9 分别和本类别 B 学习刺激 B2 (1, 0, 1, 1), B3 (0, 1, 0, 0) 高度相似，如果是样例记忆的类别学习，就会关注到这种相似性，并提高两个中性刺激分类迁移的正确率，从表 2 上半部分 B8～B9 的两种学习的分类迁移差异显著看，$t(29)=3.409$，$p<0.01$，分类学习显然具有这种样例记忆的效应。

考虑所有的迁移刺激的特征推理，如果是原型记忆的类别学习，对于某个缺失特征进行推理，就会更容易把这个缺失特征判断为原型特征，我们使用原型特征迁移的一致性比率作为因变量，比较两种学习方式，我们发现了与 Yamauchi 和 Markman 1998 年和 2002 年两个研究不同的结果。在学习样例增加的情况下，分类学习不仅表现在样例记忆中表现出优势，而且还在原型记忆上也表现出比推理学习更好（这与前面的推测是一致的）。实验中表现为，第一，在原型的分类迁移上，分类学习正确率显著高于推理学习，$t(29)=2.846$，$p<0.01$，说明分类学习在这种情况下比推理学习更容易产生原型；第二，更容易在推理迁移上把缺失特征判断为所在类别的原型特征，$t(29)=2.997$，$p<0.01$。这说明了分类学习者会根据样例的数目以及样例的复杂程度，灵活地使用高水平的信息整合策略。如前所述，信息整合策略可以是原型整合或者样例整合，都可以完全正确地归类所有学习样例。当面对较多的样例和较复杂的特征构成的时候，分类学习可以相对较灵活地运用这两种信息整合策略，从起初的样例倾向，转向对学习的刺激进行原型的抽象。但是，推理学习由于相对更关注类别内部各特征的精细分析，在原型抽象出现困难的时候，不能灵活的转变归类策略，如转而使用样例策略，最后导致在类别原型掌握上，反而还不如分类学习好。

此外，在被试学习完后，逐个询问 4 个维度的 8 个特征最可能属于哪个类别。如果两种学习中有某一种学习方式更容易掌握类别原型,那么这种学习方式的被试在单一特征的类别判断上就有更高的正确率。如图 2 原型 A0(文科、外向、艺术、男生),B0(理科、内向、体育、女生),掌握原型越好的被试,就更容易把文科、外向、艺术、男生分到 A 类别,其他分到 B 类别。这样,就可以更为直接的探测两种学习方式是否在原型的掌握上存在差异。

表 6 两种学习方式单一特征类别判断平均正确率和信心等级

学习方式	单一特征类别判断	5 级信心评价
分类学习	0.770	3.84
推理学习	0.594	3.85

表 6 结果表明,在单一特征类别判断的正确率上,分类学习显著比推理学习高,$t(29) = -2.182$,$p < 0.05$,说明分类学习在学习样例增加的条件下,比推理学习更容易掌握原型。在单一特征类别判断的 5 级信心评定等级上,两种学习方式差异不显著,$t(29) = -0.072$,$p > 0.05$。

(四)两种学习对类别内部相关信息的加工

如表 2 所示,类别 B 中的维度 1 和维度 4 特征之间的相关系数为 1,如本实验的材料样例,在 B 部门里,所有的女生都是学习理科的,我们探索这种特征之间的相关,究竟有利于推理学习,还是有利于分类学习。

表 7 两种学习方式在维度 1 和维度 4 上特征推理的相关系数比较

学习方式	类别 A	类别 B
分类学习	0.365	-0.435
推理学习	0.357	-0.775**

表 7 结果表明,分类学习无论在 A 或者 B 类别学习反应判断中,维度 1 和维度 4 均未表现出显著相关,但推理学习则不然,在类别 B 的高相关维度 1 和维度 4 上,类别反应表现出显著相关,说明推理学习比分类学习更为关注单个类别内部的特征之间的相关。

四、讨论

以往关于分类和推理的类别学习研究侧重于对学习的外在效果的比较，如学习的难易，并取得了较多的成果。本研究从类别学习的内在过程比较了两种学习方式对类别内相关信息的处理。

研究的结果表明，推理学习比分类学习更为关注类别内部特征的相关。当某个类别内有高相关的维度特征时，例如"分到 A 部门的所有女生都是学理科的"，推理学习比分类学习更利于掌握这种信息。结合前人的研究结果，可以认为，推理学习是一种由表及里的学习方式，这种学习方式有利于掌握规则性的类别结构，如家族相似性结构（类别成员在特征上非常相像，像一家人）。而分类学习是一种由里向外的学习方式，这种学习方式有利于掌握非规则性的类别结构，如非线性分离的类别结构（类别成员在特征上非常不像，像两家人），从非规则性类别结构中整合出规则。

研究的结果也表明，和 Yamauchi 与 Markman 的研究[1-3]结果不同，分类学习比推理学习更好掌握了类别的原型。本研究使用了较多的学习样例，使用了 3/5 的类别典型性，出现了分类学习比推理学习效果好，并且更好地掌握了原型。莫雷和郭璐的研究表明，类别的典型性影响类别维度的确立。[10]莫雷和常建芳的研究表明，类别典型性影响了两种学习的效果。[11]可以认为，两种类别学习方式各有优劣，除了类别结构影响两种学习的效果以外，学习的样例数目、类别典型性等均对两种学习的效果产生影响。

类别学习进程中的策略研究结果表明，分类学习比推理学习更灵活地转变策略以达到目的。当类别结构无规律，成员特征构成复杂，典型性较低的时候，分类学习很快地从单维度策略转向使用规则加例外策略，然后进入信息整合策略。莫雷和陈战胜的研究也表明，[12]当规则易掌握的时候，人们倾向使用规则策略，当规则不易掌握的时候，人们倾向使用样例策略。可以认为，类别学习是多阶段、多策略的学习过程。人们在学习的起初总是倾向选择简单易行的策略，如单一规则策略。随着学习要求的提高，一种策略不能达到目的的时候，可以转变策略，形成更复杂的策略，如规则加例外策略和信息整合策略。另外，不同的学习效果也表明，两种学习方式在策略的运用上表现出了差异，分类学习比推理学习更快捷有效地转换策略。

结合前人的研究，可以初步认为，分类学习是一种自下而上的归纳加工方式，对个别性的特征信息进行加工，进而习得一般性的类别知识；而推理学习是一种自上而下的演绎加工方式，先对一般性信息和若干个别性的特征信息进行加工，进一步推导某些个别性的特征信息。前者有利于广度大的知识学习，而后者有利于深度高的知识学习。

以达到某个比例的正确率为标准来推断类别学习进程中的策略还产生了一个问题，就是可能被试开始并没有使用低水平的单维度策略，而是直接使用高水平的信息整合策略，只不过是使用错了，或者特征信息整合错误，这样，也会导致不同的策略达到共同的标准，或者高水平的策略出现低的正确率标准。

我们通过两个方法排除这种可能性，第一，把若干学习轮次合起来作为学习单元，使到学习者在连续的若干轮次上成绩达到一定的稳定性。第二，我们使用了相同的材料补充了两个实验，方法和前文实验一样，不同的是补充实验1的学习者达到75%的正确率立刻停止学习，补充实验2学习完1个学习单元后立刻停止学习，然后进行单维度特征分类判断，并且进行概率估计。两个实验均发现两种学习方式在单特征分类的概率判断上差异不显著，而且均接近60%。补充实验1分别为推理学习60%，分类学习61.7%；补充实验2分别为推理学习58.3%和分类学习61.4%。如果某一种学习方式一开始就使用高水平策略，特征概率的判断要么显著和60%的刺激特征概率差异显著，要么两种学习方式在特征概率的判断下差异显著。

另外，本研究没有操纵学习样例的数目，来探讨学习样例数目对两种学习方式的影响。本研究表明了分类学习比推理学习更好地掌握了原型，但要进一步归因于学习样例的数目，仍需要进一步的研究。

综合上述，比较两种类别学习方式的结果表明，类别表征受到不同学习方式的影响，同时还受到学习材料的结构、典型性、数量的影响。[13]单一的原型观、样例观和决策界限理论无法解释不同的学习方式或者学习材料对类别学习产生的不同影响。[14]而支持多任务、多情景的解释观[15,16]相对更好地解释本研究的结果。

五、结论

通过比较分类学习和推理学习的学习效率、学习过程与策略和学习结果,我们发现:

在学习效率上,分类学习比推理学习更好地习得了含有较多样例的类别知识,分类学习的速度上显著快于推理学习。

在学习的过程与策略上,两种学习方式在类别信息加工上存在着差异,推理学习比分类学习更为关注类别内不同特征的相关。分类策略上分类学习显著比推理学习灵活。

在学习的结果上,分类学习倾向于进行样例记忆,推理学习倾向于原型记忆,但分类学习比推理学习更好地掌握了类别原型。

参考文献

[1] Yamauchi T., Markman A. Category learning by inference and classification [J]. Journal of Memory and Language, 1998, 39: 124-149.

[2] Yamauchi T., Markman A. Inference using categories [J]. Journal of Experimental Psychology: Learning, Memory, and Cognition, 2000, 26 (3): 776-795.

[3] Yamauchi T., Love B., Markman A. Learning nonlinearly separable categories by inference and classification [J]. Journal of Experimental Psychology: Learning, Memory, and Cognition, 2002, 28: 585-593.

[4] Anderson J. The adaptive nature of human categorization [J]. Psychological Review, 1991, 98: 409-429.

[5] Anderson A., Ross B., Chin-Parker S. A further investigation of category learning by inference [J]. Memory & Cognition, 2002, 30: 119-128.

[6] Chin-Parker S., Ross B. The effect of category learning on sensitivity to within-category correlations [J]. Memory & Cognition, 2002, 30: 353-362.

[7] Chin-Parker S., Ross B. Diagnosticity and prototypicality in category learning: A comparison of inference learning and classification learning [J]. Journal of Experimental Psychology: Learning, Memory, and Cognition, 2004, 30 (1): 216-226.

[8] Rouder J, Ratcliff R. Comparing Categorization Models [J]. Journal of Experimental Psychology: General, 2004, 133 (1): 63-82.

[9] Ashby F., Maddox W. Human category learning [J]. Annul Review of Psychology, 2005, 56: 06.1-06.30.

[10] Mo L., Guo L. Influence of features relation across dimensions on category learning [J]. Acta Psychologica Sinica, 2004, 36 (3): 281 – 289.

[11] Mo L., Chang J. F. The influence of category feature's similarity rivalrousness on category [J]. Acta Psychologica Sinica, 2003, 35 (5): 628 – 635.

[12] Mo L., Chen Z. S. Rule-based categorization strategy and example-based categorization strategy in categorization [J]. Acta Psychologica Sinica, 2003, 35 (1): 29 – 36.

[13] Liu Z. Y., Mo L. Classification and inference on category learning [J]. Advances in Psychological Science, 2004, 12 (5): 774 – 783.

[14] Markman A., Ross B. Category use and category learning [J]. Psychological Bulletin, 2003, 129 (4): 592 – 613.

[15] Liu Z. Y., Mo L. The interpretation-base views of category research [J]. Psychological Science, 2005, 28 (2): 318 – 320.

[16] Zhao D. M., Liu Z. Y., Liu M. Interpretation-based views and cross-classification [J]. Psychological Science, 2002, 25 (5): 608 – 609.

类别不确定下的特征推理是基于类别还是基于特征联结

一、问题与目的

当前，心理学界关于类别的研究主要集中在探讨类别学习与类别运用问题（Markman & Ross, 2003; Ross & Warren, 2002; Yamauchi, Love & Markman, 2002; Yamauchi & Markman, 1998）。人们根据已有的类别知识对从未见过的物体归类，并且对该物体的某些特征进行预测和推理，这就是类别运用问题（Anderson, Ross & Chin-Parker, 2002; Erickson, Chin-Parker & Ross, 2005; Lin & Murphy, 2001; Ross, Gelman & Rosengren, 2005）。在许多情况下，人们不能完全确定某个物体应该归入哪一类，例如看到远处有一只动物，我们通常不能确定该动物是狗还是其他的动物，这种情境就被称为"归类不确定的情境"。然而，即使在这种无法确定归类的情境中，人们也会按照该物体最可能所属的类别对它的行为或者特征作出预测，我们将这种情况称为"归类不确定时的特征推理"。

在归类不确定的情境中人们是如何进行特征预测推理，成为了心理学界重点探讨的问题。目前主要有两种解释：Anderson 提出的理性模型和 Murphy 与 Ross 提出的"单类说"。

Anderson（1991）提出的理性模型认为，对于任何目标物 F 来说，人们预测其具有某特征 j 的可能性时，会考虑到目标物可能归属的每一类别，将遵从 Bayesian 规则作出预测，Bayesian 规则可以用下面公式来表示：$P(j|F) = \sum_{k} p(K|F) P(j|K)$。在公式中，$k$ 代表学习者已经知道的类别。该公式表示，目标物 F 具有特征 j 的概率等于该目标物 F 属于某类别的概率乘上该类别的每一物体具有特征 j 的概率的总和，即人们综合多个类别的信息来对事物的特征作出预测。在各种类别中，如果存在着可能性最大的"靶类别"，人们虽然会考虑"靶类别"中的信息，但同时也会

考虑其他"非靶类别"中的信息，其最后的决策是综合考虑多个类别的信息而得出的最优化结果。例如在森林中你看到一只动物，并且不能确定它是一只狗还是一只浣熊，在你预测这只动物有多大的可能性会伤害你时，按照理性模型，你既会考虑狗会伤害你的可能性，又会考虑浣熊会伤害你的可能性。如果你认为这只动物80%的可能性是狗，20%的可能性是浣熊，同时你认为狗有10%的可能性会伤害你，浣熊有75%的可能性会伤害你，那么你预测这只动物会伤害你的可能性是 $0.8 \times 0.1 + 0.2 \times 0.75 = 0.23$。这就是Anderson理性模型的基本观点。

然而，Murphy和Ross等人（1994）的研究否证了理性模型，提出并验证了单类说。单类说认为，在归类不确定的情境中，人们会选择最可能的类别，即"靶类别"，然后只根据靶类别的信息进行特征预测，而不考虑非靶类别。单类说和理性模型的区别就在于，特征预测是否考虑非靶类别的信息。单类说认为特征预测只考虑靶类别的信息，而理性模型认为特征预测既会考虑靶类别的信息又考虑非靶类别的信息（常建芳、莫雷，2003；陈琳、莫雷，2007）。

Murphy与Ross等人从1994年的研究开始，一直对归类不确定条件下的特征推理进行研究。其研究结果表明，在归类不确定的情况下，不管是在人工类别条件下进行特征推理，还是在自然类别条件下进行特征推理，人们都是只考虑最可能的靶类别，而不考虑非靶类别。其系列研究结果均支持了单类说（Chin-Parker & Ross, 2004; Malt, Ross & Murphy, 1995; Murphy, 1982; Murphy, 2003; Murphy & Ross, 2005; Ross & Murphy, 1996; Lagnado & Shanks, 2003）。

然而，应该指出，Murphy等人以往所做的研究，主要是采用了同时呈现全部样例的方式，在特征推理的过程中，被试能够看到所有的类别及样例，并且特征预测的方式是进行概率判断。而在2005年的研究中，Verde和Murphy等人改变了原来的研究范式，采用了逐个呈现样例的研究范式（Verde, Murphy & Ross, 2005）。在逐个呈现样例的研究范式中，被试首先逐个对样例进行学习，然后对具有一个特征的样例是否最有可能具有另外一个特征进行预测，在推理的过程中，不给被试呈现样例所属的类别以及其他样例。

实验结果发现增加条件的特征推理在正确率，反应时和信心判断方面都显著优于基线条件。此表明，被试在进行特征推理时考虑了非靶类别的信息。显然，这个结果与 Murphy 等提出的单类说不相符。对于这个结果，Verde 和 Murphy 等人也感到难以解释，他们只能提出，被试可能只是按照特征联结的频次来进行特征预测，而不是遵循理性模型进行思考。

Verde 和 Murphy 等人（2005）的研究结果，提出了一个值得认真考虑的新问题，促使人们对以往有关这个问题的研究以及争论进行反思。本研究认为，综合考虑前人有关的研究结果，关于归类不确定条件下的特征推理的研究首先要解决的基本问题应该是：在归类不确定条件下的特征推理是基于类别进行还是基于特征的联结进行。

第一种设想是基于类别进行特征推理，这是心理学界比较认可的设想。该设想认为，人们推断某客体的缺失特征时，首先考虑该物体属于何种类别，然后根据该类别可能的特征状况对缺失特征进行预测，这种特征推理，称为"基于类别的特征推理"。在认可这种基于类别的特征推理的基础上，才有单类说与理性模型之争。单类说认为，人们在进行特征推理时只考虑靶类别的信息。理性模型则认为，人们在进行特征推理时会考虑所有类别的信息，二者虽然有重要区别，但是，它们都是首先将样例归入相应的类别，然后根据有关的类别（根据靶类别或者根据靶类别和非靶类别）所具有的要预测的特征的概率进行预测。因此，本质上都是基于类别的推理，其加工过程都是"将（缺失特征的）样例进行归类并基于有关类别进行特征推理"。

第二种设想是基于特征联结进行特征推理，这种设想认为，人们在推断某物体的缺失特征时，根本就不是先考虑该物体最可能属于什么类别，然后再根据类别的特征状况对缺失特征进行预测，而是直接根据呈现的样例的有关特征与预测特征（缺失特征）之间联结的频次进行推理，即根据特征的联结直接推断物体的缺失特征，可以称为"基于特征联结的特征推理"。这种基于特征联结所进行的特征推理，不是在类别的基础上进行的推理，不需要以类别为中介，既不会考虑样例属于靶类别的概率，也不会考虑样例具有要预测的特征的概率。

显然，类别不确定情况下的特征推理究竟是基于类别进行还是基于特征联结进行，这是首先要确定的问题，只有确定了人们是基于类别进行推理之后，才能够进一步探讨这种基于类别进行的推理是符合单类说还是符合理性模型。

总的来看，自从 Murphy 与 Ross 1994 年开创了关于归类不确定条件下的特征推理的研究以来，心理学界基本上是认可了基于类别的特征推理，并在这个前提下，开展单类说与理性模型的研究与论争。实际上，关于人们在类别不确定情况下的特征推理究竟是基于类别进行还是基于特征联结进行这个更重要、更基本的问题，一直没有进行过系统的、专门的研究，没有得到比较确切的解决。Verde 和 Murphy 等人在 2005 年的研究中根据实验结果正式提出了可能存在基于特征联结进行推理的证据，但是，由于他们的实验并不是围绕着解决基于类别推理还是基于特征联结推理这个问题来设计的，其结果实际上既可以用基于特征联结推理进行解释，也可以用基于类别推理的理性模型进行解释，还不能真正有力地支持基于特征联结进行推理这个结论。

据上分析，本研究准备在 Verde 和 Murphy 等人 2005 年实验的基础上，进一步探讨在类别不确定情况下的特征推理是基于类别的推理还是基于特征联结的推理。本研究包括 3 个实验，实验 1 在中文条件下重复 Verde 和 Murphy 等人 2005 年的实验。实验 2 比较类别内特征高结合与低结合两种条件下的特征推理情况，考察在归类不确定情况下的特征预测是否会基于类别进行。实验 3 进一步比较类别特征整体上高联结与低联结两种条件下的特征推理情况，考察在类别不确定情况下的特征预测是否会基于特征联结进行。

二、实验 1

（一）研究目的

在中文条件下重复 Verde 和 Murphy 等人 2005 年的实验，考察在类别不确定情况下的特征推理是否会得出与 Verde 和 Murphy 等人 2005 年的实验一致的结果。

（二）研究方法

1. 被试

35 名本科生参加本实验，男生 17 人，女生 18 人，文理科大致相当，均自愿参加，实验后被给予一定报酬。

2. 实验材料

实验材料由学习材料与测试材料组成。学习材料与 Verde 和 Murphy

等人2005年的研究相同，包括动物栖生环境的四个类别，分别是"森林"类、"沙漠"类、"沼泽"类与"草原"类。每个类别都包括20个动物样例，每个样例都有两个不同维度的特征，一个是表皮维度特征（A），分为6种水平：鳞（A1）、毛（A2）、羽（A3）、皮（A4）、刺（A5）、壳（A6）；另一个是器官维度特征（B），也分为6种水平：须（B1）、爪子（B2）、牙齿（B3）、尾巴（B4）、触手（B5）、角（B6）。

在每个类别中，都会有一对特征高频率同时出现的，可以称为"主要特征对"。主要特征对中的单个特征称为"主要特征"，因此四个类别共有8个主要特征。类别1中高频率同时出现的特征对是A1/B1（鳞，须），类别2中高频率同时出现的特征对是A2/B2（毛，爪子），类别3中高频率同时出现的特征对是A3/B3（羽，牙齿），类别4中高频率同时出现的特征对是A4/B4（皮，尾巴）。但是，每个类别的主要特征对也有可能出现在其他的类别中，这就使得具有这些特征对的样例在归类时不确定。例如同时具有特征鳞和须的样例，更多地属于森林类，有时也会属于沼泽类。

上面4个类别的主要特征对出现在靶类别的次数都是9次，但是，类别1的主要特征对（A1/B1）在类别3中又出现了4次，类别2的主要特征对（A2/B2）在类别4中又出现了4次；而类别3与类别4的主要特征对（A3/B3与A4/B4）在其他类别中一次也没有出现。因此，类别1和类别2是增加条件，类别3和类别4是基线条件。增加条件和基线条件的主要特征对在靶类别中出现的频次是相同的，区别在于增加条件中主要特征对在非靶类别中出现的频次高于基线条件中主要特征对在非靶类别中出现的频次。

测试材料包括24个样例项目。每个样例项目都包括两个特征。其中8个样例项目的两个特征都是主要特征对，分别是：A1/B1、A2/B2、A3/B3、A4/B4、B1/A1、B2/A2、B3/A3、B4/A4；另外8个样例项目的两个特征是来自不同类别的主要特征随机组合构成的8个特征对，例如A1/B2等。剩余的8个测试项目分别由两个填充特征构成。每个测试项目都测试3轮，因此测试项目总共包括72个。

实验的任务是，分别呈现样例及其两个特征，被试需要判断具有第一个特征的样例是否最可能具有另一个特征。如果人们在归类不确定下的特征推理是按照单类说，只考虑靶类别，那么，四个类别的主要特征对的特征预测概率都应该是：（12/16）×（12/20）= 9/20；这样，在增加条件下（即类别1与类别2的特征预测条件下）被试对预测特征预测的准确率、反应时和信心判断都应该与基线条件（即在类别3与类别4的特征预测的条件下）相同。而如果人们在归类不确定情况下的特征推理是按照理性模型，既会考虑靶类别的基本概率，同时也考虑非靶类别的概率，那么，在基线条件下被试对主要特征对的特征预测概率还是等于9/20，但是，在增加条件下，被试对主要特征对的特征预测的概率就应该等于靶类别的预测特征概率加上非靶类别中的预测特征概率，即（12/16）×（12/20）+（4/16）×（4/20）= 10/20。这样，在增加条件下被试对预测特征预测的准确率、反应时和信心判断都应该优于基线条件。

3. 实验设计

本实验是单因素被试内设计，被试接受两种条件的实验处理。自变量是增加条件和基线条件两个水平；因变量是特征推理的正确率、反应时与信心判断。正确特征推理是指呈现具有一个特征的样例时，被试能正确地判断该样例是否具有另一个特征；反应时指被试进行正确推理所需要的时间；信心判断则是指被试进行正确推理时自我感觉的把握程度。

4. 实验程序

本研究沿用了Verde和Murphy等人2005年的范式，实验过程包括学习和测试两个阶段。

学习阶段分为四步。第一步，学习材料，被试学习4个类别的80个样例，每个类别20个样例。电脑会按照类别随机逐个呈现样例，同时包括其栖息地（类别）与两个特征，均采用文字方式呈现，而不是用图形表示。呈现时间为4000ms，要求被试认真学习各种类别的成员及其特征。

第二步，练习反馈，电脑逐个呈现学习过的样例及其特征，要求被试判断这个样例属于四个类别中的哪个类别，根据每个类别的编号按键，电脑立即对被试的答案给予反馈，如果被试选择的类别是错误的，那么需要重新选择，直到选择了正确的类别。每个样例只测验一次，顺序随机。

第三步，重复第一步学习。

第四步，重复第二步练习反馈。

测验阶段：包括8个练习项目和72个测验项目。在每个项目测验之前，首先出现红色的十字，然后电脑呈现样例以及它的一个特征（例如，一种生物具有鳞），500ms之后再呈现第二个特征，被试需要预测该样例是否最有可能具有第二个特征（那么它是否最有可能具有须）。被试要尽快做出"是""否"的反应，并且要在四点量表上对自己反应的正确程度做信心判断。1表示没有信心，2表示比较没有信心，3表示比较有信心，4表示有信心。

（三）结果与分析

统计增加条件和基线条件两种条件下被试对8个主要特征对的测试项目的特征推理的正确率、反应时与信心判断的数据，并进行统计分析，其中反应时与信心判断的数据只包括正确推理的数据。t_1是以被试为随机变量进行的统计检验（被试检验），t_2是以项目为随机变量进行的统计检验（项目检验）。结果见表1。

表1 增加条件与基线条件下特征推理的比较

实验条件	正确率	反应时（ms）	信心判断
增加条件	95.9%	1039.50 ± 399.81	3.91 ± 0.28
基线条件	87.9%	1619.70 ± 684.58	3.68 ± 0.41

表1的结果表明，增加条件下特征预测的正确率显著高于基线条件下特征预测的正确率，被试检验差异非常显著：$t_{(34)} = 3.27$，$p < 0.005$；项目检验差异非常显著：$t_{(2)} = 7.00$，$p < 0.01$。增加条件下特征预测的反应时也显著短于基线条件下特征预测的反应时，被试检验差异非常显著：$t_{(34)} = -6.40$，$p < 0.001$；项目检验差异非常显著：$t_{(3)} = -10.51$，$p < 0.005$。并且，在增加条件下特征预测的信心判断显著高于基线条件下特征预测的信心判断，被试检验差异非常显著：$t_{(34)} = 3.18$，$p < 0.005$；信心判断项目检验差异非常显著：$t_{(2)} = 6.70$，$p < 0.01$。这个结果与Verde和Murphy等人2005年的研究结果完全一致。

实验1验证了Verde和Murphy等人2005年的研究结果，被试在增加条件下和基线条件下对样例的特征预测存在显著差异，据此可以否定单类说。但是，如前所述，根据这个实验的设计，该结果可能有两种解释：一种是用理性模型进行解释，也就是认为，在归类不确定情况下的特征推理遵从考虑多个类别的理性模型，被试在进行特征预测时既考虑了靶类别的特征情况，同时也考虑了非靶类别的特征情况，综合两者的信息做出预测推论；另一种是基于特征联结推理的解释，也就是认为，被试在进行特征预测时只是考虑测试样例中的特征与各个备择特征联结的概率，选择出联结概率最大的备择特征作为预测特征。显然，根据这个实验的设计逻辑，上述结果只能否证单类说，而无法确定被试实际上是按照理性模型还是基于特征联结来进行特征预测。实验2准备通过改变实验材料中类别主要特征在靶类别与非靶类别的结合比例，以考察在类别不确定情况下的特征推理是否会基于类别进行。

三、实验2

（一）研究目的

比较靶类别中类别特征出现以及特征结合出现的频次不同的条件下，被试进行特征推理的情况，考察在归类不确定情况下的特征预测是否会基于类别进行。

本实验控制特征出现的总频次与特征结合出现的总频次，操作了特征在靶类别出现的频次以及特征在靶类别结合出现的频次，形成靶类别内特征出现频次以及特征结合出现频次高低不同的"高集中条件"和"低集中条件"，通过比较这两种条件下特征预测的情况，验证被试进行特征推理是否会基于类别进行。

（二）研究方法

1. 被试

大学一年级本科生35名，男生15名，女生20名，均自愿参加，实验后被给予一定报酬。

2. 实验材料

实验材料由学习材料与测试材料组成，本实验测试材料与实验1相同，学习材料根据本研究目的作了改变。

学习材料包括四个类别，每个类别20个样例，类别1的主要特征是A1/B1，类别2的主要特征是A2/B2，类别3的主要特征是A3/B3，类别4的主要特征是A4/B4。在本实验材料中，每个主要特征出现的总频次相同（16次），各类别的两个主要特征结合出现总频次也相同（13次），但是各类别的主要特征在靶类别（即本类别）内出现的频次与结合出现的频次不同，形成靶类别内特征出现频次高并且特征结合出现频次高的"高集中条件"和靶类别内特征出现频次低并且特征结合出现频次低的"低集中条件"。

类别1与类别3属于"高集中条件"，类别1的两个主要特征（A1与B1）在靶类别（类别1）中出现频次为28，其中结合出现13次、分离出现2次（B1为2次），在非靶类别（类别3）中分离出现4次（A1为3次，B1为1次）；类别3的两个主要特征（A3与B3）出现情况也是如此；类别1与类别3构成了"高集中条件"。类别2与类别4属于"低集中条件"，类别2的两个主要特征（A2与B2）在靶类别（类别2）中出现频次为24，其中结合出现9次、分离出现6次（A2与B2各3次），在非靶类别（类别4）中结合出现4次；类别4的两个主要特征（A4与B4）出现情况也是如此；类别2与类别4构成了"低集中条件"。

3. 实验设计

本实验是单因素被试内设计，自变量是靶类别中类别特征出现以及特征结合出现的频次状况，分为高集中条件与低集中条件两个水平。因变量是特征预测的正确率，反应时，信心判断。

4. 实验程序

包括学习训练阶段与测试阶段，具体做法与实验1相同。

按照本实验的设计，根据实验结果就可以确定被试是基于类别进行特征推理还是基于特征联结进行特征推理。

第一情况，假定被试是基于类别进行特征推理，那么，无论他们遵循的是单类说还是理性模型，高集中条件下特征预测应该优于低集中条件下的特征预测。

因为，假定人们在推理中遵循的是单类说，那么，在高集中条件下，类别1中具有特征A1的样例同时具有特征B1的概率是：$(13/16) \times (15/20) = 39/64$；同理，类别3中具有特征A3的样例同时具有特征B3的概率也是39/64。而在低集中条件下，类别2中具有特征A2的样例同时具有特征B2的概率是：$(12/16) \times (12/20) = 9/20$；同理，类别4中具有特征A4的样例同时具有特征B4的概率也是9/20。这样，人们在高集中条件下特征预测的各项指标就会优于低集中条件。

如果人们在推理中遵循的是理性模型，那么，根据贝叶斯规则的公式，在高集中条件下，无论靶类别是类别1或者类别3，在所有类别中具有特征 A1（或 A3）的样例同时具有特征 B1（或 B3）的概率是：（13/16）×（15/20）+（3/16）×（1/20）= 99/160；而在低集中条件下，无论靶类别是类别 2 或者类别 4，在所有类别中具有特征 A2（或 A4）的样例同时具有特征 B2（或 B4）的概率是：（12/16）×（12/20）+（4/16）×（4/20）= 1/2。因此，人们在高集中条件下特征预测的各项指标同样会优于低集中条件。

还有一种可能，被试是基于类别进行推理，但是他们注意的是靶类别中具有特征 A_K 的样例同时具有特征 B_K 的概率，这种可能性是前人研究中没有考虑过的。在本实验条件下，由于高集中条件下两个主要特征在靶类别中结合出现的频次为 13，而在低集中条件下，两个主要特征在靶类别中结合出现的频次是 9，因此，人们在高集中条件下特征预测的各项指标还是会优于低集中条件。

总之，只要被试是基于类别进行推理，那么，无论遵循单类说还是遵循理性模型，或者是只注重靶类别内特征结合的比例，高集中条件下对缺失特征的预测都应该优于低集中条件下对缺失特征的预测。

第二种情况，假定被试是基于特征联结进行推理，那么，由于在高集中条件下与低集中条件下，各个类别的主要特征结合呈现的总频次相等（都是 13 次），因此人们在高集中条件下（即类别 1 与类别 3 的条件下）对缺失特征的预测与低集中条件下（即类别 2 与类别 4 条件下）对缺失特征的预测应该没有差异。

（三）结果与分析

分别统计高集中与低集中两种条件下被试特征推理的正确率、反应时与信心判断的数据并进行统计检验，其中反应时与信心判断的数据只包括正确推理的数据。t_1 是以被试为随机变量进行的统计检验（被试检验），t_2 是以项目为随机变量进行的统计检验（项目检验）。结果见表 2。

表 2　高集中与低集中条件下特征推理的比较

实验条件	正确率	反应时（ms）	信心判断
高集中条件	93.4%	1021.90 ± 493.38	3.84 ± 0.29
低集中条件	95.8%	1186.50 ± 730.68	3.81 ± 0.33

表 2 的结果表明,被试在高集中和低集中两种条件下进行特征推理的正确率、反应时与信心判断的差异都不显著。正确率被试检验结果是:$t_{(34)} = -0.90$, $p > 0.05$;项目检验结果是:$t_{(2)} = -1.39$, $p > 0.05$。反应时被试检验结果是:$t_{(34)} = -1.94$, $p > 0.05$;项目检验结果是:$t_{(2)} = -2.59$, $p > 0.05$。信心判断被试检验结果是:$t_{(34)} = 0.58$, $p > 0.05$;项目检验结果是:$t_{(2)} = 1.35$, $p > 0.05$。

根据本实验的设计逻辑,上述结果表明:第一,被试没有基于靶类别的有关特征出现频次进行特征预测,不符合单类说;第二,被试没有综合靶类别与非靶类别的有关特征出现频次进行特征预测,不符合理性模型;第三,被试也没有基于靶类别的有关特征结合出现的频次进行特征预测,同样不符合基于类别推理的设想。也就是说,本实验结果并不符合基于类别进行推理的设想,而是符合基于特征联结进行推理的设想。

本实验的这个结论虽然是建立在无差异的统计结果之上,但是,如果结合实验 1 的设计与结果来看,这个结论也是可信的。因为,在实验 1,增加条件中具有特征 A_K 的样例同时具有特征 B_K 的概率是 10/20,而基线条件中具有特征 A_K 的样例同时具有特征 B_K 的概率是 9/20,但是,两种条件下特征推理各项指标就有了非常显著的差异。而本实验的高集中条件与低集中条件的概率分别是 99/160 与 80/160,差异程度比实验 1 的要大,但是,两种条件下特征推理各项指标没有显著差异。可见,根据本实验结果得出被试并没有基于类别进行推理的结论是可信的。

然而,仅仅根据本实验的结果就得出被试是基于特征联结进行推理的结论还是不够的。首先,本实验这种无差异的统计结果尽管可信,但也只是符合了基于特征联结进行推理的设想,并没有直接证明被试就是基于特征联结进行特征推理。只有变化特征联结的条件,得出联结频次高条件下的特征推理优于联结频次低条件下的特征推理,才能证明基于特征联结进行推理的设想。

其次,具体分析本实验两种条件下三项指标的结果,第一个准确率指标,两种条件下虽然差异不显著,但是成绩都很高(93% 以上),可能有天花板效应;第二个反应时指标,两种条件下虽然差异尚未达到显著性水平,但是也达到边缘显著。因此,有必要进一步设计实验验证本研究的设想。

四、实验3

(一)研究目的

比较类别特征结合出现以及在靶类别内特征结合出现的频次不同的条件下,被试进行特征推理的情况,考察在归类不确定情况下的特征预测是否会基于特征联结进行。

本实验控制特征出现的总频次与特征在靶类别出现的频次,操作了各类别的两个特征结合出现的总频次以及两个特征在靶类别结合出现的频次,形成了特征结合出现频次以及在靶类别内特征结合频次高低不同的"高结合条件"和"低结合条件",通过比较这两种条件下特征推理情况,验证被试在归类不确定时进行特征推理是否基于特征联结进行。

(二)研究方法

1. 被试

大学本科生共34人,其中男生16人,女生18人,均自愿参加,实验后给予一定报酬。

2. 实验材料

实验材料由学习材料与测试材料组成,本实验测试材料与实验1相同,学习材料根据本研究目的作了改变。

本实验的学习材料也是包括四个类别,每个类别20个样例,类别1的主要特征是A1/B1,类别2的主要特征是A2/B2,类别3的主要特征是A3/B3,类别4的主要特征是A4/B4。但是,在本实验材料中,每个主要特征出现的总频次相同(16次),各类别的两个主要特征在靶类别(即本类别)内出现的频次也相同(各12次),但是各类别的主要特征结合出现的总频次以及在靶类别内结合出现的频次不同,形成特征的高结合与低结合两种条件。

类别1与类别3属于"高结合条件",这两个类别的主要特征A1/B1和A3/B3结合出现的总频次都是16,在靶类别中结合出现都是12次,A1/B1两个特征在靶类别(类别1)中结合出现12次,在其他类别(类别3)中出现4次;A3/B3两个特征在靶类别(类别3)中结合出现12次,在其他类别(类别1)中结合出现4次;类别1与类别3构成了特征

"高结合条件"。类别2与类别4属于"低结合条件",这两个类别的主要特征 A2/B2 和 A4/B4 结合出现的总频次都是13,在靶类别中结合出现都是9次,A2/B2 两个特征在靶类别(类别2)中结合出现9次,分离出现各3次,在其他类别(类别4)中结合出现4次;A4/B4 两个特征对在靶类别(类别4)中结合出现9次,分离呈现各3次,在其他类别(类别2)中结合出现4次。类别2与类别4构成了特征"低结合条件"。

3. 实验设计

本实验是单因素被试内设计,自变量是各类别主要特征结合出现的频次,分为特征高结合与特征低结合两个水平。因变量是特征预测的正确率,反应时,信心判断。

4. 实验程序

包括学习训练阶段与测试阶段,具体做法与实验1相同。

按照本实验的设计,根据实验结果就可以确定被试是基于类别进行特征推理还是基于特征联结进行特征推理。

第一情况,假定被试是基于特征联结进行推理,那么由于高结合条件下特征结合出现的频次是16,而低结合条件下特征结合出现的概率只是13,因此高结合条件下的特征推理就应该优于低结合条件。

第二种情况,假定被试是基于类别进行特征推理,那么,无论他们遵循的是单类说还是理性模型,高结合条件与低结合条件的特征预测都不会有显著差异。

因为,假定人们在推理中遵循的是单类说,由于各个类别中具有第一个主要特征的样例同时具有第二个特征的概率都是:$12/16 \times 12/20 = 9/20$,因此,高结合条件(类别1与类别3)与低结合条件(类别2与类别4)的特征推理应该没有差异。

如果人们的特征预测遵循理性模型,根据理性模型计算公式,各个类别中具有第一个主要特征的样例同时具有第二个主要特征的概率都是:$12/16 \times 12/20 + 4/16 \times 4/20 = 9/20 + 1/20 = 10/20$,因此,高结合条件(类别1与类别3)与低结合条件(类别2与类别4)的特征推理也应该没有差异。

(三)结果与分析

分别统计高结合与低结合两种条件下被试特征推理的正确率、反应时与信心判断的数据并进行统计检验，其中反应时与信心判断的数据只包括正确推理的数据。t_1 是以被试为随机变量进行的统计检验（被试检验），t_2 是以项目为随机变量进行的统计检验（项目检验）。结果见表3。

表3　高结合与低结合条件下特征推理的比较

实验条件	正确率	反应时（ms）	信心判断
高结合条件	99.0%	855.00 ± 273.48	3.91 ± 0.28
低结合条件	84.2%	1455.60 ± 504.34	3.68 ± 0.41

表3的结果表明，高结合条件下特征预测在正确率、反应时与信心判断三项指标均显著优于低结合条件下的特征预测。正确率方面，被试检验差异非常显著：$t_{(33)} = 3.78$，$p < 0.005$；项目检验差异非常显著：$t_{(2)} = 43.15$，$p < 0.001$。反应时方面，被试检验差异非常显著：$t_{(33)} = -6.67$，$p < 0.001$；项目检验差异非常显著：$t_{(2)} = -12.65$，$p < 0.005$。信心判断方面，被试检验差异非常显著：$t_{(33)} = 3.00$，$p < 0.005$；项目检验差异也非常显著：$t_{(2)} = 7.41$，$p < 0.005$。

上述结果表明，被试在归类不确定时特征推理是基于特征联结进行，直接受到特征联结频次的影响。本实验同时也得出了不支持基于类别进行推理的证据，再次证明了实验2的结论。

五、讨论

Verde 和 Murphy 等人 2005 年的研究采用了逐个呈现样例的范式，对归类不确定下的特征推理进行了进一步的研究，结果表明，增加条件下的特征推理优于基线条件下的特征推理。这个研究结果显然与他们以往采用集中呈现样例的范式所得到的结果不同。对此，Verde 和 Murphy 等人感到难以解释。他们提出，在逐个呈现样例的研究范式中，被试的推理可能是按照特征联结的频次进行。

本文分析了 Verde 和 Murphy 等人的研究，提出了归类不确定情况下的特征推理首先要解决的最基本问题是，特征推理是基于类别还是基于特征联结进行。本研究设计了3个实验探讨这个问题。

实验1在中文条件下重复了 Verde 和 Murphy 等人 2005 年的实验，获得了与之一致的结果:增加条件下的特征推理明显优于基线条件下的特征推理。但这个实验结果,既可以用基于类别进行推理的理性模型观点进行解释,也可以用基于特征联结进行推理的观点进行解释。实验2和实验3进一步对这两种关于归类不确定时特征推理的实质的不同设想作出检验。

实验2控制特征出现的总频次与特征结合出现的总频次,操作了特征在靶类别出现的频次与特征在靶类别结合出现的频次,形成靶类别内特征出现频次高并且特征结合出现频次高的"高集中条件"和靶类别内特征出现频次低与特征结合出现频次低的"低集中条件",通过比较这两种条件下的特征推理情况,直接对归类不确定时特征推理是否基于类别进行作出检验。结果表明,高集中条件与低集中条件下的特征推理没有显著差异,否证了特征推理是基于类别进行的设想,符合特征推理是基于特征联结进行的设想。

实验3控制特征出现的总频次与特征在靶类别出现的频次,操作了各类别的两个特征结合出现的总频次与两个特征在靶类别结合出现的频次,形成了特征结合出现频次高并且在靶类别内特征结合频次高的"高结合条件"和特征结合出现频次低并且在靶类别内特征结合频次低的"低结合条件",通过比较这两种条件下特征推理情况,直接对归类不确定时特征推理是否基于特征联结进行的设想作出检验。结果表明,高结合条件与低结合条件下的特征推理差异显著,证实了被试的特征推理是基于特征联结进行的设想。

表4列出了两个实验的设计及结果与结论。

表4 实验2与实验3的设计与结果

实验条件		特征总频次	靶类别特征频次	特征结合总频次	靶类别特征结合频次	基于类别单类说/理性模型/结合说			基于特征联结
实验2	高集中	相同	高	相同	高	否定	否定	否定	符合
	低集中	相同	低	相同	低				
实验3	高结合	相同	相同	高	高	不符	不符	不符	证实
	低结合	相同	相同	低	低				

由此可见，本研究结果明确地解答了 Verde 和 Murphy 等人 2005 年研究提出的疑问，验证了在归类不确定条件下的特征推理是基于特征联结进行这个基本设想。

值得注意的是，本研究与 Verde 和 Murphy 等人 2005 年研究尽管采用的是逐个呈现类别样例的方式，但是，根据本研究的结果与结论，同样可以对以往采用类别材料同时呈现的方式所得出的支持单类说与支持理性模型的研究结果作出合理的解释。

以往心理学界对归类不确定的特征推理的研究，主要采用了类别材料同时呈现的方式，所得出的结果虽然有争议，但都是以基于类别的单类说与理性模型之争。Murphy 和 Ross 1994 年用同时呈现的方式对人们在归类不确定情况下特征预测所进行的研究，在实验中同时呈现的材料如图 1 所示。

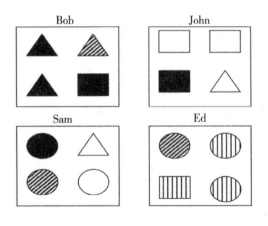

图 1　Murphy 1994 年研究所用材料样例

这些图形是 4 名儿童的图画，根据图 1，如果要求被试估计"三角形是黑色"的概率时，Bob 为靶类别，按 Bayesian 规则的计算方法，靶类别预测特征的基本概率是 $(3/5)\times(3/4)=0.45$，其他三个非靶类别预测特征的基本概率为 $(1/5)\times(1/4)+(1/5)\times(1/4)+0\times0=0.1$，被试的预测概率等于靶类别预测特征的基本概率与其他三个非靶类别预测特征的基本概率之和，即等于 0.55。而如果要求被试估计"正方形是白色"的概率时，John 为靶类别，按 Bayesian 规则公式的计算方法，靶类别预测特征的基本概率也是 $(3/5)\times(3/4)=0.45$，与前面的相同，但其他三个非靶类别预测特征的基本概率则是 $0 \times (2/4) + (1/5) \times 0 + (1/5) \times 0 = 0$。被试的预测概率等于靶类别预测特征的基本概率与其他三个非靶类别预测特征的基本概率之和，即等于 0.45。研究者将第一种情况（估计"三角形是黑色"的概率），即非靶类别中预测特征的基本概率大于 0 的情况称为"增加条件"；将第二种情况（估计"正方形是白色"的概率），即非靶类别中预测特征的基本概率等于 0 的情况称为"基线条件"。由于上述两种条件下靶类别的预测特征的基本概率相同，因此，如果人们在预测特征时符合理性模型，就会综合考虑靶类别和非靶类别的信息以作出特征预测，那么增加条件下的预测概率应该比基线条件下的预测概率有显著的提高；如果被试遵从了单类说的观点，就会只考虑靶类别中的信息，那么被试在两种条件下的预测就没有明显差异。其实验结果表明。被试在两种条件下的特征预测差异不显著，从而支持了单类说。

然而，莫雷与赵海燕（2002）的研究提出，在 Murphy 和 Ross 1994 年的研究中，没有考虑到非靶类别中目标特征与预测特征两个特征的结合或分离这个重要因素，其研究材料中增加条件下的非靶类别的两个特征都是分离的，如图1，增加条件下的非靶类别的"三角形"（目标特征）与"黑色"（预测特征）是分离的，这或许是其得出支持单类说的结果的原因。根据这个考虑，莫雷引进了特征结合与分离这个变量，探讨了非靶类别中目标特征与预测特征的结合与分离是否影响被试进行特征预测对非靶类别信息的利用。莫雷2002年的研究也采用同时呈现的方式，材料见图2。

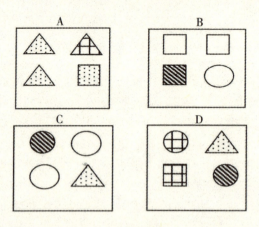

图2　莫雷2002年所用材料样例

从图 2 可见，如果预测"三角形－圆点"的概率时，最可能的靶类别是 A，如果预测"正方形－空白"的概率时，最可能的靶类别是 B，在这两种情况下靶类别的特征基本概率及维度结合情况是一样的，但非靶类别预测特征的基本概率不相同，对"正方形－空白"的特征预测是基线条件（其非靶类别预测特征的基本概率是：$1/4 \times 0 + 0 \times 0 + 1/4 \times 0 = 0.00$），而对"三角形－圆点"的特征预测是属于增加条件（其非靶类别预测特征的基本概率是：$0 \times 0 + 1/4 \times 1/5 + 1/4 \times 1/5 = 0.10$）。图 2 与 Murphy 和 Ross 1994 年研究的材料（图 1）不同点在于，在图 2 中，非靶类别的目标特征与预测特征（三角形与圆点）是结合的，如 C 和 D 中各有一个带有圆点的三角形，因而，对"三角形－圆点"的特征预测构成了"增加－结合"条件。如果按单类说的观点，被试的决策过程只受到靶类别信息的影响，那么在"增加－结合"条件下，非靶类别中两种维度部分结合应该不会对被试的特征预测概率产生影响，因此，对特征的预测概率与基线条件没有显著差异；反之，如果"增加－结合"条件下被试的特征预测概率显著高于基线条件，则说明在非靶类别维度结合的情况下，被试在决策时受到了非靶类别信息的影响，符合 Bayesian 规则。实验结果表明，在非靶类别维度结合的情况下，被试在预测特征时确实受到了非靶类别信息的影响，表现出对 Bayesian 规则的符合。据此，莫雷提出了将特征结合因素加进 Bayesian 规则的修正公式。

然而，上述两项研究，虽然一个得出的是单类说的结论，另外一个得出的是理性模型的结论，似乎都是基于类别的推理，但是，实际上它们的不同结果都可以统一用基于特征联结推理的观点进行解释。因为，在 Murphy 和 Ross 1994 年的研究中，增加条件与基线条件下靶类别中目标特征与预测特征结合出现的频次相同；而在增加条件下，非靶类别的目标特征与预测特征虽然在同一个类别中出现，但是两者是分离的（见图 1）。这样，如果是基于特征联结进行推理，那么无论是基线条件还是增加条件，它们的非靶类别的特征联结的频次都为 0，因此，所得出的增加条件与基线条件下特征预测概率差异不显著的结果，表面上看是表明特征概率的预测只是受靶类别的影响，实质上是表明特征概率的预测受目标特征与预测特征结合频次的影响。反之，莫雷等人 2002 年的研究中，增加条件下非靶类别的目标特征与预测特征在同一类别中是结合的（见图 2），这样，如果是基于特征联结进行推理，那么由于增加条件下非靶类别的特征联结的频次大于基线条件,也就是总的特征联结频次高于基线条件,因此,得出了增加条件下的特征预测概率高于基线条件的结果。

可见,归类不确定条件下的特征推理主要是受特征联结的频次的影响这个设想,不仅在本研究以及 Verde 和 Murphy 等人的研究结果中得到验证,而且可以解释原先采用同时呈现方式对归类不确定情况下特征推理的研究所得出的各种不同结果。因此,可以初步认为,归类不确定条件下的特征推理主要是基于特征联结进行。当然,这个结论还有待于进一步的研究进行验证,尤其应该注意的是,以往有关研究无论是逐个呈现样例的范式还是同时呈现样例的范式,每个类别成员都只有2个类别特征,如果增加类别成员的特征数量,为了更便于进行特征推理,被试是否会改用基于类别进行推理的策略?换言之,在归类不确定条件下的特征推理,是默认基于特征推理的策略,还是如人们提出来的根据认知经济性原则灵活采用基于特征联结策略还是基于类别的策略,还需要进一步进行探讨(陈战胜、莫雷,2003)。

六、结论

本研究的结果表明,在本实验采用逐个呈现样例的研究范式的条件下,人们在归类不确定时的特征推理是基于特征之间的联结频次进行,原先研究所得出的基于类别进行特征预测的各种结果,实际上都可以用基于特征联结进行特征预测的观点作出更有说服力的解释。

参考文献

[1] Anderson A., Ross B. H., Chin-Parker S. A further investigation of category learning by inference [J]. Memory & Cognition, 2002, 30: 119 – 128.

[2] Anderson J. R. The adaptive nature of human categorization [J]. Psychological Review, 1991, 98: 409 – 429.

[3] Chang J. F., Mo L. The review of prediction when categorization is uncertain (in Chinese) [J]. The Chinese Journal of Psychological Science, 2003, 26: 159 – 160.

[4] Chen L., Mo L. The development of the single-category view when categorization is uncertain (in Chinese) [J]. Advances in Psychological Science, 2007, 15: 64 – 70.

[5] Erickson J. E., Chin-Parker S, Ross B. H. Inference and classification learning of abstract coherent categories [J]. Journal of Experimental Psychology: Learning,

Memory, and Cognition, 2005, 31: 86 -99.

[6] Lagnado D. A., Shanks D. R. The influence of hierarchy on probability judgment [J]. Cognition, 2003, 89: 157 -178.

[7] Lin E. L., Murphy G. L. Thematic relations in adults concepts [J]. Journal of Experimental Psychology: General, 2001, 30: 3 -28.

[8] Malt B. C., Ross B. H., Murphy G. L. Predicting features formembers of natural categories when categories is uncertain [J]. Journal of Experimental Psychology: Learning, Memory, and Cognition, 1995, 21: 646 -661.

[9] Markman A. B., Ross B. H. Category use and category Learning [J]. Psychological Bulletin, 2003, 29: 592 -613.

[10] Mo L., Chen Z. S. Rule-based categorization strategy and example-based categorization strategy in categorization [J]. Acta Psychologica Sinica, 2003, 35: 29 -36.

[11] Mo L., Zhao H. Y. Influence of association and separation in the dimensions on the predictions in uncertain categorization [J]. Acta Psychologica Sinica, 2002, 34: 470 -479.

[12] Murphy G. L. The big book of concepts introduction [M]. Cambridge, MA: MIT Press, 2002: 1 -10.

[13] Murphy G. L. The downside of categories [J]. Trends in Cognitive Science, 2003, 12: 513 -514.

[14] Murphy G. L. Cue validity and levels of categorization [J]. Psychological Bulletin, 1982, 91: 174 -177.

[15] Murphy G. L., Ross B. H. Predictions from uncertain categorization [J]. Cognitive Psychology, 1994, 27: 148 -193.

[16] Murphy G. L, Ross B. H. The two faces of typicality in category based induction [J]. Cognition, 2005, 95: 175 -200.

[17] Ross B. H., Gelman S. A., Rosengren K. S. Children's category-based inferences affect classification [J]. British Journal of Developmental Psychology, 2005, 23: 1 -24.

[18] Ross B. H., Murphy G. L. Category based prediction influences of uncertainty and feature associations [J]. Journal of Experimental Psychology: Learning, Memory, and Cognition, 1996, 22: 736 -753.

[19] Ross B. H., Warren J. L. Learning abstract relations from using categories [J]. Memory & Cognition, 2002, 30: 657 -665.

[20] Verde M. F., Murphy G. L., Ross B. H. Influence of multiple categories in inductive inference [J]. Memory & Cognition, 2005, 33: 479 -487.

[21] Yamauchi T., Love B. C., Markman A. B. Learning nonlinearly separable categories by inference and classification [J]. Journal of Experimental Psychology: Learning, Memory, and Cognition, 2002, 28: 585 -593.

[22] Yamauchi T., Markman A. B. Category learning by inference and classification [J]. Journal of Memory and language, 1998, 39: 124 - 149.

儿童在归纳推理中的多样性效应

一、问题与目的

归纳推理是根据一个或一组类别样例具有某一特征而推理出这一类别或这一类别中的其他成员具有该特征的思维过程（Osherson, Smith, Wilkie, López, & Shafir, 1990）。归纳推理是人类的高级思维过程之一，它对人类学习起到极大的作用。人类大多数的知识是通过归纳推理获得的，而不是通过别人的指导或自己的直接观察得到的（Rhodes, Brickman, & Gelman, 2008a）。研究者们都认为年龄较低的儿童已能够进行归纳推理（Gutheil & Gelman, 1997；Nguyen, 2008；Osherson *et al.*, 1990；Sloutsky & Fisher, 2004；Wilburn & Feeney, 2008）；Graham 等人（Graham, Kilbreath, & Welder, 2004）的研究甚至发现，18 个月的婴儿已经能够根据样本的外形进行归纳推理。

归纳推理中的多样性效应（diversity effects）是指人们意识到前提更加多样的论断具有更大归纳推理力度（Osherson *et al.*, 1990），从而在归纳推理过程中倾向于寻找差异更大的证据来支持其将要得出结论的现象。例如，给被试呈现下面两个归纳推理的论断（Heit & Hahn, 2001）：

狮子有尺动脉
长颈鹿也有尺动脉
——————————
兔子有尺动脉　　　（论断1）

狮子有尺动脉
老虎也有尺动脉
——————————
兔子有尺动脉　　　（论断2）

在研究中发现被试认为论断 1 结论成立的可能性大于论断 2，仅因为论断 1 的前提（狮子和长颈鹿）比论断 2 的前提（狮子和老虎）差异更大。

目前对归纳推理多样性效应的内部机制进行了解释的理论模型主要有相似性覆盖模型（similarity coverage model，SCM）、基于特征的归纳模型（feature-based inductive model，FBIM）和前提概率观（premise probability principle，PPP）。相似性覆盖模型认为，前提类别与包含前提和结论类别的最低上位类别的相似性覆盖程度决定了归纳推理的力度，覆盖越多归纳力度越强；要增大相似性的覆盖程度，有效的方法是增加前提的多样性和数量（Osherson, et al., 1990）。如上例，论断 1 的前提（狮子和长颈鹿）比论断 2 的前提（狮子和老虎）更加多样，对它们的最低上位类别（哺乳动物）的相似性覆盖程度就更大，所以论断 1 的归纳力度要大于论断 2。基于特征的归纳模型与相似性覆盖模型类似，只是认为相似性不需要与最低上位类别覆盖，而直接与结论类别覆盖（Sloman, 1993）。如上例，论断 1 的力度大于论断 2，并不是论断 1 的前提比论断 2 的前提对其最低上位类别哺乳动物的覆盖程度大，而是对论断中的结论（兔子）的覆盖程度大。前提概率观认为，多样性的前提之间差异大共性小，它们共同具有某个特征的概率也小；如果小概率事件在前提中发生，那么它的推理广度就会更远、力度就会更大。如上例，论断 1 的差异大，它们的推论不仅可以推到与前提相似的动物，甚至能推论到哺乳动物；而论断 2 的差异小，它们的推论只能推论到猛兽（Heit & Hahn, 2001；李富洪、李红、陈安涛、冯廷勇、龙长权，2006）。

关于归纳推理多样性效应的研究，大多数的研究者认为成人在归纳推理中具有多样性效（Osherson, et al., 1990; Waxman, Medin, & Ross, 2007）。然而，儿童在归纳推理中是否具有多样性效应却一直存在争议。这一争议的焦点在于：低龄儿童（9 岁之前）在归纳推理中是否能够使用多样性的策略（Hayes, Goodhew, Heit, & Gillan, 2003; Lo, Sides, Rozelle, & Osherson, 2002）。一部分研究者认为，儿童和成人归纳推理的内部心理机制没有本质的差异；儿童和成人一样在归纳推理中也有多样性效应；儿童只是在受到知识经验限制的情况下无法表现出来；若在儿童知识和经验允许的范围内，儿童在归纳推理中也能表现出多样性效应。Heit 和 Hahn（2001）采用归属法，呈现 3 张图片表示一个小男孩 Tim 在

3个不同时间里玩足球（非多样组）；呈现另3张图片表示一个叫Robby小男孩在3个不同的时间里玩3种不同的球：篮球、板球、网球（多样组）；然后呈现一张新的图片表示一个男孩在玩橄榄球，要求儿童被试判断这个男孩更可能是Tim还是Robby。结果发现，5岁和9岁的儿童都遵循多样性效应，更倾向于认为这个男孩是Robby。Shipley和Shepperson等人（2006）采用寻找证据法，给被试呈现两组玩具，一组是多样的，另一组是非多样的。要求被试选择一组来检验，然后判断这类玩具是好的还是坏的。结果发现，4岁的儿童也具有多样性效应。

然而另一部分研究者认为，儿童和成人归纳推理的内部机制存在本质差异，儿童只具有典型性效应而不具有多样性效应，多样性效应是在9岁之后才开始发展并慢慢接近成人水平的。López, Gelman, Gutheil 和 Smith（1992）采用判断力度迫选法，给被试呈现两个多样性不同的论断，要求被试判断哪个归纳力度更强。结果发现，6岁的儿童不具有多样性效应，8岁的儿童才开始表现出多样性效应。Gutheil 和 Gelman（1997）采用属性扩展法，给被试呈现两组蝴蝶：一个组是5只不同的，它们的翅膀有红点（多样组）；另一组是5只相同的蝴蝶，翅膀有绿点（非多样组）。然后让被试判断一只新蝴蝶的翅膀有红点还是绿点。结果发现，8岁和9岁儿童的选择都是随机的，不具有多样性效应。Rhodes, Gelman 和 Brickman（2008b）采用属性扩展法，以讲故事的方式，并结合图片材料给被试讲述了两个故事。一个是MIKE在一座山上（图片呈现山）发现4只鸟的毛下皮肤是褐色的（非多样组）；另一个故事是Robby在4座山上（图片呈现4座山）分别发现了一只鸟，这些鸟的毛下皮肤是红色的（多样组）。然后问被试一只新鸟的毛下皮肤颜色是褐色的还是红色的。结果发现，6岁的儿童没有表现出多样性效应，9岁的儿童在基本水平类别上表现出了多样性效应，而大学生一直都具有多样性效应。Rhodes 等人（2008a）采用与 Shipley 和 Shepperson（2006）相同的寻找证据法，假定儿童是科学家，要检验一种动物是否具有某一特征。然后给被试呈现两组该类动物图片，一组多样，一组非多样。要求被试从中选择一组来检验，从而判断这类动物是否具有某一特征。结果发现，6岁的儿童不遵循多样性策略，而是遵循典型性策略；9岁的儿童在多样性和典型性不冲突的情境下才表现出多样性效应；而成人在各种情景下，表现出了多样性效应。国内吴霞和李红（2008）研究了儿童对人的行为进行推理时的多样性效应，发现9岁儿童对多样性信息的运用才达到成人水平。

纵观前人关于儿童归纳推理多样性效应的研究，可以发现，由于不同的研究者使用了不同的研究方法和研究材料，得出了不同的结果与结论。儿童在归纳推理中是否具有多样性效应问题依然没有得到解决。从近年的几个研究来看，首先，采用不同的研究方法，会得出不同的结果与结论：Heit和Hahn（2001）在研究中采用归属法发现了5岁儿童的多样性效应；Rhodes等人（2008a）的研究采用寻找证据法，却得到6岁儿童不具有多样性效应的证据。其次，采用不同的材料，也会得出不同的结果与结论：同样采用寻找证据法，Rhodes等人（2008a）的研究使用图片材料发现6岁儿童不具有多样性效应，而Shipley和Shepperson（2006）的研究使用儿童熟悉的日常实物材料，却发现4岁的儿童具有多样性效应。由此可见，研究者使用的不同研究方法和研究材料很可能影响到了儿童多样性效应的表现，因而造成了截然不同的结果。

在研究方法方面，不同的研究方法会形成复杂程度不同的归纳推理任务。陈庆飞、雷怡、欧阳含璐和李红（2009）总结前人的研究后指出归属法优于属性扩展法，寻找证据法优于属性扩展法。然而，归属法和寻找证据法到底哪种方法更适合研究儿童归纳推理多样性效应，至今并没有进行直接的比较。从前人的研究来看，Rhodes等人（2008a）的研究运用的是寻找证据法，完成寻找证据法的任务，被试首先要理解一点，即根据不同的成员推论出的类别特征比同样成员推论出的类别特征更可靠。然后，要根据这一点进行反推：为增加推论的可靠性，被试需要选择不同成员的证据。因此，它是一种相对较为复杂的归纳推理过程，儿童不容易把握。而Heit和Hahn（2001）的研究采用归属法，完成归属法的任务，儿童只要理解根据不同的成员推论出结论比同样成员推论的结论更可靠，就可以判断新成员更可能属于多样性的类别。因此，它是一种比较单纯的、直接的推理过程，儿童比较容易把握。另外，寻找证据法和属性扩展法等涉及具体属性特征，而归属法是归属于某个对象，而对该对象的具体情况不需要明确了解，这就很好地排除了具体属性特征的背景知识的影响。因此，Rhodes等人（2008a）的研究得到低龄儿童归纳推理不具有多样性效应，而Heit和Hahn（2001）的研究就得到了低龄儿童归纳推理具有多样性效应。基于此，我们猜想归属法可能是目前这一研究领域所有研究方法中最合适的方法。

在研究材料方面，我们注意到，同样采用寻找证据法，Rhodes 等人（2008a）的研究使用了生物类别的图片材料，结果发现 6 岁儿童在归纳推理中不具有多样性效应；而 Shipley 和 Shepperson（2006）在研究中使用的是非生物类别的实物材料，得出了 4 岁的儿童具有多样性效应的结果。陈庆飞、雷怡和李红（2010）的研究直接比较了非生物类别的实物材料和生物类别的图片材料，发现儿童的多样性表现在非生物类别的实物材料上要好于生物的图片材料。但是，陈庆飞等人（2010）的研究却发现 5~6 岁的儿童在归纳推理中没有表现出多样性效应，这与 Shipley 和 Shepperson（2006）的研究结果相悖，我们分析二者的研究发现，前者使用的非生物类别的实物材料中有较多儿童不熟悉的材料，而后者使用的都是儿童日常熟悉的实物材料。由此可见，不仅材料是否为生物类别会影响到儿童归纳推理多样性效应的表现，而且材料是否儿童熟悉的、易于掌握的，也会影响低龄儿童归纳推理的多样性效应的表现。如果使用儿童在归纳推理中容易把握的材料，如日常生活的实物材料，这样不仅有利于消除儿童知识经验狭窄对归纳推理过程的限制，而且也增加了儿童的参与性，因而会促进低龄儿童在归纳推理中多样性效应的表现。另外，我们发现 Shipley 和 Shepperson（2006）的研究中，材料的差异性只在一个维度上，陈安涛等人（2005）的研究表明论断间的差异性影响到了成人在归纳推理中多样性效应的表现。据此，我们认为材料间的差异性程度也可能会影响到儿童对多样性的识别，从而影响到儿童的多样性效应表现。而且已有研究发现，儿童不能表现出多样性效应的原因在于他们无法提取和评估下位类别间的差异，而非在于多样性的例子能带来更大力度的观念上（Li, F. H., Cao, Li, Y, Y., Li, H., Deák, 2009）。因而，基于以上分析，虽然 Shipley 和 Shepperson（2006）的研究发现了目前儿童在归纳推理中具有多样性效应的最低年龄（4 岁），但是我们猜想如果在加大儿童熟悉实物材料的差异性，将可能发现更低儿童在归纳推理中具有多样性效应的证据。这将为这一领域的争议提供一个新的证据。

　　根据对前人研究的总结与分析，本研究提出，多样性与典型性不仅是成人进行归纳推理所具备的策略，可能也是儿童进行归纳推理所具备的策略，只不过由于儿童知识经验缺乏，思维水平发展较低，因此，需要在适合的条件下（如推理情境比较简化，前提的多样性易于把握），其归纳推理的多样性效应才会表现出来。

据此，本研究认为，Rhodes 等（2008a）最新的研究尽管发现了低龄儿童归纳推理不具有多样性效应的证据，但是，如果改变他们的研究方法，或者采用儿童容易把握的材料，就可能会发现低龄儿童归纳推理多样性效应的证据。本研究准备设计实验验证这个设想，从而为儿童归纳推理中是否有多样性问题提供更有说服力的证据。

二、实验 1

重复 Rhodes 等（2008a）的研究，探讨在该研究条件下中国儿童和成人被试是否表现出同样的结果。

（一）研究方法

1. 被试

从广州市某幼儿园随机选出 24 名 5 岁儿童（男女各半，$M=5$ 岁；最小年龄为 4 岁 8 个月，最大年龄为 5 岁 1 个月）。选出某大学学生 48 名（19 男，29 女；年龄，$M=23.43$ 岁，$SD=1.70$）。将儿童被试随机分为 4 组，每组 6 人；大学生被试随机分为 4 组，每组 12 人。儿童被试实验结束后，获得一个小礼物；成人被试在实验结束后，获得一定的报酬。

2. 实验设计

采用被试间设计，每个被试仅对 4 种条件中的一种条件下的 5 种动物分别进行归纳判断。

3. 实验材料与做法

采用 Rhodes 等人（2008a）的研究材料，研究材料由 5 个基本水平类别的动物（狗、猪、鸟、猫、鱼）彩色图片若干张组成，同一类动物的 4 个成员组成一个系列，其中两张由不同下位类别的成员组成（例如"狗类"的金毛猎犬与拉布拉多狗），称为"多样组"，另外两张由同一下位水平类别下的两只不同成员组成（例如"狗类"的两只不同的金毛猎犬），称为"非多样组"；同时，Rhodes 等人（2008a）在预备实验中，还让成人对每类动物中的各只动物进行 7 个等级的典型性评定：等级评定分数高的动物为该类别的典型动物，等级评定分数低的为该类动物的非典型动物。成人评定完后，让儿童也对各类动物的典型成员和非典型成员进行确认。这样，每种基本水平类别动物成员中有的成员是典型性的成员

(例如,"狗类"中的金毛猎犬),有的则是非典型性成员(例如,"狗类"中的无毛斑狗);因而,每个系列的多样组和非多样组的动物可以有4种情况:①两组都是典型的;②两组都是非典型的;③多样组是典型的、非多样组是非典型的;④多样组是非典型的、非多样组是典型的。表1以狗为例对这4种条件进行了具体说明,其他4种动物的材料设置与之类似。

每个系列的4张图片横排彩色打印在一张A4纸上,每张图片的大小各占A4纸的1/4,左边两张为一组,右边两张为一组;中间以一道竖线将两组隔开。在实验中每次呈现一个系列4张图片,要求被试从呈现的两组动物中选择一组来检验该类动物是否具有某特征。

训练两名心理系的研究生为主试,要求主试严格按照标准的指导语进行实验,但是并未告知主试本实验目的。实验在幼儿园安静的房间中单独进行。实验中有幼儿园的老师陪同,以免儿童害怕,但是要求老师不对儿童的选择做任何暗示。每个被试只对一种条件下的5种动物分别进行选择判断。

表1 狗在4种条件下的具体材料设置

条件	多样组	非多样性组
①两组都是典型的	金毛猎犬	金毛猎犬
	黑拉布拉多狗	金毛猎犬
②两组都是非典型的	中国无毛斑狗	中国无毛斑狗
	德国波美拉尼亚丝毛狗	中国无毛斑狗
③多样组是典型的、非多样组是非典型的	金毛猎犬	中国无毛斑狗
	黑拉布拉多狗	中国无毛斑狗
④多样组是非典型的、非多样组是典型的	中国无毛斑狗	金毛猎犬
	德国波美拉尼亚丝毛狗	金毛猎犬

当儿童进来后,主试与他/她主动打招呼,熟悉2~3分钟后,开始进行实验、读总指导语:"我们将会给你看一些动物的图片和问你一些关于它们的问题。假设你是科学家,要研究这些动物。你的任务是选择页面上最好的一组动物来帮助你研究这种动物。所以,对每一个问题你要认真

看每一组图片,然后选择最好的一组来帮你研究这种动物的新东西。"然后给被试逐张呈现 A4 纸,并读每种动物的分指导语。例如狗,这里有两组狗;你是一个科学家,想要找出狗是不是有尺动脉;你想选那组狗来研究呢?其他动物的分指导语与狗的相同,只是将特征改换掉:猪,白细胞;鸟,k 细胞;猫,回肠静脉;鱼,β 细胞。这些特征都是先前研究常用的空白特征,可以排除关于特征的已有知识对儿童的选择造成影响。

实验过程中,设计了 A 和 B 两个版本,对多样组出现左边和右边的次数进行了平衡。被试做完一个回答后,主试给以积极的鼓励,但并不做任何的反馈。5 次选择完成后给每个儿童一个小的奖励。主试每次记录儿童的选择,选择多样性组记"1",选择非多样性组记"0"。

本实验的设想是,由于成人在归纳推理中是有多样性效应的,那么成人在这 4 种条件下都会选择多样组来检验的。而对于儿童被试:如果他们也是具有多样性效应,那么他们的选择也会和成人一样;如果儿童不具有多样性效应的话,他们的选择是随机的。但是,如果儿童不具有多样性效应而具有典型效应的话,他们就会根据典型性来反应:①和②情况下,多样组和非多样组都是典型的,儿童的反应将可能是随机的。③和④情况下,虽然儿童不具有多样性效应,但是具有典型性效应的话,他们会根据典型性来反应;③情况下,多样组是典型的,所以儿童将可能会选择多样组;④情况下,非多样组是典型的,所以儿童将可能会选择非多样组。

(二) 结果与分析

统计被试对每次任务的反应结果,然后计算出各种条件下做出多样性反应的比率。儿童组中每种条件有 6 名被试,每位被试选择 5 次,每种条件有 30 个反应结果;同样,成人组每种条件有 60 个反应结果。为了探明被试在选择中是否具有多样性效应,对各条件下被试的选择进行了卡方总体显著性检验。如果被试的总体选择显著高于 0.5 的随机水平,则认为被试的选择是具有多样性效应的;如果总体选择与 0.5 的随机水平无差,则认为被试的选择是不具有多样性效应的。图 1 列出了在 4 种条件下不同的被试选择多样性的比率。

据图 1 的数据可见,成人在 4 种条件下的多样性的选择是显著高于随机水平(条件 1:$\chi^2(1) = 11.27$,$p < 0.001$;条件 2:$\chi^2(1) = 11.27$,$p < 0.001$;条件 3:$\chi^2(1) = 11.27$,$p < 0.001$;条件 4:$\chi^2(1) = 8.07$,

$p<0.01$）。成人在4种条件下都具有多样性效应，这个结果表明和前人研究的结果一致。

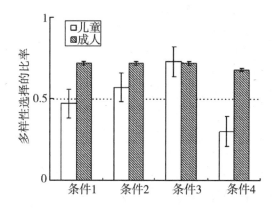

图1　实验1中儿童和成人被试多样性选择的比率

儿童在4种条件下的多样性表现各不相同：在条件1和条件2中，儿童的多样性选择与随机水平没有差异［条件1：$\chi^2(1)=0.13$，$p>0.05$；条件2：$\chi^2(1)=0.53$，$p>0.05$］；在条件3中，儿童多样性的选择显著大于随机水平（$\chi^2(1)=6.53$，$p<0.05$）；在条件4中，儿童多样性的选择显著低于随机水平（$\chi^2(1)=4.80$，$p<0.05$）。这个结果与儿童在归纳推理中只有典型性效应而不具有多样性效应的假设是一致的。条件1和条件2两种情况下，多样组和非多样组的典型性是一样的，儿童并没有做出多样性的选择，其选择是随机的；条件3中，因为多样组是典型的，所以儿童选择了多样组；在条件4中，非多样组是典型的，儿童选择了非多样组。这表明儿童的归纳推理依据是动物的典型性而非多样性。实验1的结果和Rhodes等人（2008a）的研究的结果一致，儿童在归纳推理中只表现出典型性效应而没有表现出多样性效应，而成人则明显地表现出多样性效应。①

---

①　注：在统计每个被试5次判断的平均值后，对成人和儿童被试分别进行了单因素的方差分析，得到与卡方检验一致的结果。成人结果：各条件之间差异不显著，且各均值都大于随机水平（0.5），$F(3,44)=0.06$，$p>0.05$。儿童结果：各条件之间差异显著，$F(3,20)=2.99$，$p<0.05$；事后比较发现条件3和条件4的均值之间差异显著，条件3大于随机水平（0.5），条件4小于0.5，而条件1和条件2接近0.5。

然而，正如前面所述，Rhodes 等人（2008a）的研究结果虽然支持了儿童归纳推理不具有多样性效应的观点，但是该研究中使用的是寻找证据法，这种方法的逆推任务要求不适合研究低龄儿童归纳推理多样性效应，而顺推任务的归属法是研究儿童多样性效应更为直接的方法。据此，本研究设想，如果按照 Rhodes 等人（2008a）的研究材料，而改用归属法进行探讨，低龄儿童就可能在归纳推理中表现出多样性效应。实验 2 准备探讨这个问题。

三、实验 2

沿用 Rhodes 等人（2008a）的研究材料，采用归属法探讨儿童归纳推理过程是否使用多样性策略。

（一）研究方法

1. 被试

从广州市某幼儿园随机选出 40 名 5 岁儿童，22 男 18 女，平均年龄为 4 岁 11 个月，最小年龄为 4 岁 8 个月，最大年龄为 5 岁 2 个月。实验结束后，每个儿童将获得一份小礼物。将被试随机分为 4 组，每组 10 人。

2. 实验设计

同实验 1。采用单因素被试间设计，对儿童归纳推理的多样性效应进行考察。每组儿童仅对 4 种条件中的一种条件下的 5 种动物进行归纳判断。

3. 实验材料

与做法实验材料基本上与实验 1 相同，都是由狗、猪、鸟、猫、鱼五种动物的彩色图片组成 4 种条件系列：①两组都是典型的；②两组都是非典型的；③多样组是典型的、非多样组是非典型的；④多样组是非典型的、非多样组是典型的。但是，根据归属法的要求，每个系列需增选出一张新的探测图片。为此，我们进行了预备实验，选出了 5 张合适的探测图片。

实验程序与做法与实验 1 基本相同，只是在指导语上做了改变。主试和儿童熟悉 2～3 分钟后，逐个出示 A4 纸上的图片系列，直接读指导语（以狗系列为例）：这里有两组狗（主试指给被试看），左边这两只狗是来自一个地方的（主试：指左边的两只狗），右边这两只狗是来自另一个地方（主试：指右边的两只狗），那么你认为这只新的狗（主试：出示新的狗，并指给被试）更可能是和左边的这两只狗来自同一个地方，还是更可能和右边的这两只狗来自同一个地方的呢？其他4种动物的指导语与此类似。这里我们选择的归属对象是地方，而非前人归属法常用的人物对象，如 Heit 等人（2001）选用的对象是小男孩 Tim、Robby 等。这样处理的主要原因是，后者需要被试去理解归属对象的需要、喜好、兴趣（如，Tim 喜欢玩同一种球，而 Robby 喜欢玩不同的球），从而加入了人格特质的因素。而我们选用的对象是地方就很好地排除了这一因素的影响。

同样设计了 A 和 B 两个版本，对多样组出现在左边和右边的次数进行平衡。主试在实验过程中，记录被试的反应，选择多样性组记"1"，选择非多样性组记"0"。

4. 预备实验

由于采用归属法，因此每个系列要增选一个新的探测动物图片。为了排除被试因新探测图片上的动物与同系列图片上的动物相似、而直接作出选择判断，我们进行预实验对探测图片进行选择。首先，收集各个系列易于识别的新同类动物图片多张；然后从各系列的多张图片中选出 5～7 张与原图片在大小、形状、清晰度等各方面等同的图片；再让这 15 名大学生被试将这些新的动物图片逐个与同类动物的各个图片分别进行 5 个等级的相似性评定，根据评定结果每类动物选出一张探测图片，该图片上的动物成员与该类动物各个成员的相似性差异不显著：狗类的探测图片：$F(4, 56) = 1.92$，$p > 0.05$；猪类的探测图片：$F(6, 84) = 1.24$，$p > 0.05$；鸟类的探测图片：$F(4, 56) = 1.57$，$p > 0.05$；猫类的探测图片：$F(5, 70) = 1.27$，$p > 0.05$；鱼类的探测图片：$F(5, 70) = 1.31$，$p > 0.05$。另外，为进一步的确保预备实验材料的有效性，我们让 14 名儿童（9 男 5 女，平均年龄为 5.57 岁）对成人评出的每张新图与实验中用到的同类其他的图片进行一个 5 个等级的相似性评定。评定结果如下：狗类的探测图片：$F(4, 52) = 1.02$，$p > 0.05$；猪类的探测图片：$F(6, 78) = 0.49$，$p > 0.05$；鸟类的探测图片：$F(4, 52) = 0.62$，$p > 0.05$；猫类的探测图片：$F(5, 65) = 2.77$，$p > 0.05$；鱼类的探测图片：$F(5, 65) = 1.24$，$p > 0.05$。这表明，成人的评定和儿童的评定是一致的；新评定出来的图片和原来用到的每张图片的相似性之间没有显著性的差异。这样就避免了被试在判断中,根据图片之间的相似性进行直接匹配。

(二) 结果与分析

统计被试对每次任务的反应结果,然后计算出各种条件下作出多样性反应的比率。为了探明被试在选择中是否具有多样性效应,对各条件下被试的选择进行了卡方总体显著性检验。如果被试的总体选择显著高于 0.5 随机水平,则认为被试的选择是具有多样性效应的;如果总体选择与 0.5 的随机水平无差,则认为被试的选择是不具有多样性效应的。4 种实验条件下的实验结果如图 2。儿童被试在 4 个条件下对多样性的选择都显著大于随机水平 [条件 1:$\chi^2(1) = 6.48$, $p < 0.05$;条件 2:$\chi^2(1) = 5.12$, $p < 0.05$;条件 3:$\chi^2(1) = 5.12$, $p < 0.05$;条件 4:$\chi^2(1) = 6.48$, $p < 0.05$]①。

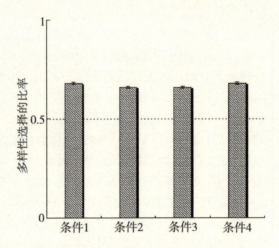

图 2 实验 2 中儿童被试多样性选择的比率

同时我们对 5 种动物的多样性选择也进行了统计,结果如图 3。从图 3 中我们可以发现,儿童对 5 种动物的多样性选择,除了猪之外,其余的 4 种动物的多样性选择比率都明显高于随机水平的。经 χ^2 检验与随机水平

---

① 注:在统计每个被试 5 次判断的平均值后,进行了单因素被试间的方差分析,得到的结果与卡方检验的结果一致,各条件之间没有显著差异,且各条件下的均值都大于随机水平 0.5,$F(3, 36) = 0.03$, $p > 0.05$。

的差异显著[狗,$\chi^2(1)=6.40$,$p<0.05$;猪,$\chi^2(1)=0.10$,$p>0.05$;鸟,$\chi^2(1)=4.90$,$p<0.05$;猫,$\chi^2(1)=14.40$,$p<0.001$;鱼,$\chi^2(1)=4.90$,$p<0.05$]。

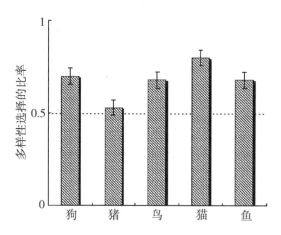

图3 实验2中儿童被试对5种基本水平类别的动物多样性选择的比率

实验2的结果显示,在4种条件下,儿童被试的选择趋势和实验1成人的结果趋势相同。这表明归属法较之寻找证据法,是研究儿童归纳推理多样性效应更合适的方法;同时这也表明在应用更为直接有效的研究方法时,儿童和成人一样也能表现出归纳推理的多样性效应。在5种动物图片材料的分析中发现,除了对猪的多样性选择略大于随机水平外,对其他4种动物的多样性选择都显著大于随机水平。这一实验结果进一步说明了儿童在归纳推理中具有多样性效应。实验2的结果支持了本研究的设想,如果将Rhodes等人(2008a)研究采用的寻找证据法改为归属法,那么,低龄儿童进行归纳推理时就可能表现出多样性策略。

本研究第二个设想是,如果使用儿童容易把握的材料,是否就更有可能发现低龄儿童归纳推理时的多样性效应。诚然,Shipley和Shepperson(2006)的研究已经证明了这个结论,同样是用寻找证据法,由于该研究使用了儿童熟悉的实物材料,结果发现了4岁左右的儿童也具有多样性效应的证据,这也是目前发现最低年龄的儿童在归纳推理中具有多样性效应的证据。然而,本研究认为,Shipley和Shepperson(2006)所采用的研究材料中,多样组成员的差异仅仅体现在一个维度上(颜色上的不同),低龄儿童要识别出这种微小的差异性可能有一定困难的。然而，明确地识别多样组成员之间的差异，是归纳推理多样性效应的前提。而且，已有研究（陈安涛等，2005）表明前提材料组间的差异程度会影响多样性效应的表现。因而，如果在 Shipley 和 Shepperson（2006）研究熟悉实物材料的基础上，增加前提成员多样性的差异程度，就有可能会得到更低年龄的儿童在归纳推理中具有多样性效应的证据，从而进一步证明本研究的设想。实验3准备探讨这个问题。

四、实验3

采用 Shipley 和 Shepperson（2006）的实验范式，使用儿童熟悉的实物材料，但是增加多样组材料的差异强度，探讨更低年龄儿童在归纳推理中是否使用多样性策略。

（一）研究方法

1. 被试

从广州市某幼儿园随机选出 40 名 3 岁儿童，其中男 19 人，女 21 人，平均年龄为 3 岁，最低年龄为 2 岁 10 个月，最大年龄为 3 岁 2 个月。实验结束后，每个儿童获得一份小礼物。

2. 实验设计

每种实物分为多样组和非多样组，共有 5 种实物。每个儿童独立完成对 5 种实物的归纳选择。

3. 实验材料

与做法按照 Shipley 和 Shepperson（2006）实验的要求选择了 8 类幼儿平时熟悉的实物，然后让幼儿园的 3 位老师结合本园的情况从 8 种实物材料中再选出 5 种儿童平时最为熟悉的实物，最终确定的 5 类实物材料是：玩具小汽车、小手电、笔、哨子、玩具激光枪。这些实物都有功能性的特征：汽车能跑；手电能照明；笔能写；哨子能吹响；玩具激光枪打出的光、照在墙上有漂亮图案。每类实物材料都有两种不同的成员，两种成员样例至少在两个以上的维度上有差异，如玩具小汽车的两种成员在颜色、车型、车头、轮胎上都不相同。每种实物材料分别装在一个不透明的小纸箱子中。

为了防止3岁幼儿因陌生害怕而不配合实验,训练了两个幼儿园的老师作为实验的主试。但是并不告诉主试实验的目的,同时要求主试不能有干扰幼儿选择的行为和话语。实验在幼儿园安静的房间中进行,采取单独施测。

实验开始,主试与幼儿有2～3分钟的交流时间。然后开始进入实验,主试读指导语(以哨子为例):"这里有一箱子的哨子,不知道是不是都是好的,(主试从箱子中取出两组哨子)现在要你通过检验其中的一组哨子的好坏,然后告诉我这整箱子的哨子是好的还是坏的。"实物是好的还是坏的判断标准是这些实物的功能性特征是不是完好的,如:哨子是不是能吹响。其他4个指导语与哨子类似,只是将实物的名字和功能性特征换一下。主试取出的两组实物,其中一组是一样的两个实物(非多样性组),另一组是两个不一样的实物(多样性组),要求被试选出一组实物并对它们功能特征是否完好进行检验,然后根据检验结果对整箱实物是否完好做出判断。在5类实物中,笔的功能性特征是损坏的,其他4类功能特征是完好的。这样做的目的是以防被试做判断的时候所有的判断都是一致的,出现定势,同时也用来检验被试是否真正理解指导语。实际操作时,笔的呈现顺序安排在中间,其他4类实物随机呈现。

实验的过程中,要求主试将两组不同的实物放在被试左边和右边的次数进行了平衡。幼儿做出选择后,主试记录被试的选择,选择多样性组记"1",选择非多样性组记"0"。

(二) 结果与分析

统计被试对每次任务的反应结果,然后计算出做多样性反应的比率。结果显示:在所有类别的选择中,选择多样性组达到75%,而选择非多样性组只有25%。多样性的选择远远大于非多样性的选择,而且与随机水平相比较有显著性差异[$\chi^2(1) = 50.00$,$p < 0.001$]。

进一步,对5类实物的多样性选择分别进行了统计,结果见图4,5种实物的多样性选择都高于随机水平,分别为:汽车,85%;小手电,68%;笔,70%;哨子,68%;玩具激光枪,70%;经χ^2检验与随机水平有显著的差异[汽车,$\chi^2(1) = 19.60$,$p < 0.001$;小手电,$\chi^2(1) = 4.90$,$p < 0.05$;笔,$\chi^2(1) = 6.40$,$p < 0.05$;哨子,$\chi^2(1) = 4.90$,$p < 0.05$;玩具激光枪,$\chi^2(1) = 6.40$,$p < 0.05$]。

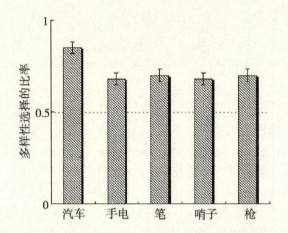

图 4　实验 3 中儿童被试对 5 种熟悉的实物多样性选择的比率

上述实验结果符合本研究设想，当进一步将归纳推理的材料进行改进、使之更适于低龄儿童掌握时，甚至可以发现 3 岁的幼儿进行归纳推理时也有多样性效应。这再一次支持了本研究关于低龄儿童在归纳推理中具有多样性效应的观点。

应该补充说明的是，根据本实验的结果，在对笔的好坏判断中，87.5% 的幼儿做出"箱子中的笔可能是坏的"的判断；而对其他 4 类物体的好坏判断中，大多数的幼儿都做出"箱子中的小汽车（或其他 3 类物体）可能是好的"的判断，这表明绝大多数幼儿都理解了指导语与实验任务。

五、讨论

儿童在归纳推理中是否具有多样性效应是目前归纳推理研究的重点之一，同时也是儿童认知发展研究的关注点之一。这一问题的解决对儿童思维能力的发展和归纳推理的内部心理机制的揭示有重要作用。因而，这一领域的研究吸引众多的研究者，也取得了大量的研究成果。然而，关于儿童在归纳推理中是否具有多样性效应，前人的研究却呈现出两种对立的观点。儿童是否具有多样性效应的问题，依然存在争议。

(一) 儿童在归纳推理中是否具有多样性效应

在总结分析前人相关研究的基础上，本研究提出了关于儿童归纳推理中多样性效应的基本假设：本研究认为，低龄儿童在归纳推理过程为了增加推理的力度，既可能采用典型性策略，也可能可以采用多样性策略，只不过由于知识经验与思维发展水平的限制，需要在推理情境比较简化，前提的多样性易于把握的归纳推理情境下，其多样性效应才会表现出来。

根据这个设想，本研究进行了 3 个实验。实验 1 重复了 Rhodes 等人（2008a）的实验，得到与之一致的结果：低龄儿童在归纳推理中只表现出典型性效应而无多样性效应。实验 2 沿用了 Rhodes 等人（2008a）的实验材料，但是将该实验的寻找证据法改为更为适合引发儿童多样性策略的归属法，结果发现，5 岁低龄儿童在归纳推理中具有多样性效应。这一发现与 Rhodes 等人（2008a）认为归纳推理的策略是从儿童的典型性策略逐步向成人的多样性策略发展变化的观点相悖，但却支持了 Heit 和 Hahn（2001）以及 Shipley 和 Shepperson（2006）的观点。在此基础上，实验 3 沿用了 Rhodes 等人（2008a）实验的寻找证据法，但是将实验材料进行了改进，采用儿童熟悉的实物材料，并增强了材料间的差异性程度，使幼儿更容易把握它们的差异，结果发现 3 岁的低龄儿童在归纳推理中也表现出了多样性效应。可见，本研究的结果整合了前人有关研究的争论，支持了我们提出的低龄儿童在归纳推理中具有多样性效应的理论设想。因而，儿童在归纳推理中是具有多样性效应的。

(二) 研究范式对儿童多样性效应的影响

纵观前人的研究，可以发现研究者使用不同的研究方法可能是造成各自研究结果出现对立的主要原因。从目前已有的研究中可以总结出，研究儿童归纳推理多样性效应的方法主要有 4 种：判断力度迫选法、寻找证据法、属性扩展法、归属法。

从任务难度上分析，判断力度迫选法要对力度进行估计，对儿童来说任务的难度相对较大。因而，不常用于儿童归纳推理的研究。属性扩展法虽然用于儿童归纳推理的研究，但是该方法需要进行两次的推理（双重推理）：首先要将新客体归纳到多样组或非多样组，然后再将多样组或非多样组的特征推理到该客体；并且，该方法涉及属性特征，因而经常难排除特征背景知识的影响；有时为了排除属性特征背景知识的影响，可能会采用空白特征。然而空白特征都是一些无意义的特征，这可能会对儿童的理解造成一定困难。另外，属性扩展法是在假定前提特征成立的基础上进行推理，这就涉及儿童不易掌握的假言推理。寻找证据法也涉及具体的属性特征，这和属性扩展法存在着同样的问题，但是它只需要进行一次推理即可，避免了双重推理的问题，所以较之属性扩展法它是更适合的方法。而归属法只需要一次归纳，同时也不涉及具体的属性特征，它很好地克服了这两方面的问题。因而，综合考虑思维的操作性和儿童参与程度，可以初步断定判断力度迫选法最不适合探测到儿童的多样性效应，属性扩展法其次，再者是寻找证据法，最好的是归属法。

从以往研究中也发现，采用后两种方法尤其是归属法比较容易发现儿童的多样性效应（Hayes, et al., 2003; Heit & Hahn, 2001; Shipley & Shepperson, 2006），而采用前两种方法的研究都比较难发现儿童归纳推理的多样性效应（Gutheil & Gelman, 1997; Lo, et al., 2002; López, et al., 1992; Rhodes, et al., 2008b）。而本研究的实验1和实验2的比较也直接说明归属法优于寻找证据法。实验1和实验2采用的都是相同的动物图片材料，但是实验1选用的是寻找证据法，而实验2选用的是归属法，结果发现，实验1的5岁儿童在归纳推理中没有表现出多样性效应，而实验2的5岁儿童在归纳推理的过程中表现出了多样性效应。再结合前人的研究发现，归属法优于属性扩展法，寻找证据法优于属性扩展法（陈庆飞等，2009），可以得出归属法可能是目前研究儿童归纳推理多样性效应问题最合适的方法。这也说明研究者之间所采用的研究范式的差异可能是造成这一领域争议的重要原因之一。

（三）研究材料对儿童多样性效应的影响

除了研究方法会对儿童的多样性效应的表现产生影响外，从前人的研究可以发现，研究材料也是另一重要的影响因素。同样都是采用寻找证据法，Rhodes等人（2008a）使用的是图片材料发现6岁的儿童没有多样性效应，而Shipley和Shepperson（2006）使用儿童熟悉的实物材料却发现了4岁儿童多样性效应的证据。实物材料与图片材料相比，减少儿童认知任务，同时还增加儿童在实验中的参与性，因而实物材料可能会更适合于儿童在归纳推理中表现出多样性效应。本研究的实验3和前两个实验的对比就很好地说明了这一点。本研究的前两个实验采用的是图片材料，实验1的结果发现5岁的儿童不具有多样性效应，而实验2在改进了方法之后才发现5岁儿童在归纳推理中表现出多样性效应；而实验3与实验1采用的是相同的研究方法，但是选用的是实物材料，却发现了3岁儿童的多样性效应。陈庆飞等（2010）直接研究了实物材料和图片材料对儿童归纳推理多样性效应的影响，结果也发现，儿童在多样性效应的总体表现上，实物材料要好于图片材料。

然而，陈庆飞等（2010）的研究却发现5~6岁儿童在实物材料上没有表现出多样性效应。这可能与其使用的实物材料并非都是儿童熟悉的材料（其实物材料有：画册、提包、毛绒帽等），以及材料间的差异度不大有关（其差异只体现在颜色这一维度上）。而儿童对材料的熟悉性的把握，以及前提材料间的差异性程度的大小也是影响儿童多样性效应表现的重要因素。本研究的实验3和陈庆飞等（2010）的研究采用的都是实物材料，而本研究的实验3发现了3岁儿童的多样性效应。除了研究方法之间的差异外，儿童对研究材料的熟悉性也是造成研究结果不一的重要原因。因为我们的实验材料是从儿童日常熟悉的实物中选出多种，然后再请幼儿园的老师根据他们的经验选出5种儿童相对较熟悉的实物，这些实物都是儿童生活中接触过，或者是老师在上课时候使用过的教具。这些材料较之陈庆飞等（2010）的研究使用的画册等材料，对于儿童来说可能会更加熟悉一些。

关于前提材料多样性的差异程度对归纳推理多样性效应表现的影响，陈安涛等（2005）的研究专门探讨了这一问题。其研究发现，前提材料的项目间差异程度越大越有利于发现归纳推理的多样性效应。而本研究的实验3与Shipley和Shepperson（2006）的研究比较也很好地说明了这一影响。本研究的实验3与Shipley和Shepperson（2006）的研究采用的都是相同的研究方法（寻找证据法），同时也都是儿童熟悉的实物材料，唯一不同的是本研究的实验3加大了前提材料间的差异程度，使其差异程度体现在多个维度上，而Shipley和Shepperson（2006）的研究所使用材料的差异程度只在颜色这一个维度上。研究的结果发现，Shipley和Shepperson（2006）的研究只发现了4岁儿童归纳推理的多样性效应，而发现3岁不具有多样性效应。然而，本研究的实验3却发现了3岁儿童在归纳推理中具有多样性效应。这就说明材料间的差异性程度对儿童的多样性效应表现有重要的影响。

因而，儿童归纳推理的多样性效应研究中，研究方法和研究材料是研究者必须考虑的两个重要因素。这两个重要因素可能是前人研究中没有发现儿童归纳推理多样性效应的主要原因。

（四）推理策略与儿童的认知发展

关于归纳推理的策略问题，人们进行了大量的研究。归纳推理是一种或然性推理，为了提高结论的正确性和可靠性，推理者会尽量使用能带来更大力度的策略。这些策略中，除了多样性效应之外，还有因果效应、类别标签效应、相似性效应和典型性效应等等。

对于成人来说，在归纳推理中，因果关系策略能带来最大的力度，根据因果得出结论其可靠性最高。其次是类别标签效应，同一类别的绝大多数的特征是相似的，因而根据类别标签得出结论，其力度也相对较高。再者就是多样性效应，同一类别的不同样例都是具有某一特征，那么推论到这一类别的其他样例具有该特征的可能性就比较大。归纳力度最小的是相似性和典型性效应，外表看起来像的东西可能具有相同的特征，也很可能会有不同的特征。因而，相似性效应和典型性效应带来的力度相对要低一些。当多个策略一致时，成人会同时使用这些策略而使归纳力度最大化；而当多个策略之间相冲突的时候，人们会优先考虑能带来更大力度的策略。

然而，从发生发展的角度来看，因果策略、标签策略涉及逻辑性，多样性策略也涉及概括性和差异性的识别，这些都是比较高级的思维策略，与典型性策略及相似性策略比较，其形成要晚一些，因此容易受到归纳情境的限制而无法表现出来。这样，对于低龄儿童来说，是否能使用高级的策略，除了受到认知发展的影响外，还受到归纳情景的影响。因而研究中，应尽量选择儿童熟悉的归纳情景，从而尽可能早地探明儿童形成这些高级策略的起点年龄。这样，我们才能知道它们具体会比低级策略晚到什么时候出现，这对我们理解儿童思维的认知发展有重要的意义。

前人研究已经表明，在合适的实验条件下，可以发现低龄儿童在归纳推理中使用标签策略或因果策略的证据。Gelman 和 Markman（1986）的研究发现，儿童已经具有类别标签效应，从热带鱼到鲨鱼的推理的力度要大于从热带鱼到海豚的推理力度，因为前者的前提和结论都带有"鱼"

这个类别标签，从而暗示它们的关系更加接近。Hayes 和 Thompson (2007) 的研究发现，儿童能根据隐含因果关系进行推理而不管前提间的外部知觉相似性。本研究则证明，如果采用适当的范式或儿童易于掌握的材料，那么低龄儿童也可以在归纳推理中表现出多样性效应。

因此，根据本研究关于低龄儿童归纳推理中多样性效应的研究结果，结合以往关于低龄儿童在归纳推理中标签效应与因果效应的证据，可以认为，对于儿童在归纳推理中何时形成较高级的策略包括因果策略、标签策略或者多样性策略的问题，还需要重新估计、重新分析、重新研究。Richland，Chan，Morrison 和 Au（2010）的研究发现中国与美国 3 岁和 4 岁的儿童能顺利完成类比推理。类比推理是个别到个别的推理，类比推理对推理者掌握推理对象的概念和内部特征的要求更高。这个研究结果给我们重要的启示是，不能轻易认为低龄儿童不能形成高级的思维策略。同样，本研究发现 3 岁儿童在归纳推理中具有多样性效应，这是迄今为止发现的最低年龄儿童具有多样性效应的证据，但是这并不意味就是儿童形成归纳推理的多样性策略的起点年龄。如果进一步创设更有利的推理情境，不排除还有可能发现更低年龄的幼儿使用多样性策略的证据。因而，在特定情境中没有表现出某种策略，并不等于没有形成这个策略。

儿童推理能力和推理策略的发展一直是认知发展研究的核心内容之一。本研究发现 3 岁低龄儿童在归纳推理中能够使用多样性策略的结果，不仅整合前人关于这一问题的争议，也为重新认识儿童的认知发展过程提供了一个参考。并且，本研究关于儿童归纳推理多样性效应研究方法和研究材料的探讨，对我们认识儿童认知发展的影响因素有一定的启示作用。另外，本研究得到低龄儿童在归纳推理中能使用多样性策略，也进一步地提示我们应更多地关注儿童认知发展中归纳推理的领域特殊性问题。

总之，本研究关于儿童归纳推理多样性效应的探讨，虽然为这一领域争议的解决提供了一个新的证据，为我们从新认识儿童的认知发展提供了一个新视角，但是关于儿童在归纳推理中多样性策略的发展问题，仍然需要进一步的系统的研究支持和确认。

六、结论

本研究结果表明，在采用适合儿童思维特点的归属法下，或者在采用儿童容易把握的、前提差异度足够大的研究材料下,可以发现5岁以下低龄儿童的多样性效应。据此,可以初步认为,应该重新分析以往关于儿童在归纳推理中多样性策略使用的结果与结论。

参考文献

[1] Chen A. T., Li H., Feng T. Y., et al. The diversity effect of inductive reasoning under segment manipulation of complex cognition [J]. Science in China Series C (Life Sciences), 2005, 55 (3): 275 - 283.

[2] Chen Q. F., Lei Y., Ouyang H. L., Li H. The development and debate of diversity effect in inductive reasoning [J]. Advances in Psychological Science, 2009, 17 (5): 901 - 908.

[3] Chen Q. F., Lei Y., Li H. The interaction effect of conceptual category and property category on diversity effects of reasoning on children [J]. Acta Psychologica Sinica, 2010, 42 (2): 241 - 250.

[4] Gelman S. A., Markman E. M. Categories and induction in young children [J]. Cognition, 1986, 25: 183 - 209.

[5] Gutheil G., Gelman S. A. Children's use of sample size and diversity information within basic level categories [J]. Journal of Experimental Child Psychology, 1997, 64: 159 - 174.

[6] Graham S. A., Kilbreath C. S., Welder A. N. 13-month-olds rely on shared labels and shape similarity for inductive inferences [J]. Child Development, 2004, 75: 409 - 427.

[7] Hayes B. K., Goodhew A., Heit E., Gillan J. The role of diverse instruction in conceptual change [J]. Journal of Experimental Child Psychology, 2003, 86: 253 - 276.

[8] Hayes B. K., Thompson S. P. Causal relations and feature similarity in children's inductive reasoning [J]. Journal of Experimental Psychology: General, 2007, 136 (3): 470 - 484.

[9] Heit E., Hahn U. Diversity-based reasoning in children [J]. Cognitive Psychology, 2001, 45: 243 - 273.

[10] Li F. H., Cao B. H., Li Y. Y., Li H., De'ak G. The law of large numbers in children's diversity-based reasoning [J]. Thinking & Reasoning, 2009, 15 (4): 388 - 404.

[11] Li F. H., Li H., Chen A. T., Feng T. Y., Long C. Q. Diversity effect and it's mechanism of inductive reasoning [J]. Advances in Psychological Science, 2006,

14（3）：360-367.

[12] Lo Y. F., Sides A., Rozelle J., Osherson D. Evidential diversity and premise probability in young children's inductive judgment [J]. Cognitive Science, 2002, 26: 181-206.

[13] López A., Gelman S. A., Gutheil G., Smith E. E. The development of category-based induction [J]. Child Development, 1992, 65: 1070-1090.

[14] Nguyen S. P. Children's evaluative categories and inductive inferences within the domain of food [J]. Infant and Child Development, 2008, 17: 285-299.

[15] Osherson D. N., Smith E. E., Wilkie O., Lopez A., Shafir E. Category-based induction [J]. Psychological Review, 1990, 97: 185-200.

[16] Rhodes M., Brickman D., Gelman S. A. Sample diversity and premise typicality in inductive reasoning: Evidence for developmental change [J]. Cognition, 2008a, 108: 543-556.

[17] Rhodes M., Gelman S. A., Brickman D. Developmental changes in the consideration of sample diversity in inductive reasoning [J]. Journal of Cognition and Development, 2008b, 9: 112-143.

[18] Richland L. E., Chan T. K., Morrison R. G., Au T. K.-F. Young children's analogical reasoning across cultures: Similarities and differences [J]. Journal of Experimental Child Psychology, 2010, 105: 146-153.

[19] Shipley E. F., Shepperson B. Test sample selection by preschool children: Honoring diversity [J]. Memory and Cognition, 2006, 34: 1444-1451.

[20] Sloman S. A. Feature-based induction [J]. Cognitive Psychology, 1993, 25: 231-280.

[21] Sloutsky V. M., Fisher A. V. Induction and categorization in young children: A similarity-based model [J]. Journal of Experimental Psychology: General, 2004, 133: 166-188.

[22] Waxman S., Medin D., Ross N. Folk biological reasoning from a cross-cultural developmental perspective: Early essentialist notions are shaped by cultural beliefs [J]. Developmental Psychology, 2007, 43: 294-308.

[23] Wilburn C., Feeney A. Do development and learning really decrease memory? On similarity and category-based induction in adults and children [J]. Cognition, 2008, 106: 1451-1464.

[24] Wu X., Li H. The diversity effect in children's inductive reasoning about human behavior [J]. Journal of Southwest University (Social Sciences Edition), 2008, 34 (1): 128-132.

附录

莫雷主要著述目录

一、中文论文

[1]《关于短时记忆编码方式的实验研究》,《心理学报》1986年第2期,第166–173页。

[2]《能力结构研究的基本方法与方法论问题》,《心理学报》1988年第3期,第305–311页。

[3]《初中三年级学生语文阅读能力结构的因素分析研究》,《心理学报》1990年第1期,第41–245页。

[4]《中小学生语文阅读能力结构的发展特点》,《心理学报》1992第4期,第346–354页。

[5]《5至7岁儿童道德判断依据的研究》,《心理学报》1993第3期,第298–305页。

[6]《书写字体的性别差异研究》(莫雷、杨莲清合撰),《心理学报》1995年第4期,第407–412页。

[7]《小学生概括不同类型记叙文主题的心理加工过程的研究》,《心理学报》1997年第2期,第144–151页。

[8]《不同年级学生自然阅读过程信息加工活动特点研究》,《心理学报》1998年第1期,第43–49页。

[9]《阅读保持的类比结构映射效应研究》(莫雷、郭淑斌合撰),《心理学报》1999年第2期,第169–176页。

[10]《样例表面内容对问题解决类比迁移过程的影响》(莫雷、刘丽虹合撰),《心理学报》1999年第3期,第313–321页。

[11]《样例与运算性程序知识学习迁移关系的初步研究》(任洁、莫雷合撰),《心理学报》1999年第4期,第444–450页。

[12]《表面概貌对原理运用的影响的实验研究》(莫雷、唐雪峰合撰),《心理学报》2000年第4期,第399–408页。

[13]《不同概化的问题原型对问题归类和解决的影响》(莫雷、吴思娜合撰),《心理学报》2001年第5期,第416-424页。

[14]《篇章阅读理解中背景信息的通达》(王穗苹、莫雷合撰),《心理学报》2001年第4期,第312-319页。

[15]《篇章阅读中先行信息通达的若干影响因素》(王穗苹、莫雷、肖信合撰),《心理学报》2001年第6期,第509-517页。

[16]《维度的结合与分离对归类不确定性预测的影响》(莫雷、赵海燕合撰),《心理学报》2002年第5期,第470-479页。

[17]《拥有关系信息情境模型建构的影响因素》(莫雷、韩迎春合撰),《心理学报》2002年第6期,第580-588页。

[18]《不同负载条件对序列位置内隐学习的影响》(张卫、莫雷、许尚侠、王穗苹合撰),《心理学报》2002年第5期,第480-486页。

[19]《规则策略和样例策略在归类过程中的运用》(莫雷、陈战胜合撰),《心理学报》2003年第1期,第29-36页。

[20]《句子完成与时间缓冲对信息整合的启动作用》(莫雷、赵冬梅合撰),《心理学报》2003年第3期,第323-332页。

[21]《3~5岁幼儿一位数大小比较的信息加工模式》(莫雷、邹艳春、王穗苹、温忠麟合撰),《心理学报》2003年第4期,第520-526页。

[22]《类别特征的相似性与竞争性对归类的影响》(莫雷、常建芳合撰),《心理学报》2003年第5期,第628-635页。

[23]《文本阅读过程中信息的协调性整合》(莫雷、王瑞明、何先友合撰),《心理学报》2003年第6期,第743-752页。

[24]《谈谈心理学研究设计的基本逻辑——答〈关于两项样例学习心理实验研究报告的分析与评论〉》,《心理学报》2004年第2期,第247-252页。

[25]《类别成员跨维度特征关系对类别学习的影响》(莫雷、郭璐合撰),《心理学报》2004年第3期,第281-289页。

[26]《文本阅读中情境模型空间维度的非线索更新》(迟毓凯、莫雷、管延华合撰),《心理学报》2004年第3期,第290-297页。

[27]《左右半球在语篇理解中的协同作用》(金花、陈卓铭、莫雷*、陈善诚合撰),《心理学报》2004第5期,第540-544页。

[28]《记叙文时间转换机制》(冷英、莫雷*、韩迎春、黄浩合撰),《心

理学报》2004 年第 1 期，第 9 - 14 页。

[29]《文本阅读中协调性整合的条件》（王瑞明、莫雷*合撰），《心理学报》2004 年第 1 期，第 15 - 23 页。

[30]《语篇理解中背景信息的激活；情景限制的共振过程》（王穗苹、陈煊之、莫雷、邹艳春合撰），《心理学报》2004 年第 6 期，第 644 - 653 页。

[31]《实体和初级关系（for）匹配的分离与结合对故事类比通达的影响》（佟秀丽*、莫雷*、Zhe Chen 合撰），《心理学报》2005 年第 4 期，第 458 - 468 页。

[32]《归类不确定情景下特征推理的综合条件概率模型》（王墨耘、莫雷*合撰），《心理学报》2005 年第 4 期，第 482 - 490 页。

[33]《言语理解中的知觉符号表征与命题符号表征》（王瑞明、莫雷*、李利、王穗苹、吴俊合撰），《心理学报》2005 第 2 期，第 143 - 150 页。

[34]《语义知识神经表征的 fMRI 研究：通道特异性或类别特异性?》（金花、刘鹤龄、杨娅玲、莫雷*合撰），《心理学报》2005 年第 2 期，第 159 - 166 页。

[35]《文本信息的激活与整合：阅读优生与差生的比较》（何先友、林日团、莫雷合撰），《心理学报》2005 年第 2 期，第 151 - 158 页。

[36]《选择作业中证伪思维的影响因素》（刘志雅*、莫雷*、佟秀丽合撰），《心理学报》2005 年第 3 期，第 328 - 334 页。

[37]《目标焦点监控下目标信息的建构与整合》（莫雷、冷英合撰），《心理学报》2005 年第 1 期，第 41 - 50 页。

[38]《非熟练中 - 英双语者跨语言长时重复启动效应》（李利、莫雷*、王瑞明、罗雪莹合撰），《心理学报》2006 年第 5 期，第 672 - 680 页。

[39]《类别学习中两种学习模式的比较研究：分类学习与推理学习》（刘志雅*、莫雷*合撰），《心理学报》2006 年第 6 期，第 824 - 832 页。

[40]《文本阅读中情境模型建构和更新的机制》（王瑞明、莫雷*、贾德梅、冷英、李利、李小健合撰），《心理学报》2006 年第 1 期，第 30 - 40 页。

[41]《特征归纳的关联相似性模型》（王墨耘、莫雷*合撰），《心理学报》2006 年第 3 期，第 333 - 341 页。

[42]《动词理解中空间表征的激活过程》(伍丽梅、莫雷、王瑞明合撰),《心理学报》2006 年第 5 期,第 663 – 671 页。

[43]《汉语主动句、被动句的命题表征项目顺序特点》(张金桥、莫雷*合撰),《心理学报》2006 年第 3 期,第 317 – 323 页。

[44]《文本阅读中背景信息的加工过程:激活与整合》(王瑞明、莫雷*、吴俊、崔磊合撰),《心理学报》2007 年第 4 期,第 589 – 601 页。

[45]《文本阅读中回指推理发生的整合性因素》(赵冬梅、莫雷*合撰),《心理学报》2007 年第 2 期,第 225 – 234 页。

[46]《文本阅读中空间距离的心理表征》(闫秀梅、莫雷*、伍丽梅、张积家合撰),《心理学报》2007 年第 4 期,第 602 – 610 页。

[47]《目标包含结构的文本阅读中目标信息的激活》(冷英、莫雷*、吴俊、王穗苹合撰),《心理学报》2007 年第 1 期,第 27 – 34 页。

[48]《文本阅读中协调性整合的发生机制》(王瑞明*、莫雷*、李利、金花合撰),《心理学报》2008 年第 11 期,第 1165 – 1177 页。

[49]《读者追随目标信息建构情境模型》(冷英、莫雷*、吴俊合撰),《心理学报》2008 年第 7 期,第 788 – 799 页。

[50]《熟练中 – 英双语者三语词汇的语义通达》(李利、莫雷*、王瑞明合撰),《心理学报》2008 年第 5 期,第 523 – 530 页。

[51]《注意控制和短时存储对音位流畅性和语义流畅性的影响》(陆爱桃、张积家、莫雷合撰),《心理学报》2008 年第 1 期,第 25 – 36 页。

[52]《刺激材料的整体性知觉对类别建构的影响》(温红博、郭永兴、莫雷*合撰),《心理学报》2008 年第 5 期,第 531 – 542 页。

[53]《世界知识在句子理解中的整合时程》(金花、钟伟芳、徐贵平、蔡梦娴、杨玉芳、莫雷*合撰),《心理学报》2009 年第 7 期,第 565 – 571 页。

[54]《两种学习模式下类别学习的结果:原型和样例》(刘志雅*、莫雷*合撰),《心理学报》2009 年第 1 期,第 44 – 52 页。

[55]《类别不确定下的特征推理是基于类别还是基于特征联结》(莫雷、陈琳合撰),《心理学报》2009 年第 2 期,第 103 – 113 页。

[56]《儿童数字估计中的心理长度》(莫雷、周广东、温红博合撰),《心理学报》2010 年第 5 期,第 569 – 580 页。

[57]《因果模型在类比推理中的作用》(王婷婷、莫雷*合撰),《心理学报》2010年第8期,第834-844页。

[58]《说明文阅读中局部连贯因果推理的产生》(伍丽梅、莫雷*合撰),《心理学报》2010年第2期,第200-215页。

[59]《非熟练中-英双语者英语句子语义通达的语境效应》(赵俊华、莫雷*合撰),《心理学报》2010年第9期,第920-928页。

[60]《线索呈现位置对概率类别学习的影响》(徐贵平、温红博、魏晓玛、莫雷*合撰),《心理学报》2011年第3期,第264-273页。

[61]《不同学习方式下归类不确定时的特征推理》(刘志雅、莫雷合撰),《心理学报》2011年第1期,第92-100页。

[62]《归类优势与基本水平效应的再探讨》(毋嫘、莫雷*合撰),《心理学报》2011年第2期,第143-151页。

[63]《文本阅读双加工理论与实验证据》(莫雷、王瑞明、冷英合撰),《心理学报》2012年第5期,第569-584页。

[64]《熟悉主题说明文阅读推理加工的认知神经机制》(王雨函、李红、莫雷*、金花、陈琳、乔佳佳合撰),《心理学报》2012年第12期,第1443-1453页。

[65]《说明文阅读中因果序列的表征》(伍丽梅、莫雷*合撰),《心理学报》2012年第1期,第63-75页。

[66]《儿童在归纳推理中的多样性效应》(钟罗金、莫雷*、刘志雅、李倩雯、Lee、Myung Sook合撰),《心理学报》2012年第1期,第87-99页。

[67]《句子阅读理解过程中句意的建构时间》(钟伟芳、莫雷*、金花、徐贵平合撰),《心理学报》2012年第6期,第735-744页。

[68]《基于规则的类别学习中言语标签和动作标签的建构》(汝涛涛、莫雷*、张婷、焦鸿浩、黄玉兰合撰),《心理学报》2013年第12期,第1334-1344页。

[69]《文本中"神秘人物"对记叙文阅读加工过程的影响》(乔佳佳、莫雷*、王雨函、田一甲、张婷、吴小文合撰),《心理学报》2013年第8期,第840-848页。

[70]《空间转换在记叙文阅读情境模型建构中的作用》(夏天生、莫雷*、陈琳、王雨函、李悠、汝涛涛合撰),《心理学报》2013年第2期,

第 149 - 160 页。

[71]《状态不确定独立否定句的加工机制》(陈广耀、吴洺仪、魏小平、周苗、何先友、莫雷合撰)《心理学报》2014 年第 2 期,第 204 - 215 页。

[72]《二语语音辨别能力个体差异来源:来自 ERP 研究的证据》(范若琳、莫雷*、徐贵平、钟伟芳、周莹、杨力合撰),《心理学报》2014 年第 5 期,第 569 - 580 页。

[73]《签名对个体诚实度和道德感的影响》(李贺、莫雷*、罗秋铃、莫然、俞梦霞、黎沛昕、衷禾合撰),《心理学报》2014 年第 9 期,第 1347 - 1354 页。

[74]《刺激的编码效力对重复知盲的影响》(冷英、邹煜晖、莫雷*合撰),《心理学报》2014 年第 46 期,第 593 - 606 页。

[75]《现实预期与意愿预期在文本阅读中的保持》(吕超、莫雷*、伍丽梅、陈琳、罗雪莹合撰),《心理学报》2014 年第 1 期,第 27 - 35 页。

[76]《工作记忆训练提升幼儿流体智力表现》(彭君、莫雷*、黄平、周莹、王靖、昂晨合撰),《心理学报》2014 年第 10 期,第 1498 - 1508 页。

[77]《红色和蓝色对中国汉族大学生情绪的启动效应》(王婷婷、王瑞明、王靖、吴小文、莫雷*、杨力合撰),《心理学报》2014 年第 6 期,第 777 - 790 页。

[78]《资源的交换价值和工资性质对其分配公平感的影响》(钟罗金、范梦、陈琳、王靖、莫雷*、昂晨等合撰),《心理学报》2014 年第 9 期,第 1392 - 1399 页。

[79]《短期习得的语言范畴使成人大脑右半球颜色范畴知觉转为左半球颜色范畴知觉》(钟伟芳、李悠、徐贵平、秦凯鑫、莫雷*合撰),《心理学报》2014 年第 4 期,第 450 - 458 页。

[80]《拼音加工和语意加工中汉字字形的激活》(陈琳、钟罗金、冷英、莫雷*合撰),《心理学报》2014 年第 11 期,第 1661 - 1670 页。

二、英文论文

[81] Chen, Q., He, G., Chen, K., Jin, Z., &Mo, L. (2010). Altered spatial distribution of visual attention in near and far space after early

deafness. *Neuropsychologia*, 48 (9), 2693 – 2698.

[82] Chen, Z., & Mo, L. (2004). Schema induction in problem solving: A multidimensional analysis. *Journal of Experimental Psychology: Learning, Memory, and Cognition*, 30 (3), 583 – 600.

[83] Chen, Z., Mo, L., & Honomichl, R. (2004). Having the memory of an elephant: Long-term retrieval and the use of analogues in problem solving. *Journal of Experimental Psychology: General*, 133 (3), 415.

[84] Cheung, H., Hsuan-Chih, C., Creed, N., Ng, L., Ping Wang, S., & Mo, L. (2004). Relative roles of general and complementation language in theory-of-mind development: Evidence from cantonese and english. *Child Development*, 75 (4), 1155 – 1170.

[85] Fan, F., Zhang, Y., Yang, Y., Mo, L., & Liu, X. (2011). Symptoms of posttraumatic stress disorder, depression, and anxiety among adolescents following the 2008 Wenchuan earthquake in China. *Journal of Traumatic Stress*, 24 (1), 44 – 53.

[86] Gao, Q., Yan, Z., Zhao, C., Pan, Y., &Mo, L. * (2014). To ban or not to ban: Differences in mobile phone policies at elementary, middle, and high schools. *Computers in Human Behavior*, 38 (3), 25 – 32.

[87] Geng, F., Fan, F., Mo, L., Simandl, I., & Liu, X. (2013). Sleep problems among adolescent survivors following the 2008 Wenchuan earthquake in China: A cohort study. *The Journal of Clinical Psychiatry*, 74 (1), 67 – 74.

[88] Huang, L., Mo, L., & Li, Y. (2012). Measuring the interrelations among multiple paradigms of visual attention: An individual differences approach. *Journal of Experimental Psychology Human Perception & Performance*, 38 (2), 414 – 428.

[89] Huang, S., Li, Y., Zhang, W., Zhang, B., Liu, X., Mo, L., & Chen, Q. (2015). Multisensory competitionis modulated by sensory pathway interactions with fronto-sensorimotor and default-mode network regions. *The Journal of Neuroscience*, 35 (24), 9064 – 9077.

[90] Jin, H., Lin, D., Zhang, D., Wen, H., Zhu, H., He, X., &Mo, L. * (2010). Reading disabilities of chinese elementary school

students: Beyond the phonological deficits of single-character identification. *International Journal of Special Education*, 25 (2), 1–7.

[91] Jin, H., Liu, H.-L., Mo, L., Fang, S.-Y., Zhang, J. X., & Lin, C.-D. (2009). Involvement of the left inferior frontal gyrus in predictive inference making. *International Journal of Psychophysiology*, 71 (2), 142–148.

[92] Jin, H., Xu, G., Zhang, J. X., Gao, H., Ye, Z., Wang, P., . Mo, L.* Lin, C.-D*. (2011). Event-related potential effects of superior action anticipation in professional badminton players. *Neuroscience Letters*, 492 (3), 139–144.

[93] Jin, H., Xu, G., Zhang, J. X., Ye, Z., Wang, S., Zhao, L., ... Mo, L.* (2010). Athletic training in badminton players modulates the early C1 component of visual evoked potentials: A preliminary investigation. *International Journal of Psychophysiology*, 78 (3), 308–314.

[94] Kwok, V., Niu, Z., Kay, P., Zhou, K., Mo, L., Jin, Z., ... Tan, L. H. (2011). Learning new color names produces rapid increase in gray matter in the intact adult human cortex. *Proceedings of the National Academy of Sciences*, 108 (16), 6686–6688.

[95] Li, Y., Mo, L., & Chen, Q. (2015). Differential contribution of velocity and distance to time estimation during self-initiated time-to-collision judgment. *Neuropsychologia*, 73, 35–47.

[96] Li, L., Fan, M., Sun, B., Wang, R., Mo, L., & Zhang, J. X. (2012). Non-target language processing in Chinese-English bilinguals: A study of event-related potential 1, 2. *Psychological Reports*, 110 (3), 935–945.

[97] Li, L., Mo, L*#., Wang, R., Luo, X., & Chen, Z. (2009). Evidence for long-term cross-language repetition priming in low fluency Chinese-English bilinguals. *Bilingualism: Language and Cognition*, 12 (1), 13–21.

[98] Lu, A., Mo, L., & Hodges, B. H. (2011). The weight of time: Affordances for an integrated magnitude system. *Journal of Experimental Psychology: Human Perception and Performance*, 37 (6), 1855.

[99] Lu, A., Xu, G., Jin, H., Mo, L., Zhang, J., & Zhang, J. X. (2010). Electrophysiological evidence for effects of color knowledge in object recognition. *Neuroscience Letters*, 469 (3), 405 – 410.

[100] Luo, X., Cheung, H., Bel, D., Li, L., Chen, L., &Mo, L. (2013). The roles of semantic sense and form-meaning connection in translation priming. Psychological Record, 63 (1), 193 – 208.

[101] Mo, L., Chen, H., Li, Y., Chen, Z., & He, X. (2007). Effects of event-related centrality on concept accessibility. *Discourse Processes*, 43 (3), 229 – 254.

[102] Mo, L., Liu, H. - L., Jin, H., Ng, Y. - B., & Lin, C. (2006). Passive reactivation of background information from long-term memory during reading. *Neuroreport*, 17 (18), 1887.

[103] Mo, L., Liu, H. L., Jin, H., & Yang, Y. L. (2005). Brain activation during semantic judgment of Chinese sentences: A functional MRI study. *Human Brain Mapping*, 24 (4), 305 – 312.

[104] Mo, L., Xu, G., Kay, P., & Tan, L. - H. (2011). Electrophysiological evidence for the left-lateralized effect of language on preattentive categorical perception of color. *Proceedings of the National Academy of Sciences*, 108 (34), 14026 – 14030.

[105] Qu, C., Luo, Y., &Mo, L.* (2009). Dynamic mental representations in language comprehension. *Perceptual and Motor Skills*, 108 (3), 933.

[106] Wang, J., Xia, T., Xu, L., Ru, T., Mo, C., & Wang, T. T., Mo, L.* et al. (2015). What is beautiful brings out what is good in you: The effect of facial attractiveness on individuals' honesty. *International Journal of Psychology*.

[107] Wang, R., Mo, L.*#, He, X., Smythe, I., & Wang, S. (2010). Resolution of activated background information in text comprehension. *International Journal of Psychology*, 45 (4), 241 – 249.

[108] Wang, S., Chen, H. - C., Yang, &Lei Mo, J. (2008). Immediacy of integration in discourse comprehension: Evidence from Chinese readers' eye movements. *Language and Cognitive Processes*, 23 (2), 241 –

257.

[109] Wang, T. , Mo, L. *#, Mo, C. , Tan, L. H. , Cant, J. S. , Zhong, L. , & Cupchik, G. (2014). Is moral beauty different from facial beauty Evidence from an fMRI study. *Social Cognitive and Affective Neuroscience*, nsu123.

[110] Wang, T. , Shu, S. , &Mo, L. * (2014). Blue or red The effects of colour on the emotions of chinese people. *Asian Journal of Social Psychology*, 17 (2), 152 – 158.

[111] Xiang, Y. H. , &Mo, L. (2015). Arithmetic split effect in complex subtractions: An event-related potential study. *Neuroreport*, 26 (9).

[112] Yu, M. , Mo, C. , &Mo, L. * (2014). The role of phoneme in mandarin Chinese production: Evidence from ERPs. *PloS One*.

[113] Zhang, D. , Ding, Y. , Stegall, J. , &Mo, L. (2012). The effect of visual-chunking-representation accommodation on geometry testing for students with math disabilities. *Learning Disabilities Research & Practice*, 27 (4), 167 – 177.

[114] Zheng, Y. , Fan, F. , Liu, X. , &Mo, L. (2012). Life events, coping, and posttraumatic stress symptoms among Chinese adolescents exposed to 2008 Wenchuan earthquake, China. *PloS One [Electronic Resource]*, 7 (1), e29404 – e29404.

[115] Zhou, K. , Mo, L.#, Kay, P. , Kwok, V. P. , Ip, T. N. , & Tan, L. H. (2010). Newly trained lexical categories produce lateralized categorical perception of color. *Proceedings of the National Academy of Sciences*, 107 (22), 9974 – 9978.

[116] Zhong, W. , Li, Y. , Li, P. , Xu, G. , &Mo, L. * (2015). Short - term trained lexical categories produce preattentive categorical perception of color: Evidence from ERPs. *Psychophysiology*, 52 (1), 98 – 106.

[117] Zhong, L. , Lee, M. S. , Huang, Y. , &Mo, L. * (2014). Diversity effect in category-based inductive reasoning of young children: Evidence from two methods 1, 2, 3. *Psychological Reports*, 114 (1), 198 – 215.

三、学术专著与教材

[118]《语文阅读水平测量》（系列专著6部），中山大学出版社1989年版。

[119]《教育心理研究》，广东高教出版社1990年版。

[120]《中小学生语文阅读能力研究》，广东高教出版社1993年版。

[121]《青少年教育心理学研究》，马来西亚董教总出版局1997年版。

[122]《青少年发展与教育心理研究》，暨南大学出版社1997年版。

[123]《中小学生心理教育基本原理》，暨南大学出版社1997年版。

[124]《教育心理学研究》，广东人民出版社1997年版。

[125]《心理学》，广东高教出版社2000年版。

[126]《二十世纪心理学名家名著》，广东高教出版社2002年版。

[127]《教育心理学》，广东高教出版社2002年版。

[128]《学习过程与机制研究》，经济科学出版社2012年版。

[129]《学习的机制》，北京师范大学出版社2013年版。

[130]《幼儿科学创造力的微观发生法培养研究》，暨南大学出版社2006年版。

（说明：#表示为并列第一作者，*表示为通讯作者）